満州事変と対中国政策

小池聖一著

吉川弘文館

目次

序章　本書の課題と分析視角

一　本書の課題

昭和六年（一九三一）九月十八日、中国東北地方（「満州」）で、日中両軍が戦闘状態となった。

重光葵駐中国公使[1]にとって柳条湖事件・満州事変の勃発は、提携の相手である宋子文国民政府財政部長[2]とともに、「満州」に赴き懸案解決の道筋をつけようとしていた最中の出来事であった。

重光は、「最近兎角両国間ノ感情カ満州ノ問題ニ付昂ナリ居ル次第ナレハ根本重要ノ問題ハ暫ク措キ差当リ枝葉ノ問題ニ付出来得ル丈ノ調節ヲ為シ良好ナル空気ヲ齎サントノ意思」を共有する宋子文をして張学良を説得させ[3]、内田康哉満鉄総裁を交えた三者会談で事態の打開を図っていた[4]。

そして、柳条湖事件・満州事変発生直後の九月十九日午前から、事件を地方的問題として解決すべく、重光葵駐中国公使と宋子文財政部長は行動した。重光は、宋の日中共同委員会設置案に同意し、外務省中央に提案を報告[5]。同日午後には、この宋提案を「先ツ主義トシテ賛成ヲ表セラレテ然ルヘシト存セラル」と決定を急ぐよう意見具申した[6]。しかし、幣原喜重郎外務大臣から日中共同委員会設置提案を承諾する至急電が重光に届いたのは三日後の二十二日であった[7]。重光は、その日のうちに日中共同委員会設置を承諾する旨、国民政府に伝達したものの、事件が拡大しつつあるなか、宋より若槻礼次郎内閣の陸軍に対する統制力に疑義が出され、委員会案も撤回されたのであった。(8) これにより、中国・関内を舞台とする日中の「提携」関係は、満州事変解決にあたって機能不全となった。結果、満州事変に関する日中直接交渉の場はなくなり、代わって国際聯盟が問題討議の場となったのであった。(9)

上記のように、満州事変前およびその直後においても、その後、敵対化する日中間に「提携」関係が存在した。この提携関係により、当該期、日本の対中国経済外交は、一種の「宥和」外交としても機能した。(10)

本書は、この重光駐中国公使と宋子文財政部長間の「提携」関係を軸として展開された満州事変前（一九二九～三一年、昭和四～六年）の日本による対中国「宥和」政策を考察するものである。

満州事変から七十年の歳月を経た今日、日本の満州事変研究は、大きく次の二点で解釈してきた。その一つが、矛盾の蓄積過程として前史を捉え、満州事変をその飽和点として理解するものである。この観点にたつ研究は、必然としての事件原因を明らかにし、満州事変を起点とする「十五年戦争」を日本の「侵略」として認識、優れて今日的な「加害責任」という視点から分析しようとする。(11) いま一つが、前者同様の「～への道」としつつ、国際政治と国内政治への影響について実証的な政治過程分析をおこなう研究である。(12)

しかし、前者につづく諸研究は、中国共産党の抗日戦争史観と親和的ではあるが、当該期、中国を支配していた国民政府・国民党の存在を組み込むことができず、中国東北地方の実態を軽視したものであった。(13) また、満州事変後、日本が国際聯盟から脱退したにもかかわらず、日本をとりまく国際環境が安定的であったことが説明できない。(14) さらに、昭和十二年（一九三七）七月七日の蘆溝橋事件に始まる日中戦争までの（もちろんこれ以降の和平工作を含めて）、日本の対中国政策も説明することができないのである。(15)

一方、後者の政治過程分析は、満州事変を大正十一年（一九二二）に成立したワシントン会議の諸成果に基づく「ワシントン体制」の崩壊過程として位置づけるに急であり、主体としての中国を正当に評価できず、その政治過程分析も、政策決定過程にのみ焦点をあてたため、執行過程での読み替え等、現地外交官の活動を十分に分析の対象に組み入れることができなかった。このため、満州事変への過程における対中国経済政策を中心とする「宥和」的な政策は、評価の対象とならず、結果として「国際協調」路線の限界として「幣原外交」の有効性に議論を集中させたのであった。

その後、酒井哲哉氏は、「新外交」の影響から日本外交が中国の客体化を前提とする「英米協調」と、「非植民地化」要求に対応する「日中提携」の二つの座標軸を設定し、(16)また、西村成雄氏が「リットン調査委員会報告書ニ対スル意見書」を日本政府の対中国認識の理念型として設定し、中国東北地方を中国から分離させて分析している。(17)

このような先行研究に対して、本書は、次の四つの課題に答えようとするものである。

まず、第一に、満州事変が起きた昭和六年・一九三一年の時点では、それが分岐点の一つと考えられたものの、以前の状況がすべて再構築不可能なものとなったのではない、ということを明らかにすることである。これは、第二に、謀略であった満州事変にもかかわらず、経済基底論で矛盾の蓄積過程としてのみ満州事変を理解し、必然と考えることを是正する作業でもある。結果として、日本が単線的な「侵略」の過程をたどった訳ではないことが明らかになると考えている。第三として当該期の日中外交の基軸であった対中国経済政策を明らかにし、その意義と可能性、限界と変容を分析することによって満州事変研究それ自体の再構築をおこなうこととしたい。そして、満州事変を画期とする一九二〇年代と一九三〇年代の連続と非連続を改めて整理することを第四の課題としている。

対中国経済政策の存在は、これまで中国東北地方に視座を置き、矛盾の蓄積過程とするマルクス主義史学から軽視され、また、実証主義歴史学（日本外交史および政治史）では「幣原外交」のなかに塗り込められていた。

二　分析視角

それは、昭和二十年（一九四五）八月十五日、日本がポツダム宣言を受けいれ、無条件降伏を明らかにした時点から、その「前史」として振り返り形成された一つの「史観」（歴史認識）ということができよう。その「史観」は、日本人に今も共有される「二度と戦争をしたくない」という感情を、なぜ「戦争に至ったか」という命題に代え、論理的に整合づけた結果なのである。[18] このような「史観」は、当然、歴史を叙述する歴史家のおかれる状況・認識・時代に規定され、多くの解釈を付与してきた。

現在、カルチャル・スタディーズ、文化的多元主義の立場からは、このような歴史叙述それ自体を「言説」として解体しようとする試みも存在する。しかし、実態は、「責任」に帰着し、戦後の立場から「戦後」の語りを補強することとなっている。問題は、この過程で、カルチャル・スタディーズが「史料」を相対化し、事実と、その事実を追求することも不可能とする方向性を有することである。本書は、このような立場をとらない。そして、文化的多元主義の影響をうけた再解釈とも基本的に一線を画している。[19]

本書は、あくまでも実証主義歴史学に基盤を置いている。それは、方法論的には、一次史料に基づき、同時代史的な再現を、今日的な視点（「戦争責任論」等）から価値中立的に分析を試みるものである。そして、歴史学が十九世紀に思弁哲学から自立した点を再確認し、実証主義歴史学の解釈学的方向をできうる限り多角的かつ多量の史料を利用して分析することにある。[20]

そのうえで本書は、政策科学の成果を分析にあたって使用した。[21]もちろん、政策研究と歴史研究は、前者が反復のできる一般的な法則を立てることを目標にしているのに対し、後者が、反復できない一過性、個性的なものとして分析し記述するという点で区別される。そして、歴史研究はマクロ分析であり、政策研究はミクロ分析であるとされる。[22]確かに仮説・実証という形態を歴史研究ではおこなわないが、歴史事象であっても本書のような外交政策では、政策過程分析をもって整理する必要がある。本書で分析するような外交政策は、政府内の政策決定過程のみならず、その執行に際しての読み替え等が存在している。このように執行過程も含め、交渉対象の「場」と相手をも考慮して外交政策総体としての分析をしなければならない。その意味で、本書は、これまでの政策決定過程に限定されがちな外交史研究ではなく、政策執行過程も含む分析なのである。[23]

また、政策科学では、歴史研究をマクロ分析とし、政策研究をミクロ研究と規定するが、その境界は曖昧である。政策研究としての運用性という観点から考えれば、増分主義的決定（前例踏襲主義）の範囲は、外交史については外交慣例という点で戦前期、それも明治期から対象となるであろう。しかし、合理主義的決定にあたっての先例としての政策研究となるならば、現実の政策展開の速さから考えて、その運用可能性の範囲は、過去十年程度のものと考えられる。

つまり、前者の政策研究の対象となれば、近代日本史すべてが対象となり、後者の立場からは歴史研究の範囲は冷戦の崩壊期まで拡大されるのであろう。また、政策研究が法則定立制であり、歴史研究が叙述を中心とするものである、との差別化も、法則定立にあたっての事例研究で歴史研究の史料精度は重要な意味を持っている。なぜならば、その史料精度が意思決定過程を明らかにし、「決定の本質」を明らかにするからである。[24]

さらに、ミクロ・マクロの区別はあろうが、実証研究である歴史研究は、ミクロ分析の集積によりマクロ的な考察をなすものであって、当初からマクロ分析のみの対象であると考えていない。細部の実証なくして全体の考察は基本的になしえない。さらに、政策研究における一般化も歴史研究の成果をとり入れた結果であり、歴史研究のなかから、一般的法則性を抽出したものであり、歴史研究は、政策研究の根幹をなすものと考えている。

その意味で、意思決定過程を分析の中心とする時、スタイル（叙述）の面からも、日本近代史研究は、基本的に政策研究となりうると考えている。つまり、ミクロ分析・意思決定過程・政治過程を対象とする研究は、社会科学との連携性を強く持つと考えている。また、マクロ分析でも国際政治学、国際経済学等の国際関係論から、安全保障論や経済分野における相互依存論、環境問題等で使用されるレジーム論等を用いることにより、問題解決能力をもった諸研究の実態的な「過去」を明らかにすることができる。

とはいえ、本書で政策科学分野における諸理論を採用した分析はおこなっていない。あくまで政策過程分析を方法として導入しているものの、反証可能性を前提とした実証をおこなっている。また、政策科学が「政策科学において政策についての分析（記述的分析）と政策のための分析（規範的研究）との明確な分離を貫徹することが困難であることも示唆している。アカデミックな分析も価値から自由ではあり得ない研究者の信念や仮定に依存するものであり、価値中立性は神話にすぎないのである」とされるなか[25]、現実との緊張関係を有しつつ、政策科学から自立し、同時に方法論の面で共存関係を持つ存在であると考えている[26]。

また、本書は、社会史、地域史研究（世界システム論・ネットワーク論）同様、歴史学の全体性回復を再構築することを目的としている（もちろん、本書は、その一端を示すに過ぎない存在ではあるが）。しかし、それを戦後および冷戦後の「語り」のなかで再現を試みるのではなく[27]、分析の主眼を「同時代」の再現に置いた。このため、本書では、外務省外交史料館所蔵外務省記録を中心に網羅的な史料調査をおこなった。結果的に論旨が煩雑となったが、歴史的存在の多様性は当然のことであり、主にその実証主義的分析に忠実であった結果であると考えている（著者の能力的限界もあるが）。同様に、国民政府側史料の調査もおこなったが、その成果を本書に反映させるまでには至らなかった。[28] また、同時代的分析とするためにも、本書では、第三章「『ワシントン体制』理解の変遷」で時代的拘束力を明らかにし、補論として「『ワシントン体制』論再考」を独立させて、副次的に本書を「ワシントン体制」論に対置して分析している。

三　本書の構成

本書は、前述の課題に対応して、大きく「認識」「規定要因（構造）」「過程」の三部から成り立っている。

まず、第一章「『国家』としての中国、『場』としての中国―満州事変前、外交官の対中国認識―」では、重光葵と国際聯盟事務局事務次長兼政務部長杉村陽太郎、幣原喜重郎外務大臣の対中国認識を比較、重光の中国認識の特色を明らかにする。そして、第二章「満州事変期、『親英米派』の国際関係観―西園寺公望と阪谷芳郎、吉田茂をつうじて―」では、「親英米派」の国際関係認識が満州事変によっていかなる変容を遂げたのかを明らかにする。

第三章「『ワシントン体制』理解の変遷」では、国際関係としての「ワシントン体制」論について史学史的な考察をおこない、同体制理解が時代的拘束のもとに置かれていたことを明らかにする。そのうえで、補論「『ワシントン体制論』再考」で、これまでの研究をあわせて「ワシントン体制」論の限界性を明らかにするとともに、本書の位置づけをおこなっている。また、第四章「満州事変期、日本外交を規定する国内政治・経済要因」では、当該期日本の政治・経済状況について整理し、「日本外交」・外務省の位置確認および政策実施過程における影響の再編成をおこない、満州事変前、重光葵駐中国公使が政策実施過程にあって日本外交・日本の対中国政策をリードしえた理由・背景を明らかにする。

その上で、第五章以下で、重光葵駐中国臨時公使・公使（昭和六年八月以降）により主導された「宥和」政策としての対中国経済政策を、その成立可能性を保証した国民政府財政部長宋子文との「提携」の成立から、満州事変により、日本の「宥和」政策そのものが変容する過程までを分析した。

第五章「『提携』の成立―日中関税協定成立の条件―」では、日中通商条約（日清通商航海条約）改訂問題および日中関税協定交渉は、国民政府の財政上最大の財源である関税収入の確保と日本の安定した「市場」という日中両国が希求する政策上の接点であったことを実証し、国民政府の「安定」と日本の「市場」「国家」としての中国認識の間には、一面で相互依存・補完の関係が存在していたことを明らかにする。

そして、日中関税協定成立後の三つの問題、(イ)日中関税協定の施行にあたっての諸問題（国定税率導入と、釐金および釐金類似の内地通過税の廃止〈裁釐〉および裁釐課税の問題）、(ロ)重光と宋子文財政部長による経済「提携」路線が発展継続できるか（この問題は、西原借款に代表される無担保不確実債権の整理＝債務整理問題を通じて模索された）、(ハ)不平等条約を象徴する治外法権撤廃問題、については、第六章から第八章までで考察した。

第六章「『交渉』と『蓄積』―日中関税協定施行における諸問題への日本側対応―」では、日中関税協定の成立にともなう、国民政府による輸出附加税施行、朝鮮と中国東北（「満州」）間における陸境特恵関税の撤廃、中国国定税率の導入とこれにともなう内地通過税の撤廃（裁釐）等の諸問題処理過程の意義を明らかにする。そして、新たに起きた大連二重課税問題により、日本にとっての中国東北地方（「満州」）の「特殊性」を除去し、関内並みに平準化させる方向性にあったことを実証する。

第七章「経済提携の蹉跌―満州事変前の債務整理問題をめぐって―」では、日中関税協定成立時に形成された「提携」関係が、債務整理問題にともない「経済提携」に昇華する可能性があった。それが重光による中国再投資案であった。本章では、「経済提携」策が失敗に終わった理由と、その政策的可能性について分析する。

第八章「『治外法権の撤廃』と『治安維持』―満州事変前後の『連続性』に関する一考察―」では、王正廷外交部長による「革命外交」により、当初より交渉成立が困難であると考えられていた治外法権撤廃問題が、実態面で如何に現地の日本人・日本法人に受容されていったかを明らかにする。そして、治外法権撤廃問題で焦点の一つとなった間島を中心に在住している朝鮮人の二重国籍問題が、満州事変をへて「治安維持」の名のもとに日本軍の占領地域拡大の口実に利用されていく過程について明らかにする。

また、第九章「情報の歪曲・宥和の障害―満州事変前、対日ボイコットと日本新聞―」で、これまで満州事変によって「転向」したとされる日本側新聞報道について、満州事変前の報道とその生成過程、外務省と新聞との認識の差異に着目し、昭和六年（一九三一）の対日ボイコット運動を事例として分析する。

以上の実証結果から、終章「『宥和』の変容―満州事変時の外務省―」では、満州事変の与えた衝撃を重光葵駐中国公使による対中国「宥和」政策と外務省亜細亜局に焦点をあてて分析するとともに、満州事変の勃発にともなう「連続」と「変容」についてまとめることとする。

註

（1）重光葵は、明治二十年（一八八七）生まれ。東京帝国大学独法科卒業後、明治四十四年（一九一一）外務省入省。パリ講和会議全権委員随員をへて、昭和四年（一九二九）上海総領事、駐中国公使臨時代理をへて、昭和六年駐中国特命全権公使、上海事変で右足を失う。その後、昭和八年から十一年まで外務次官、駐ソ連大使、駐英国大使。対英米蘭戦開始後、駐中華民国大使。昭和十八年四月、東条改造内閣で外務大臣となり（～同二十年四月）、大東亜会議を開催。降伏文書に調印。戦後、戦犯として巣鴨拘置所に収監されるも、昭和二十五年、仮釈放。昭和二十七年に改進党総裁となり、鳩山内閣で、副総理・外務大臣となる。戦前・戦後の重光に関する代表的な研究としては、武田知己著『重光葵と戦後政治』（吉川弘文館、二〇〇二年）がある。

（2）　宋子文は、一八九一年広東省生まれ。ハーバード大学卒。中国四大家族宋家の中心。長姉靄齢の夫は孔祥熙、次姉慶齢の夫が孫文、妹美齢の夫が蔣介石であった。南京国民政府成立とともに、行政院副院長兼財政部長となり、一九四〇年渡米し、アメリカの財政援助を引き出すのに成功する。宋子文については、陳立文著『宋子文與戰時外交』（国史館、民国八十年）等がある。

（3）　昭和六年八月二十五日着在中国重光公使より幣原外務大臣宛電報第七九二号、外務省編『日本外交文書』昭和期Ⅰ第一部第五巻（以下『外文』五と略記）、第九九文書。

（4）　宋子文も、東北地方、具体的には大連での三者会談に前向きであり（昭和六年九月十一日発在中国重光公使より幣原外務大臣宛電報第九一二号、『外文』五、第一〇三文書）、そして重光は勿論のこと、内田も「衷心宋子文ノ来連ヲ歓迎シ懇談ヲ熱望」していたとされる（昭和六年九月十八日発在中国重光公使より幣原外務大臣宛電報第九六八号、『外文』五、第一一一文書）。

（5）　昭和六年九月十九日発在中国重光公使より幣原外務大臣宛電報第九七四号、『日本外交文書』満州事変、第一巻第二冊、事項目六、第一文書。

（6）　昭和六年九月十九日発在中国重光公使より幣原外務大臣宛電報第九七四号、『外文』五、第八文書。

（7）　昭和六年九月二十一日発幣原外務大臣より在上海重光公使宛電報第三七二号、『外文』五、第二九文書。

（8）　昭和六年九月二十二九日発在中国重光公使より幣原外務大臣宛電報第一〇一二号、『外文』五、第三三文書。宋の提案が国民政府・国民党によって受け入れられる可能性も必ずしも高いものではなかった（「中国国民党中央執行委員会政治会議第二九〇次会議速記録」〈民国二十年九月二十三日〉における王正廷外交部長発言〈『国民政府処理九一八事変之重要文献』党史委員会、一九九二年、一七八～九頁〉）。

（9）　国際聯盟における日本側対応については、臼井勝美著『満州事変』（中公新書、一九七九年）、および同著『満洲国と国際連盟』（吉川弘文館、一九九五年）。クリストファー・ソーン著『満州事変とは何だったのか』上下巻（草思社、一九九四年）等参照。中国側動向については、鹿錫俊著『中国国民政府の対日政策　一九三一―一九三三』（東京大学出版会、二〇〇一年）および家近亮

子著『蔣介石と南京国民政府』(慶応義塾大学出版会、二〇〇二年)参照。

(10)「提携」には、「協同して事をなすこと」との意味がある(『広辞苑』第五版、一九九八年)。なお、この日中間の敵対化が決定的となるのは、蘆溝橋事件に始まる日中戦争においてであった。また、「宥和」は、「ゆるして仲よくすること」との意味があり(『広辞苑』第五版、一九九八年)、「宥和政策」と言った場合、第二次大戦前、イギリスのナチス＝ドイツに対する外交政策が代表的である。本書でも対中国「宥和」政策として使用しているが、「宥和」の対象は、南京国民政府であるが、間接的には在留日本人居留民や、関東軍でもあった。本書では、「宥和」を当該期、重光駐中国公使によって推進された対中国外交を象徴する言葉として使用している。

(11)基本的な文献としては、江口圭一著『日本帝国主義史論』(青木書店、一九七五年)等をあげることができる。

(12)代表的な研究として細谷千博他編『太平洋戦争への道』第一巻(朝日新聞社、一九六三年)等をあげることができる。

(13)塚瀬進著『中国近代東北経済史研究』(東方書店、一九九三年)参照。

(14)井上寿一著『危機のなかの協調外交―日中戦争に至る対外政策の形成と展開―』(山川出版社、一九九四年)。

(15)戸部良一著『ピース・フィーラー―支那事変和平工作の群像―』(論創社、一九九一年)、松浦正孝著『日中戦争期における経済と政治―近衛文麿と池田成彬―』(東京大学出版会、一九九五年)。

(16)酒井哲哉「『英米協調』と『日中提携』」(『協調政策の限界』年報近代日本研究十一、山川出版社、一九九〇年)。後に、同著『大正デモクラシー体制の崩壊』(東京大学出版会、一九九一年)に収録。

(17)西村成雄「日本政府の中華民国認識と張学良政権―民族主義的凝集性の再評価―」(山本有造編『「満洲国」の研究』京都大学人文科学研究所、一九九三年)。

(18)筆者は、この姿勢を批判しているわけではない。戦後の第一世代ともいうべき研究者の戦争認識には、学ぶ点も多い(臼井勝美「太平洋戦争ノート」『中国をめぐる近代日本の外交』筑摩書房、一九八三年、六頁)。しかし、この「史観」の有していた時代背景それ自体が歴史の対象となっていることに自覚的になるべきであろう。問題は、その後の安保世代の多くが、独自の「史観」を形成せず、図式化された運動のなかに埋没したことである。また、「したくない」が「巻き込まれたくない」に読み換えられ一国平和主義に退化した側面があることも指摘できよう。

(19)本書で明らかにする「提携」の存在は、当該期における「他者理解」の相克として読み換えることも可能ではあるが、それを意図したものではない。

(20) 実証主義歴史学に対して、上野千鶴子氏は、方法論的に次の三点で挑戦しようとしている。それは、文書史料中心主義への挑戦、学問の客観性・中立性神話、オーラル・ヒストリーである（上野千鶴子「ジェンダー史と歴史学の方法」日本の戦争責任資料センター編『ナショナリズムと「慰安婦」問題』青木書店、一九九八年、二三頁）。しかし、ヨーロッパにおける社会史の基盤を形成したのが、そもそも公文書を保存する機関である文書館の存在なくしてはありえない。現在、情報公開の必要性に疑問を持つ者は極めて少なく、その対象も形態的には紙から電子化されたものまで多様ではあるが、「文書」である。つまり、一次史料としての「文書」史料の重要性は明らかである。また、学問の客観性・中立性神話は、確かに冷戦の崩壊にもかかわらず、よかれ悪しかれ、マルクス主義研究者で「筆を絶った」人物がほとんどいないことでも確認できるが、史料を単線的にではなく、複線的、複々線的に利用する多角的分析により一定程度克服可能である（これは、人文・社会科学そのものの限界性であるといえよう）。さらに、オーラル・ヒストリーを日本近代史学に導入したのは、実証主義歴史学者であった（「内政史研究会」インタビュー）。むしろ、上野氏の所論は、（一部の）社会学が「社会評論」としては面白いものの、その科学性が結局、「科学的」であるに過ぎず、「運動論」に収斂してしまう限界性を明示しているといえよう。なお、日本近代史学の分析については、拙稿「日本近代史学の『現在』―歴史学の総合性と『境界』に関する一考察」（古島幹雄・市橋勝・小池聖一編『「境界」概念を巡る学際的研究』二〇〇〇年三月）参照。

(21) 政策科学については、宮川公男著『政策科学入門』（東洋経済新報社、一九九五年）、同著『政策科学の基礎』（東洋経済新報社、一九九四年）等を参照。

(22) 草野厚著『政策過程分析』（東京大学出版会、一九九七年）一七～二八頁。

(23) この点は、外交文書の文書学的分析そのものにもいうことができる。この点については、拙稿「外務省文書・外務省記録の生成過程―外務省文書の文書学的一試論―」（『日本歴史』五八四号、一九九七年一月）参照。また、閣議についても、拙稿「『閣議』の文書学的一考察―芦田内閣期、政令第二〇一号の制定・執行過程を一例に―」（『日本歴史』六二八号、二〇〇一年九月）を参照されたい。

(24) 一例をあげれば、グレアム・T・アリソンは、キューバ危機におけるアメリカ政府内の意思決定過程を通じて官僚政治モデルを構築した（同著『決定の本質』中央公論社、一九七七年）。アリソンの提示した三つのモデルは今日でも有用ではあるが、ソ連崩壊にともなう新たな史料状況のなかで、ソ連・フルシチョフ書記長の楽観論、キューバの防衛という事実の追加および危機回避が大統領個人に帰することが新たにわかっている。このことは、事実の面で決定の本質を変更するものとなっている（NHK取材班・阿南東也著『十月の悪夢―一九六二年 キューバ危機・戦慄の記録―』〈日本放送出版協会、一九九二年〉、阿南東也「キューバ・ミサイル危機研究の新展開」〈『国際政治』第九八号、日本国際政治学会、一九九一年〉）。

(25) 同前掲註（21）宮川著『政策科学入門』七七頁。

(26) このことは、歴史学の客観性や中立性を素朴に信じてのことでは当然ない。

(27) 本方向性としては、文化史的要素を採り入れる方法や、世界システム論に基盤を置くネットワーク論からする再解釈、国民国家論の再検討等がある。

(28) 最近の諸研究には、成果の獲得に急なあまり、短期間の史料収集――それは往々にしてピンポイントとなる――をもって論理構成をおこなう論文が散見される。そのような論文からは、論理展開の妙味が得られるものの、歴史の再現力という点では疑問を持たざるを得ない。

第一章　「国家」としての中国、「場」としての中国

――満州事変前、外交官の対中国認識――

昭和六年（一九三一）九月十八日、柳条湖事件に端を発する満州事変は、日本の対中国外交の根幹を揺るがす事件であった。

満州事変の衝撃があまりに大きいものと認識されるがゆえに、昭和初期を対象とする日本外交史研究は、「満州事変への道」的な発想のなかに押し込められてきた。長期的には主に「満州」（中国東北地域）における矛盾の蓄積過程として、また短期的には「幣原外交」・「国際協調」路線の限界として捉えられてきたのである。結果、前者においては地域の実態を軽視して、満州事変を帝国主義的侵略として一元的に理解させ、後者においては「幣原外交」の有効性の問題に収斂させていったのである。(1)

本章で扱う「対中国認識」なるものも「幣原外交」理解の一手段として、主に武断的かつ積極主義とされる「田中外交」との比較のなかで研究が進められてきた。その際、「幣原外交」の特徴とは、①国際協調主義、②経済外交、③対中国内政不干渉、の三点に集約される。「幣原外交」を積極的に評価するものは、③の点を①との関連から高く評価し、消極的に評価するものは、③の点に対して既得権益に固執する幣原喜重郎をみて「幣原外交」の限界性を指摘する。そして、前者の多くは主に国際関係論・「ワシントン体制」論に、(2)後者は、「十五年戦争論」に依拠している。(3)

このような研究史に対して酒井哲哉氏は、満州事変前後の時期をもって比較することで、「新外交」の影響から日

本外交が中国の客体化を前提とする「英米協調」と、「非植民地化」要求に対応する「日中提携」の二つの座標軸を有していたとし、通説化しつゝあった研究を再び流動化させた。(4) また、西村成雄氏は、「リットン調査委員会報告書ニ対スル意見書」を日本政府の対中国認識の理念型に設定し、日本は「満州」を中国から分離した存在と捉えていたとしている。(5)

本章では、重光葵と杉村陽太郎という二人の外交官を対象とし、「対中国認識」を満州事変後に設定された「理念型」からの差異として捉えることなく、「非植民地化」要求を「革命外交」として体制内化し、(6) 国家形成過程にあって経済的統一（財政、市場等）を果たしつつあった中国（南京国民政府）への対応によって設定、「幣原外交」論の再編成に資することとしたい。

一　「出先」の制約――外交官の環境――

杉村陽太郎は、昭和二年（一九二七）一月より新渡戸稲造の後をうけて国際聯盟事務局事務次長兼政務部長に就任し、国際聯盟を主な舞台に、パリ・ジュネーヴで活躍した所謂「国際派」外交官であった。一方の重光葵は、大正十四年（一九二五）十月、北京関税特別会議に随員として参加し、昭和四年（一九二九）二月に在上海総領事となって以来、対中国経済交渉を中心に中国を活動の場としていた。

経歴上この二人は、本省で新設の条約局の課長を歴任し、また外務省革新運動に参加した点で共通していた。特に後者の点で二人は、幣原喜重郎を中心とする「欧米派」外交官と一線を画した存在であった。(7)

本論に入る前に外務省で二人の置かれていた位置に触れておきたい。

杉村が事務次長兼政務部長として活動していた国際聯盟事務局とは、「理論上聯盟事務局ガ国際的機関ニシテ個々ノ国家的機関ノ集合ニ非ラザル訳ナルニ反シ実際上ハ却テ国家的色彩甚ダ濃厚ナル一事ニ有之即チ上局タルト下僚タルトヲ問ハズ皆自国本位ニ考エ自国ノ利益ヲ侵害セラレザランコトノミ念トシ」、「国際生存競争場裡ニ於ケル各国勢力ノ反映ナリト云フモ過言ニ無之」場所であった。(8) そして、このような状況下で、杉村も日本の「利益」を擁護する一員として活動していた。

一方、重光は、上海総領事および臨時代理公使、公使として現場で中国・国民政府と実際に交渉していた。しかし、中国に対する彼の行動は、制度的制約のもとにおかれていた。

総領事としての重光は、済南事件解決交渉等で駐中国公使から相対的に自立して外交交渉に関与したが、臨時代理公使および公使としての彼は、対中国・国民政府との交渉において、現地で外交交渉を安定的かつ一元的にリードしていたわけではなかった。その原因は、大正十四年（一九二五）五月三十日の五・三〇事件の処理をめぐって在上海矢田七太郎総領事が芳澤謙吉中国公使の意見を確認することなく、事件処理について上海領事団と単独交渉をおこなったことに始まる。

芳澤は、独自に交渉を進める矢田に対して「八月十八日公使会議ニ於テ租界章程修正ニ付討議シタル際主席公使ハ貴官カ領事団会議ニ於テ上海事件ニ付テハ貴官ハ本使トハ独立シテ何事ヲモ処理シ得ル事ヲ披露セラレタル旨述ヘ他ノ同僚ヲシテ聊奇異ノ感ヲ抱カシメタル模様」と叱責するとともに、(9) 幣原外相に在中国各領事官に対する指揮権を明確にするよう意見具申をおこなっていた。(10)

条約局第二課では、この芳澤の意見具申を支持し、訓令案まで用意していた。(11) しかし、亜細亜局第一課による「支那ハ領土広大交通不便各地方ノ事情相異リ在支公使ニ於テ支那外交ノ全体ノ責任ヲ負フコト事実上困難ナリ寧ロ本省ニ於テ指揮ヲ統一スル方便宜ナリ」との見解が外務省内で採用されたため、[12]条約局の訓令案は発電されなかった。亜細亜局側見解が採用された理由は、亜細亜局が外務省内で相対的優位にあり、[13]北伐期中国が事実上の地域権力による割拠状況にあったことを奇貨とし、不平等条約に基づいて日中間の懸案事項を地方的に解決しようとしていたことにある。さらに亜細亜局が、対中国政策における主導性を確保しようとしていたためであった。

このように対中国政策において亜細亜局を中心とする中央の主導性が存在するなか、昭和五年一月、重光は、臨時代理公使となった。しかし、臨時代理公使としての重光の権限は、重光自身が上海に常駐していたこともあり国民政府との直接交渉に限定されたものであった。北平における外交団との交渉、中国を舞台とする列国外交は、堀内干城参事官（後に矢野眞参事官）が実質的におこなうこととなっていたのである。[14]さらに易幟後、国民政府が「満州」（中国東北地域）をも含む統一的な統治権力になっていたにもかかわらず、「満州」を奉天総領事が、また、中国本土（関内）を中国公使が統轄するという二元的な外交体制が依然として継続していた。重光が対中国政策上、主導しえる範囲は、制度的にかなり限られたものであった。

このため、重光は、後述する対中国認識を実現するうえで、幣原外相による主導権確保の手段として訓令伝達等の方法によって、在北平矢野参事官、在広東須磨弥吉郎総領事代理、在南京上村伸一領事等との間で対中国政策上の主導権をめぐって対立を余儀なくされていったのである。

以下では、杉村、重光両者が諸々の制肘を受けながら、中国に対して官僚機構を通じて「意思」（外務官僚にとっての政策）として押し出していったものの背景について見ることとする。

二　杉村と重光の対中国認識

1　杉村の対中国認識

日本にとって、国際聯盟事務次長兼政務部長杉村の活動とは、ヨーロッパを中心とする国際社会における立場の擁護、拡大に寄与するものであった。それは、日本の極東における安定勢力たる地位を列国に認知させ、列国との間で対中国政策上の「協調」を調達することにより[15]、中国の国際社会への進出を抑止せんとするものでもあった。まず、杉村の対中国認識について昭和三年（一九二八）八月十五日付阪谷芳郎宛杉村陽太郎書簡を通じて見ることとする[16]。

第二次山東出兵に際し、北伐の途中であった国民革命軍と日本の第六師団が衝突して済南事件が昭和三年五月に発生、南京国民政府は、聯盟に対して日本の行動を非難すべく提訴を試みた[17]。事務局にあった杉村は、「済南事件を始め不祥事件は聯盟国たる資格なき支那の妄動に外ならず Out of law の行為として解すへきものと日本今回の行動の不得已に出でたる」ものとして説明、イギリス等列国の賛意を得て中国側の提訴を阻止したのであった。

その際、杉村は、当該期の「田中外交」に対して「今日時代は一新し民主的傾向洋の東西に横溢せんとするとき武力中心の政策、満蒙しか見さる外交、全支の門戸開放、機会均等を念とせさる方策は時勢に適せず矢張り列強と平等の地位に立ちフェヤープレーをやる覚悟を以て我国運の発展を期する根本とせさるへからざるやうに被認候」とのべ、「田中外交」を「満州にのみに籠城して進んで他に出てんとするを知らざるは愚と申すべく」と批判したのであった。杉村は「我対支政策の根本か経済に存するは自明の理に有之生産費運賃に於て有利の地位に在る日本か列強をフェヤプレーを為し若し負くるか如きことあらんか夫は生産及通商組織の不完全か又は生産技術の未熟に因るものなるへく少しく之を改むるに於ては列強と角逐して後れをとる理由なく」と見ていたのである。また、「内地雑居となりても領事館殊に其分館を増設し在支邦人の保護に任ずるに於ては現状と大なる相異なく独逸人等は現に平等条約に依るに拘らず毫も不便を感せずと豪語致居候」として、中国に対する不平等条約を前提としている日本の外交姿勢そのものも非難していた。それゆえ、済南事件後の兵力増派について「当地より遥に支那問題を考察するとき阿片密売者や淫売が何人殺さるゝとも大軍を送る理由乏しきやにも存せられ」とし、南京国民政府が国際聯盟に提訴することについても「日支の争を聯盟に持ち出すが如きは東洋人の内争を西洋人に判定しもらふことにも相成り成るへく協調主義にて進みたきものと相念申候」としたのであった。杉村のような「国際的」外交官にとっても、聯盟とは「西洋人」のものであった。

さらに、列国、アメリカの対中国「宥和」政策に対しても「裏面には実業家あること英国と同一なるは見逃すへからさる要点」とし、アメリカの対中国経済援助政策を「米国を英仏等の如く支那に対する債権国の仲間に入るゝは将来支那か不都合を働くとき従来の如き単独行動を妨け得る便宜もあり日本としては寧しろ歓迎すへきもの」と認識していた。

杉村にとって中国とは、まさに製品輸出市場であり、そうであるがゆえに中国とは「満州」ではなく「全支」が対象であった。

2　重光の対中国認識

次に重光の対中国認識についても直筆の覚書[18]を通じて見ることとする。

重光は、まず、「一九二五六年ノ北京関税会議ハ支那ガ統括的ニ列国ニ対シテ条約改正ヲ要求シタ最後ノ機会デアツタ」として、列国協調政策が成立しえた最後の会議として北京関税特別会議を評価する。重光にとって本覚書が書かれたと思われる昭和五年中旬の段階で、「ワシントン体制」論に見られるような「列国協調」は既に存在していなかったのである。結局、同会議は、関税自主権について主義上の承認をしただけでおわり、その後の会議形式も二国間外交に変化していった。そして、国内でも若槻礼次郎憲政会内閣に代わって田中義一政友会内閣が成立したのであった。

この田中政友会内閣に対して重光は「政友会ハ政党最高至善主義ヲ以テ国民ニ莅《のぞ》ンダ」とし、積極外交＝「田中外交」に対しては「対支硬満蒙積極政策ハ政友会ノ素人的鳴物外交ト陸軍々閥外交トノ依（寄カ）合デアッタ」と総括する。外務省側に対しても、特に「出渕次官ハ最モ巧妙ニ一ツノ主人ヨリ其ノ他ノ主人ニ乗リ換ヘ田中内閣ノ末期ニハ自撰ノ米国大使トナッタ」と、出淵勝次次官に厳しい評価を下している。さらに、この田中外交では「中学生ノ外交討論会」たる東方会議が開かれ、「政友会ノ積極政策ノ実行」として山東出兵がおこなわれ、済南事件と対日ボイコットを惹起して「国交モ杜絶ト云フモ宜シイ」状態にまで追い込むこととなったとする。このため、「日本ノ有識者ハ非常ニ憂慮シタ。ソレハ元老ヨリ政務ノ人ニ迄及」ぶに至り、済南事件の解決が図られた。そして、同問題の解決とともに日中通商条約改訂交渉へと進み、「一ツノ交渉要件ヲ他ノ案件ニ牽連セシメ結局全部ヲ獲得セサレバ止マサル」王正廷外交部長の「牽連政策」と対峙することとなった。

このようなか、臨時代理公使に就任した重光は当時の状況を「佐分利公使ノ変死後小幡公使『アグレマン』ヨリ日支ノ関係ハ急転直下悪化シ再ビ済南事件後ノ如キ最悪ノ状態ニ逆転セントセリ。此儘ニテ進マバ日支ノ関係ハ収拾出来サル事態ニ立至ルベシ」と認識していた。このため、重光は日中通商条約の改訂交渉より関税問題を分離し、「何人ト交渉スベキヤ背水ノ陣」のなか、国民政府部内の「王正廷ト蔣宋トノ関係、王ノ条約改正ニ対スル地位」から宋子文財政部長と交渉を進める。しかし、「本国政府ノ準備之ニ伴ハズ」、交渉は重光の思うように進まなかった。交渉の阻害要因としては、「王正廷ノ関聯政策」「王正廷ノ横槍徐謨トノ論議」にあるように王正廷外交部長の存在、「東京ニ於ケル批評及本国政府ノ南京上村領事ニ対スル訓令ト之ニ対スル反髪（発ヵ）」との幣原外相の対応と「日本新聞通信ノ解釈―其ノ無意味ノ競争ト国家ノ利益」との新聞報道等があげられる。しかし、重光は本省側を説得し、また、中国国民政府部内で「宋、蔣ノ力勝ツ」、自身も「我方ヨリ絶エズ案ヲ出ス」ことによって「未曾有ノ外交激戦」に勝利し、昭和五年三月十二日の日中関税協定を仮調印（十一日付）、同年五月六日の正式調印を迎えたとするのである。

この覚書のなかで、重光は、「其ノ度ノ日支関係ト支那ニ於ケル日本ノ地位」と中国側の対応に重点をおきながら、日本の対外政策のあり方としては、「海軍協定ハ日本ノ極東ニ於ケル地位及対支関係」に見られるような、対中国政策を主とし、海軍協定（ロンドン海軍軍縮会議）を従としたうえで、「日本ノ対支根本観念ハ如何」と問う視点を有していた。対中国経済政策を主務とする重光は、中国を日本の製品市場として重視していたと思われるが[19]、最大の特徴は、中国を統一「国家」形成過程にあると認識し、国民政府部内との提携を策していたことであった。

つまり、重光は中国を「市場」としてだけではなく、「国家」としても認識していたのである。

三　「国家」としての中国と「場」としての中国

満州事変前に書かれた杉村の書簡および重光の覚書を通じて、それぞれの対中国認識について概観した。ここでは、両者の対中国認識の意味を幣原喜重郎との比較を通じて探ることとしたい[20]。

まず「田中外交」を起動した主体・政友会については、「政党最高至善主義」として重光が厳しい評価を下している。重光にとって政友会による「霞ヶ関外交」への容喙が、その政策的妥当性以上に脅威であったことが指摘できよう。このような政友会の外交への介入に対しては、「国家なき政党は困ったものなり」と文化事業部長岡部長景が日記に記したように、外務省内でも共通の認識であったと思われる。[21] さらに、「満州」にのみ固執する田中内閣の対中国政策については、杉村、重光両者とも手厳しい。この点は、当時貴族院議員であった幣原喜重郎も非難していた。

しかし、この二人と幣原との間では、中国そのものの捉え方に違いがあった。

杉村は、中国全体を日本の製品市場として理解したうえで、田中の「満州」に「籠城」する姿勢を批判し、かつ、拙劣な出兵政策についても批難している。重光も、中国本土なかでも長江流域の市場を重視していた。[22]

幣原は、易幟後において国民政府による中国統一を認知しつつ、北伐期の「満蒙」権益については「田中外相は若し南北が妥協して国民政府がその全力を満州に向けて来たときには、日本の権益は台なしになりはしないかと心配してゐる。しかしこれは心配であり、仮定である」「恰かも対満政策成就を装ふのは愚の極みである。私は満州の権益は、東三省の政治組織如何に依つて左右されるやうな薄弱なものではないと思ふ。だから、政治と経済とを混同してはならないといふのだ。第一国民政府が満州に進出して、特に我国の権益を脅かすやうな不謹慎的行動に出るとすれば、その時初めて我政府は否と返答すればよい。直に帝国の存在を無視するが如き態度に出るとしても執るべき手段は幾らでもある」と大阪日華経済協会主催「幣原男招待懇談会」でのべていた。[23]

幣原にとって「満蒙」の日本権益は、守るべき存在であり、対中国政策立案上の与件であった。幣原は、中国を日本の製品市場としての長江流域と「満州」権益という自立した二つの「場」として認識していたのである。

幣原が「内政不干渉」の名のもと居留民保護のため中国に「出兵」せず、中立的な態度をとった理由も、この「場」

の保全を第一に考えた結果であった(24)。そして、「場」としての中国を確保する手段として「条約」があり、「条約」の締結、維持のために統一的な「国家」が必要であった。極言すれば幣原にとって「国家」とは、「条約」を遵守する主体にすぎなかった。それゆえ、幣原は、「場」としての中国と「国家」としての中国が矛盾する時、前者を優先した。中国側の行動が「条約」に抵触した場合、例えば不平等条約改正という中国ナショナリズムの噴出に対しては、まま硬直した姿勢をしめしたのである。

しかし、重光は、国民政府を「統一政権」の範疇をこえ、建設途上の「国家」と認識していた。それゆえ、重光は、国民政府内部に連携対象を設定、「特ニ蔣介石ハ勿論各方面ノ裏面ノ実勢力ニ対シテ聯絡交歓シ外交部ヲ牽制シツツ交渉ヲ理論的ヨリ幾分ニテモ実際的ニ導キ我方ノ有利ノ地歩ヲ造ルニ努ムルノ必要アリ」とし、また「交渉開始前ニ詳細ニ準備研究ヲ尽シ出先ニ対シテハ政府ノ意見ヲ最終的及各程度ニ分チ詳知セシメ出先官憲ノ実際ノ運用努力ニ依リテ機会ヲ逸セス最大ノ要求貫徹ヲ期スルコトトシ交渉開始後ハ大綱以外ハ努メテ之ヲ出先官憲ニ委スルコト然ルヘク特ニ中央ハ勿論関係官憲ニ於テハ対外的ニハ統一的態度ヲ以テ終始一貫(25)」することで、日本権益の「場」を確保しよう試みていたのである。

だが、重光が提携対象に設定した財政部長宋子文は、その経済政策に「国貨提唱」に代表される民族資本の育成・拡大を含んでいた。関内で生産された中国製品が「満州」市場に移入しつつあるなか、宋子文の経済政策は「満州」の日本の独占状況を事実上、解体させるものでもあった。重光にとって宋子文との提携は、「満州」を含む中国全土での日本市場獲得と引き換えに、「満州」権益の放棄を黙認することも意味していたのである。重光は、杉村のように「全支」を日本の市場とする認識をこえ、「満州」権益の事実上の解体をも射程に入れていたのではないだろうか(26)。

次に中国をめぐる国際関係認識について見ることとする。まず確認しておくことは、中国が顧維鈞、王正廷等「革命的外交家」等を引合いに出すまでもなく、対外交渉能力を有する存在であったことである。中国は、ナショナリズムを背景としながら不平等条約の改正を目標として二国間外交を推進、徐々にその実をあげつつあった。このため、列国間の対中国経済政策上の「機会均等」を具現していた四国借款団も、また、「列国協調」＝「英米協調」も、昭和二年（一九二七）末のイギリスのクリスマス・メッセージに象徴されるように列国の対中宥和政策への転換のなかで有名無実化していた。

重光は、北京関税特別会議に参加した経験から対中国政策上列国間の「協調」が既に失われていると考えていた。それゆえ、重光は、臨時代理公使となった昭和五年一月以降、中国との直接交渉により、日中関税協定、債務整理問題等を通じて経済提携による日中関係の打開をめざしていたのである。

このように「列国協調」が実質上失われていたため、昭和三年段階で盛んに喧伝された「日英同盟復活論」についても、亜細亜局長木村鋭一により「英外務省ノ腹底ハ御承知ノ通リニテ深ク反省シテ日英協調ニテ萬事支那問題解決ニ進ムトノ新聞記事ノ如キ実質的効果ヲ期待スルコトハ危険」、「日英接近ヲ強調スルコトハ英国政府ノ政界事情ニ鑑ミ反対ノ結果ヲ来サスヤト憂色致在候」と看做されていた。[27] まさに「列国と協調してこれ（中国）を指導し、いはゆる自主的外交によつて、日支両国の大局的利益を図る」ことは、容易ではなかったのである。[28]

なぜならば、中国を「市場」として見た場合、日本は、英米両国をリードするような経済力を持ち合わせていなかったからである。それゆえ、日中関係を第一に考える重光も、債務整理問題において西原借款に代表される対中国債務の整理をおこないつつ日中間の経済提携を図るためには、アメリカからの外資導入を必要としていた。また、長江流域市場を確保するうえでも、駐日キャッスル米国大使が帰国するに際して、谷正之亜細亜局第一課長が幣原の談話要領として起案した文書で、中国市場における日米両国の製品は「何等競争ノ地位ニアラサルノミナラス他方日本人ノ支那ニ於ケル活動ハ米国ノ対支貿易増加ノ原因トナッテ居ル」、つまり「日本ハ米国ノ対支貿易ノ『バリヤー』ニ非スシテ寧ロ油テアルコトカ判ル」とせざるをえなかったのである(29)。

この点、杉村は楽観的であった。アメリカが中国市場に進出すれば自然と中国に対する債権国の一員となり、「列国協調」の実をあげられると考えていたのである。

一方、幣原は、中東鉄道（東支鉄道）をめぐる中ソ紛争勃発に際しても、不戦条約に基づき調停を試みる米仏両国を排除し、自ら介入しているように、極東地域の安定要因としての日本を印象づけるべく行動している。政治的には、対中国政策での主導性を自ら認識し、この日中関係の背景として列国との協調が想定されていた(30)。この点、幣原は杉村と認識を同じくしていたが、「列国協調」の存在自体を否定する重光との間で意見を異にしていたのであった。

以上のべてきたように、杉村は、国際聯盟において中国の国際的発言を封殺、重光は実際の直接交渉の場で国民政府の支持の調達を、そして、幣原は、「列国協調」の調達を図りつつ、漸進的に対中国政策を転換させていく、このように三者はその役割において一見、有機的に結合しているかのように見える。しかし、三者の一致点、「市場」としての中国認識は、「国家」としての中国＝国家形成を急進的に進める国民政府を前に改変を余儀なくされていった(31)。そして、三者の対中国認識における微妙な差異が、外務省の対中国政策に影を落としたのである。

まず、日本が直面したのは、外交における地方の喪失＝交渉員制度の廃止に象徴される国民政府による外交の一元化政策であった。国民政府は、従来、各省単位での交渉に従事していた交渉員を廃止することで外交の中央集権化を図った。このため、現地で領事官と交渉員との間で「地方的解決」を図っていた日本は、その手段を失ったのである。結果、制度的に「満州」での地方的解決が不可能となり、現地での解決の手段を失った在「満」各総領事・領事は、昭和六年（一九三一）に入ると「満州特殊権益」論に基づく居留民等の不満を抑制できなくなっていった。

しかし、「満州」における不満が現状打破へと転形するに際して、幣原は、「市場」と「満州」の日本「権益」を分離して考えていたため、中央の交渉と地方での交渉を前者に統一、全中国を代表する国民政府に対応して事態を処理することができなかった。さらに、幣原は、ロンドン海軍軍縮条約の締結をめぐる統帥権干犯問題に引きずられるとともに、浜口雄幸の遭難以降、図らずも首相代理となったことで、枢密院対策、議会対策、緊縮財政等に忙殺されていた。幣原は、国民政府と対立する昭和六年五月二十八日成立した広東国民政府の「満州」譲渡論等に期待をかけ、また、治外法権撤廃問題により「条約」問題が前面化するなかで、既に失われた「協調」、九ヵ国条約に基づく英米協調による中国抑制という間接的な手段を採用したのであった。

重光にとって地方的解決手段の喪失は、駐中国公使としての彼の立場を相対的に強化し、中央での交渉＝国民政府との直接交渉によって事態の打開を図りやすくさせるはずであった。重光自身も、交渉環境を整えるうえで宋子文による財政一元化路線との提携を強化していった。しかし、日中間の提携強化を象徴する公使館の首都南京への移転のような財政支出をともなう施策は、緊縮財政下にある外務省中央の認めるところではなかった。このため、重光は、積極的な政策展開ができないなかで、「列国協調」へと回帰して重光の対国民政府交渉を抑制する方向に転じ、広東国民政府や「満州」権益をめぐる諸交渉のように交渉を地域別に分離しつつ、それらを中央で制御せんとする幣原と対峙しなければならなかった。重光は、悪化の一途をたどる日中間の隘路を政策執行段階で切り開くという苦しい交渉を強いられていったのである。

一方、杉村は、国際聯盟の対中国経済援助政策により日本の極東での主導性が損われないよう努めていた。しかし、アヴノル事務次長、ライヒマン保健部長、ソルター経済部長等国際聯盟自体による中国問題への介入は、対中国政策上、聯盟を列国から支持を調達し、日本の主導性を確保する「場」として認識していた日本を素通りするものであった。済南事件で杉村がしめした聯盟における対中国政策上の主導性は、明らかに受身の方向へと転回していた。杉村等にとっては、日本をいかに聯盟による対中国政策審議に参加させ、中国側の行動を抑制できるかが問題となっていた。だが、杉村自身、聯盟の対中国援助問題の審議から排斥されていったように、対中国政策において日本は、聯盟内から疎外されつつあった。日本にとって国際聯盟は、昭和六年五月の段階で対中国政策上利用する「場」として不適格なものとなっていた。ただ、杉村らの国際聯盟関係者は、日本国内からの批難に無縁であったことが彼らの活動の余地を残していたのである。

昭和六年（一九三一）九月十八日の満州事変の勃発は、重光、杉村そして幣原のその後に大きな変化をあたえることとなった。

第二次若槻内閣は、浜口内閣から堅持してきた金解禁政策がイギリスの金本位制離脱により現実的な根拠を失い、また、内からの協力内閣論に揺さぶられ、満州事変の処理もままならぬなか総辞職する。この結果、幣原喜重郎もその政治生命を失うこととなった。

満州事変の約一ヵ月前、中国公使に昇任した重光も、満州事変と引き続いて起こされた上海事変に対して南京国民政府への直接交渉に苦慮しつつ、戦線の拡大の防止に努めたが、翌七年四月二十九日、爆弾を投げつけられ、帰朝を余儀なくされた。

他方、杉村は、満州事変に対する国際的批難が高まるなか、国際聯盟において日本側の「自衛権」を主張したが、関東軍の錦州爆撃（昭和六年十月八日）と錦州城占領（昭和七年一月三日）により、国際聯盟における杉村らの交渉体制が崩壊。杉村は軍部の独走と政府の方針に憤慨しつつ、結局、リットン報告書によるダメージと「満州国」の成立、昭和八年三月二十七日の国際聯盟脱退により「平和の落武者」としてジュネーヴを去ることとなった。杉村も「満州国の独立は単に我が軍事的措置の結果とのみ見てはならぬ。支那政局の自然的分解作用であつて、独立は他力を以て強制し得るものではない」との対中国認識を持つに至るのである。(32)

以後、幣原の復活は、敗戦後であった。そして、杉村は、駐イタリア大使としてエチオピア紛争等に関与するなか、昭和十二年二月四日、阪谷芳郎に次の書簡を送っている。

（前略）国際聯盟の平和思想に民主々義的傾向多きは御承知の通に有之従而日本精神と相容れさる道徳感に立脚する点もあり将来の協力は殆んと不可能と被察候処皇道精神と国際協調との調和、実は容易ならす、軍部と霞ヶ関と外交の基調を異にすらば會々根本に於テ相両立せさる感念に発足するか為とも解せられ国運の向上発展と支那との国交調節とを調和すへきの要は何人も識認するも相手が弱邦の場合殊に其実行容易ならす、満州国の独立、北支山東の自立、而して其後に来るものは何ぞやと考ふるとき日支親善は道徳感としては飽迄尊重すへきものなるも政治論としては日支経済ブロックの確立を目標として対支工作に努むと言ふ程度の議論は最小限度肝要なるへく丁度商業道徳は無視せさるも相当の利益を収めんとする実業家と態度相似たるものある様に被思考候(後略)(33)

一方重光は、昭和八年（一九三三）五月、外務次官として復活する。重光は、宋子文から汪兆銘へと提携対象を代え、再び「経済提携」路線を採用したのであった。しかし、汪兆銘は、国民政府部内で脆弱な基盤しかもちえなかった。かつての提携相手宋子文は、対日戦を想定し、アメリカでの外債募集に奔走しつつ、国力増進を図っていた。また、満州事変前、長江流域に設定された市場は、「武力」を背景とし密貿易を媒介に海関制度を破壊しつつおこなわれた華北への「侵略」に変わっていた。重光は「満州国」を抱え、「分裂」を前提として国民政府と向かいあわねばならなかったのである。つまり、次官時の重光の対中国政策とは、満州事変前のそれと条件を全く異にする「経済提携」

策であった。ゆえに、重光の対中国認識も「政策」として押し出されたとき、その有効性が低いため統一的「国家」としての中国を見失い、「排英」という形に転稼せざるをえなかったといえよう。

註

（1） 塚瀬進著『中国近代東北経済史研究』（東方書店、一九九三年）参照。

（2） 臼井勝美「『幣原外交』覚書」（『日本歴史』一二六号、一九五八年十二月）、同著『中国をめぐる近代日本外交』（筑摩書房、一九八三年）および藤井昇三「中国人の日本観―第一次大戦直後から幣原外交まで―」（『社会科学討究』二〇―二・三、一九七五年）、同「戦前の中国と日本―幣原外交をめぐって―」（『現代中国の国際関係』日本国際問題研究所、一九七五年）、馬場明「対華共存共栄主義の破綻―大正・昭和期日中関係史序説―」（『栃木史学』国学院大学栃木短期大学史学会編、一九八九年三月）等がある。また、「ワシントン体制」論に批判的な立場から書かれたものとしては、入江昭著『極東新秩序の模索』（原書房、一九七一年）がある。

（3） 今井清一「政党政治と幣原外交」（『歴史学研究』二一九号、一九五八年年五月）、同「幣原外交における政策決定」（日本政治学会編『対外政策の決定過程』岩波書店、一九五九年）および江口圭一著『日本帝国主義史論』（青木書店、一九七五年）等参照。

（4） 酒井哲哉「『英米協調』と『日中提携』」（『協調政策の限界』年報近代日本研究十一、山川出版社、一九八九年）。

（5） 西村成雄「日本政府の中華民国認識と張学良政権―民族主義的凝集性の再評価―」（山本有造編『「満洲国」の研究』京都大学人文科学研究所、一九九三年）。

（6） 具体的には、済南事件にともなう対日ボイコットを国民党部の指導下に置きつつ、不平等条約改正問題に転換し、それを「三民教育」によって深化させている点等が指摘できる（差し当たり「『日本外交文書　昭和期Ⅰ第一部第三巻』解題」〈『外交史料館報』第七巻、外交史料館、一九九四年三月〉参照）。

（7） 外務省革新運動については、外務省百年史編纂委員会編『外務省の百年』上巻（七三九～七五一頁）および塩崎弘明「外務省革新派の現状打破認識と政策」（『日本外交の危機認識』年報近代日本研究七、山川出版社、一九八五年、一五三～一五五頁）参照。

（8） 昭和三年十月十一日付在巴里佐藤尚武より吉田（茂）外務次官宛書簡『個人履歴　杉村陽太郎』外交史料館所蔵。

（9） 大正十四年八月十八日発在中国芳澤公使より幣原外務大臣宛電報第七五四号（本官発在上海総領事宛電報第一三九号）『外務省

官制及内規関係雑件』第一巻（M.1.2.0.2）外交史料館所蔵。

（10）大正十四年八月二十四日付在中国芳澤公使より幣原外務大臣宛機密第四四六号公信「領事官ト其駐在国ニアル帝国公使トノ関係ニ関スル件」『外務省官制及内規関係雑件』第一巻（M.1.2.0.2）外交史料館所蔵。

（11）大正十四年九月二十二日条約局第二課起案、在中国芳澤公使宛訓令案、『外務省官制及内規関係雑件』第一巻（M.1.2.0.2）外交史料館所蔵。

（12）『外務省官制及内規関係雑件』第一巻（M.1.2.0.2）外交史料館所蔵。

（13）当時、亜細亜局は「外務省では、絶えず中国問題に悩む亜細亜局が、最も際立った存在を示し、木村（鋭）局長と、その下の谷（正）第一課長が、華々しく活動していた。その頃から亜細亜局モンロー主義の声が聞え出した。ある種の閥で亜細亜局を固め、閥外者には亜細亜局入りをさせない、亜細亜局員が海外に転出する時はよい任地をあてがう、怪しからん」と他の局課から見られる存在であった（石射猪太郎著『外交官の一生』中公文庫、一九八六年、一五八頁）。

（14）昭和五年一月十六日発幣原外務大臣より在北平堀内臨時代理公使宛電報第十五号『各国駐劄帝国大公使任免関係雑纂　中華民国ノ部』第二巻（M.2.1.0.13-5）外交史料館所蔵。

（15）佐藤尚武著『回顧八十年』時事通信社、一九六三年、二二一～二二三頁。また、佐藤は、第二次ロンドン海軍軍縮会議にあたっても「三国海軍問題の根本は支那問題に在りとの御高見乍僭越全然御同義ニ有之候　東亜の秩序維持ハ日本ニ一任相成べク門戸開放問題ハ寧ろ第二次の問題にして而国内秩序維持統一ガ第一要一義なり　三国互ニ自他の要求を理得セバ満足なる解決ニ到達する事必しも不可能ならずとの御意見誠ニ感服」と阪谷芳郎に書簡を送っている（昭和十年九月七日付佐藤尚武より阪谷芳郎宛書簡『阪谷芳郎文書』国立国会図書館憲政資料室所蔵）。

（16）『阪谷芳郎文書』国立国会図書館憲政資料室所蔵。なお、阪谷芳郎は、当時、貴族院議員であった。杉村との関係は、阪谷が副会長（会長は渋澤栄一）であった国際聯盟協会の幹事であったことに始まり、各種経済関係の国際会議にともに参加したことで懇意にしていたと思われる。

（17）済南事件勃発にあたり、南京国民政府は、国際聯盟理事会の召集を五月十一日求めた。その際、杉村は、「聯盟ハ正式政府ニ非ザル南京側ノ申出ハ之ヲ受付クル能ハズ」とし、また、「出先軍憲ノ間ニ於テ実際ノ事情ニ基キ現ニ直接交渉ヲ為シツツアルニ理事会ガ之ヲ取上ゲタリトテ徒ラニ其無力ヲ暴露シ余計ナ干渉ヲ為シ事件ノ円満解決ヲ妨グトノ謗ヲ受クルニ終ランノミ」としてドラモント事務総長の同意を得て、単に情報として南京国民政府の理事会召集要求を理事会員に通知している。さらに、もし聯盟で問題となっても、アヴノル事務次長に政務部長代理を依頼しつつも、事実上、杉村とドラモント、アヴノルの三名で済南事件の処理をおこなうことで協定していた（「済南事変」『国際聯盟事務局関係一件　東京支局関係　杉村次長報告集』〈B.9.1.0.4-4-1〉外交史料館所蔵）。そして、聯盟にいち早く説明書を提出させて列国の支持の調達を図り（『日本外交文書』昭和期Ⅰ第一部第二巻、三六〇文書）、一方で国民政府が顔恵慶を聯盟首席代表として理事会に乗り込もうとするのを阻止している（『日本外交文書』昭和期Ⅰ第一部第二巻、三九六文書、三九七文書）。

(18)「日支関税協定条約改正ノ準備」『重光葵関係文書』憲政記念館所蔵。なお、同文書については、拙稿「（史料紹介）外務省記録と『重光葵関係文書』について―日中関税協定関係史料を一例に―」（『外交史料館報』第七号、一九九四年三月）参照。

(19)満州事変直後に書かれた重光の報告書『革命外交』でも「対支輸出ハ日本ノ輸出総額ノ二割五分強ニ当リ輸出入額ニ於テハ米国ニ亜クモノナルカ其ノ内容ニ於テ対支輸出ハ対米輸出ニ比シ遥カニ重要ナル地位ニ立ツモノナリ」と工業製品輸出市場としての中国市場を高く評価している（『支那ノ対外政策関係雑纂』第二巻〈松 A.2.1.0.C1-1〉、一四〇～一四一頁、外交史料館所蔵）。なお、本史料は、服部龍二編著『満州事変と重光駐華公使報告書』（日本図書センター、二〇〇二年）として刊行されている。

(20)「場」としての中国については、松重充浩「佐藤元英『昭和初期対中国政策の研究』（原書房、一九九二年）―近現代日中関係史研究における検討視角に関する覚書」（『史学研究』二〇三号、一九九三年十二月）を参照されたい。

(21)『岡部長景日記』昭和四年二月十六日の条（尚友倶楽部編、一九九三年、四二頁）。なお、中国内の政権への対応から「田中外交」の再評価を試みた研究として、樋口秀美「第二章　一九二〇年代の東アジア国際政治史像の再検討」（同著『日本海軍から見た日中関係史研究』芙蓉書房出版、二〇〇二年）がある。

(22)この点、重光と同じく中国にあって経済部門の交渉を担っていた大蔵省公森太郎駐支財務官は、「満州丈ハと国民全部が安心せしそれが彼の通り満州丈でも維持せんとせはその外郭たる支那本土の事を冷淡にして居りてハ到底出来ぬ相談」（昭和二年九月二十一日付阪谷芳郎宛公森太郎書簡『阪谷芳郎文書』国立国会図書館憲政資料室所蔵）、「支那全土を目的として進まされば山東、東三省の利益も守り難かるべきかと存候」（昭和三年七月三十日付阪谷芳郎宛公森太郎書簡、同前）との認識を示していた。公森は、「満州」を主、「中国本土」を従としながらも、両者を連関させて理解すべきものとしていた。しかし、北京関税特別会議の評価において、公森は同交渉が列国協調をおこなわなかった点を痛烈に批判している（大正十五年三月十日付阪谷芳郎宛公森太郎書簡、同前)。なお、財務官の国際関係観については、波多野澄雄「解説」(藤村欣市朗著『高橋是清と国際金融』下巻、福武書店、一九九二年)参照。
(23) 幣原平和財団編『幣原喜重郎』一九五五年、三六六~三六七頁。
(24) それゆえ幣原は、済南事件が対日ボイコットを惹起させ、日本の対中国経済活動が阻害されたことを非難していたのである(「外交管見」同前『幣原喜重郎』三六七~三六九頁)。
(25) 昭和五年三月十九日着在上海重光臨時代理公使より幣原外務大臣宛電報公第三二二号『帝国ノ対支外交政策関係一件』第二巻〈A.1.1.0.10〉外交史料館所蔵。
(26) 具体的に重光は、日中関税協定に基づく中国の国定税率導入にあたって生起した大連二重課税問題で、大連海関協定を盾に日本の「特殊権益」を守らんとする関東庁・満鉄側を押さえて宋財政部長との間で実質的に大連海関協定を骨抜きにする形で妥協している。
(27) 昭和三年十一月二十四日付木村鋭一より吉田茂宛書簡「支那問題ニ関スル列國協調ノ件」『各國ノ対支経済発展策関係雑件』〈E.1.1.0.1〉外交史料館所蔵。
(28) 昭和五年一月十七日付『東京日日新聞』社説「幣原外交の局面打開」。
(29) 昭和五年五月二十日谷亜細亜局第一課長稿「幣原大臣ヨリ近ク帰国スヘキ『カッスルム』米国大使ヘノ談話ノ一接トシテ試ミニ起案セルモノ」『帝国ノ対支外交政策関係一件』第二巻〈A.1.1.0.10〉外交史料館所蔵。なお、その際、この谷の起案要領に、有田は「満州ニ於ケル我鉄道政策ハ決シテ無理ナルモノニアラサルコト」の一項を加筆している。この点より、有田は谷に比し、より「満州」日本権益を保持する意思が強かったことがわかる(この有田亜細亜局長起案の談話要領には幣原のサインがある『帝国ノ対支外交政策関係一件』第二巻〈A.1.1.0.10〉外交史料館所蔵)。
(30) 臼井勝美「一九二九年中ソ紛争と日本の対応」(『外交史料館報』第七号、一九九四年三月)参照。
(31) なお、海軍軍縮問題を中心とする国際関係観については、拙稿「海軍軍縮をめぐる二つの国際関係観の相剋」(伊藤隆編『日本近代史の再構築』山川出版社、一九九三年)参照。
(32) 杉村陽太郎著『国際外交録』(中央公論社、一九三三年)九頁。
(33) 昭和十二年二月四日付杉村陽太郎より阪谷芳郎宛書簡『阪谷芳郎文書』国立国会図書館憲政資料室所蔵。

第二章　満州事変期、「親英米派」の国際関係観

――西園寺公望と阪谷芳郎、吉田茂をつうじて――

日本外交史における一九三〇年代は、「国際協調」の崩壊過程として[1]、または「アジア・モンロー主義」と「親英米協調路線」の対抗と前者への漸進的な収斂として理解されている[2]。

しかし、戦前・戦中を通じて「国際協調」派がいなくなったわけでも、「親英米派」が「アジア・モンロー主義」に吸収されたわけでもない。「親英米派」は、「アジア・モンロー主義」を唱える軍部と正面から戦うことなく妥協を繰り返し、彼らにとって最悪のシナリオ＝対英米蘭戦を阻止できなくても生き残ったのである。

これまで、知識人としての「親英米派」は、自由主義者（リベラル）としての不完全性が指摘され、批判されてきた。反対に政治家では、西園寺公望のイデオロギーや吉田茂自身が戦前・戦後を通じ、連続的に存在したため高い評価をえている。

そこで本章では、後者の政治家における「親英米派」が戦前の政治過程のなかで存在し、政治力を保持しえた理由を三人の人物（西園寺公望、阪谷芳郎、吉田茂）の国際関係観に仮託して考察することとしたい。このうち西園寺と阪谷という二人の満州事変前後における国際関係観の検討は、「親英米派」の実像を明らかにするだろう。そして、吉田を通じて一九二〇年代の「国際協調」が戦後まで連続しえた理由を明らかにする。

一　満州事変と西園寺公望

「幣原外交」と「ワシントン体制」の護持者とされる元老西園寺公望。彼のリベラルとされる所以は、ワシントン会議およびロンドン海軍軍縮会議で英米両国との協調を優先して海軍軍縮を進めたところにある。その彼の国際関係観とは、まず、「現在日本は英米と共に采配の柄をもつことができる立場にある」と、日英米三国を中心とする東アジア国際秩序を認めていたところにあった。ロンドン軍縮で対米七割の兵力量を獲得するためにこの地位を放棄し、「采配の先にぶら下つてゐるやうな」仏・伊と協調することに反対したのである(3)。ロンドン海軍軍縮会議の場合、問題が直接英米両国を対象としたため、西園寺は、日英米三国の協調維持を最も重要な課題としたのである。その一方で西園寺は、「満蒙の土地と雖も支那の領土」であると、「満州」・中国東北地方が中国の主権下にあることを理解していた(4)。中国を「満州」も含めた「国家」であると認識していたのである。しかし、昭和六年（一九三一）九月十八日、満州事変が勃発、事件が拡大の一途をたどるなか、「英米協調」と「国家」としての中国観に齟齬が生じた。

その際、西園寺が心配したことは、満州事変解決の舞台が国際聯盟内にも設けられ、日本が聯盟を無視し、最悪の場合に脱退という行動にでることであった（ただし、ここで留意すべきことは、西園寺が国際聯盟そのものを重要視していないことである）。国際聯盟加盟の中小国が日本に対する批判を強めつつあるなか、西園寺は、聯盟での日本の対応が日英米三国間の協調体制にヒビをいれるのでは、と危惧していたのである(5)。この認識は、「どうも国際聯盟の問題は気になる。或は経済封鎖でもされたり、それからそれへと考へると、日本の立場は非常にデリケートであつて、この際どうなるか頗る心配である」とのべていた昭和天皇の認識とも共通していた(6)。昭和天皇も満州事変等のために英米等との関係が悪化することを気にしていたのである。それは、昭和天皇が西園寺同様に「陛下ハ熱河作戦ニ於テ支那軍カ急進ヲ受テ混乱ニ陥リ掠奪ヲナスコトナシトセス、是レ英米ヲ刺撃《激》スルコト大ナルヘシ」と、昭和八年の関東軍による熱河作戦を中国に対してではなく、英米との関係悪化を優先するかたちで理解していたことでもわかる。(7)

このような日英米三国間の協調にヒビが入るのでは、という危機感は、アメリカの対日世論が悪化するにつれて募っていった。西園寺は、日中間の衝突と日英米間の協調関係が連動するのを恐れたのである。それゆえ、西園寺は、内田康哉満鉄総裁の「国際聯盟の面目も維持し、アメリカに対しても相当に好意を感じ、日本の面目も立ち、アメリカの好意に報いることもできるといふ風に、この際慎重な態度をとらねばいかん」との主張については「大局的な見方を力説していた点は、さすがに玄人」と評価したものの、「しかし満洲に対して意外に強い意見なのには、自分は実に失望した」とのべたのも、日中関係と対英米関係が連動していると考えていたからであった。(8)

しかし、アメリカやイギリスは、日本に対して実質的な圧力をかけなかった。このため、西園寺は、秘書の原田熊雄に「後の満州の問題については多少考が違ふけれども、まづまあ已むを得まい」とのべ、事実上、新政権の樹立に対し、早い段階で「GO」サインを出したのであった。(9) つまり、西園寺は、日英米の三国協調システムの維持を第一に考え、「満州」問題を第二義的に考えていたのである。(10)

その後、チチハル進攻、錦州爆撃、そして引き続いて勃発した上海事変も、経済封鎖(11)や戦争の危機までささやかれたものの、結局、日本と英米との関係は悪化しなかった。石原莞爾関東軍参謀らによる軍事的冒険は、英米両国の干渉をうけることなく終わったのである。つまり、西園寺の危惧した、「対英米協調」の崩壊は、満州事変後の段階で現実とならなかった。(12) だからこそ、西園寺にあっても国際聯盟脱退後、「国際協調」(実は対英米協調)の再構築は可能であったのである。

二　阪谷芳郎と満州事変・「満州国」

次に満州事変前後における当時屈指の国際派で平和運動家、国際聯盟協会の副会長（日米関係委員会委員）でもあった阪谷芳郎の行動を見てみよう。[13]

阪谷も西園寺同様、英米両国との直接交渉となるロンドン海軍軍縮会議の成功を望んでいた。阪谷は、「我平和主義を以て進むなれば、英米と歩調を一にして進むべし」としたうえで、「英米両国に対する日本の信義はいちじるしく傷つけられ」ぬように批准すべきであるとした。なぜならば、阪谷は、「軍縮は結局来らざるべからざる運命」ならば、「日本が屈伏的に軍縮」しないうちに妥協しておくことの方が有利であると考えていたからである。[14] 阪谷は、英米との協調を経済力を中心に理解していた。

一方で、満州事変とその後の軍事的展開について阪谷は、「謹祝皇軍大勝利　周到ナル計略迅雷的大奮闘無比ノ刻苦耐忍乍今更驚嘆ノ外無之候尚我将士ノ胸中勝テ兜ノ紐ヲ締ムルノ余地アルヲ確信仕候」と書いた名刺を、金谷範三参謀総長と杉山元陸軍次官に送っていた。[15]「満蒙問題ハ早晩起ルヲ免レサルモノトスレハ早カリシカ好都合ナラン」と、満州事変の勃発とその後の展開を積極的に評価したのである。[16] しかし、阪谷は、関東軍の錦州爆撃に対する英・米・仏三国共同の非難を日清戦争後の三国干渉に擬えて「余ノ想像スル裏面ノ意味ハ日軍錦州攻撃セハ日支両軍正面衝突トナリ国交断絶戦争全支ニ波及シ列国ハ貿易上其他影響不少時局拡大ノ責ヲ日本ニ稼シ聯盟規約第十五条ヲ以テ日本ヲ圧伏セントスルニアルヘシト思ハル」と考え、国際聯盟協会の副会長として舞台が聯盟へ移ったことに苦慮しなければならなかった。このようなかで阪谷は、「錦州攻撃ヲドコマデモ装モ此辺ニテナルヘク時局ヲ打切リ速ニ満州ノ治安策ヲ約定スルニ若カス所謂ユル『ビスマーク』ノ故智ニ倣ヒ勝テ兜ノ緒ヲ締ムルヲ上策トス」と事変の終結を考えていた[17]。

対中国政策に関する阪谷のスタンスは、満州事変とその後の版土拡大に賛成だが、列国の介入を招く日中の全面戦争化には反対。「満州」経営に専念し、他のことは「臥薪嘗胆」を必要とするものであった。この「臥薪嘗胆」説の背景には、ステムソン国務長官の談話があり、その真意が「米国ノ意志ハ条約違犯ヲ以テ日本ヲ責メ聯盟ヨリ除名シ満州ニ於テ今後日本カ如何ナル条約ヲ為スモ総テ聯盟諸国ハ認メス尚南洋ノ諸島ヲ日本ノマンデートヨリ取リ上クルコト」とのものであれば、「日本ハ一朝ニシテ五大国ノ位置ヨリ蹴落サレ不面白此上ナク支那ハ全勝ヲ得テ日本ハ外債ノ始末其他ニ呻吟スルニ終ランカ」との危機感を持っていたからであった[18]。

つまり、阪谷は、西園寺と違って満州事変の勃発を必然のこととし、成果（具体的には「満州国」）を手に入れることに重点をおいていた。反面、阪谷は、「我邦人間ニハ聯盟ノ除名又ハ脱退ヲ軽々ニ考フルモノアリ」と聯盟脱退論に反対していた。彼は「五大国ノ一タル地位失墜も南洋諸島喪失、聯盟列国ノ満蒙条約不承認、経済封鎖ノ制裁」をうけ、最終的に「九月十八日前ノ状態ニ一応引戻サルルコト」を恐れたからであった[19]。まさに、阪谷にとって満州事変・「満州国」設立と国際聯盟との関係は、満州事変の成果を守ることを第一義として、これに国際聯盟の存在が付随するかたちで連動していたのである。だからこそ、阪谷は、一面で国際聯盟からの脱退に反対、「日米英三国ノ平和親善ハ世界ノ平和ニ欠クヘカラサル」ことを力説しつつ[20]、「満州国」の日本人顧問の人選等に深く係わっていったのである。

では、阪谷の具体的な「満州国」に対する関与について見てみたい。その第一歩は、息子阪谷希一の関東軍軍政部行きを承認したことに始まり[21]、昭和七年六月二十四日には、次のような「満州国」承認に関する基礎協約十二ヵ条を起草、提示するまでになっていた。

○昨二十四日付中央満蒙協会ニ示シタル満州国承認ニ付基礎的協約十二ヶ条案（余ノ起草シタルモノ）

(1)日本帝国政府ハ満州国人民ノ完全ナル自由意志ニ基キ中華民国ヨリ完全ニ分離シ独立国トシテ成立シタルコトヲ承認ス

(2)満州国ハ地形上並歴史上日本帝国ト密着シタル関係ヲ有シ且日本帝国ハ満州ニ於テ重大ニシテ他ニ優越シタル権益ヲ有シ所謂ル生命線ニ当ルヲ以テ日満両国ハ今後永久ニ隔意ナキ完全ナル親善ヲ保チ互ニモドルルヘカラサルコトヲ約ス

(3)満州国ハ成立日浅キヲ以テ今後内外ノ重要政務ニ就テハ日本帝国政府ノ指導ヲ依頼シ日本帝国政府ハ誠意ヲ以テ助言ヲ為スモノトス

(4)国防上重要ノ職責ヲ有スル内外官吏ノ任免及陸海軍警察官訓練上重要ノ任務ヲ有スル外国人ノ雇入雇止ニ付テハ満州国政府ハ日本帝国政府ニ協議スルモノトス

(5)満州国ノ関税方針、教育方針、日満経済統制関係ニ付テハ日満両国政府ハ隔意ナク互ニ協議スルモノトス

(6)満州国ノ国防ハ日本帝国政府ニ依頼スルモノトス

(7)満州国政府ノ所有ニ属スル鉄道ハ其経営ヲ南満州鉄道株式会社ニ依託スルモノトス

(8)満州国政府所属ノ電信、電話、ラジオ、郵便、航空、燈台其他航路標識等通信交通ニ関スル制度ハナルヘク日満共通統制ノ方針ヲ取ルモノトス

(9)満州国ハ日本人（朝鮮人ヲ含ム）ニ対シ完全ナル移住、雑居及土地所有権ヲ認メ農業及商工業ノ完全ナル自由ヲ与フルモノトス

⑽満州国ハ速ニ完全ノ司法制度監獄制度ヲ樹立シ其運用如何ヲ見タル上日本帝国政府ハ治外法権ヲ撤廃スヘシ
⑾満州国関税自主権ハ日本帝国政府之ヲ認ム
⑿満州国ノ為要スル国防費並外敵及匪賊等討伐費ノ負担方法ニ付テハ日満両国政府ニ於テ隔意ナク協議決定スヘシ

とはいえ、一九三三年二月四日の段階でも阪谷は、水町袈裟六宛の書簡のなかで、依然として次の二点の認識をしめしていた。

一　現在ノ如ク日本ハ一本槍デ進ミ終ニ聯盟脱退トナリ果シテ将来日本、満州ノ為メ有利ノ見込アルヤ右ニ付首相外相ニ如何ナル成算アリヤ

一　若シ聯盟全部之ニ米露ヲ加ヘイツマデモ満州不承認トナレハ永キ年月ノ内ニ日本財政ハ堪ヘス甚タ不利ノ地ニ立テ頭ヲ下ケル場合ニ立至ラサルカ(22)

しかし、聯盟脱退が必至となるなかで阪谷の考えも次のように変化していった。

(前略)国際聯盟ノ目的ハ善キモノト思フテ其成立ニ日本ハ極力尽力シタルモ今度ノ如キ大問題ニ当リテハ其組織其他不備ニシテ目的ニ添ハサルヲ痛感セリ是レ斯ル重大ナル制度ニハ免レサル所ニシテ初ヨリ完全ヲ望ムヘカラス漸次改善ヲ必要トスヘシ日本ハ今ヤ脱退ハ止ムヲ得ストスルノ場合ニ立到レリ(23)(後略)

日本屈指の国際派も、結局、小国中心の国際聯盟に見切りをつけたのであった。

現状追認を繰り返す阪谷の国際関係観は、反面で軍部を中心とする侵略行為を是認し、英米からの批判に対する盾とも、下支えともなっていった。結局、現状追認型の国際関係観は、太平洋戦争・対英米蘭戦の直前にも英米分離論という希望的観測をうむ背景ともなった。このような国際関係観は、その内容ゆえに戦争を阻止できなかったことは

いうまでもない。むしろ、大東亜宣言にみられる「国際的」な普遍性の獲得に寄与したのである。西園寺も阪谷もともに満州事変が英米両国を直接対象としなかったため、その衝撃を大きいものとしなかった。それゆえ、西園寺と阪谷らによる「国際協調」主義は、一九三〇年代に入っても消滅せず、一九四〇年代に入るまで一定の政治力を保持しえたのであった。(24)

三　吉田茂の「連続性」

日本外交史における戦前・戦後の「連続性」は、戦前・戦後をともに外交の第一線に立った吉田茂に象徴される。この吉田の戦前・戦後を北岡伸一氏は、「時代的適合性」をもって説明、吉田の「対英米協調」と「経済的利益の追求」が明治外交と戦後状況を「連続」させたとしている。(25)

そこで、本節では吉田茂の「英米協調」についていくつかの指摘をおこなうこととしたい。

まず、戦前期の対中国政策上、吉田は、「対英米協調」の対象を在中国の英米国人と本国政府とに分けて考え、前者との協調を前提に、後者との交渉をおこなおうとしていた。吉田にとって中国は、「市場」であり、「国家」として認識されていなかった。このため吉田は、満州事変後の対応も、国際聯盟における大国としての日本の立場が失墜し、上海事変を誘発させたことで英米世論が悪化したことを憂慮していたのである。反面、「幣原外交」に対しては、「協調外交ハ主義とし而当然ニ候得共外ニ伸びんとする国民の要望を冷視するか如き態度ハ他をして空疎なる外交無為無策と思ハしめ」たとしたのであった。(26)そして、満州事変後も九ヵ国条約における「対英米協調」による対中国抑制を以って、「満州問題ニ就てハ九国条約の存し支那ニ其実行を迫るの同意を列国ニ取付くる丈ニて可なり」としていたのである。[27]

そして、吉田も西園寺や阪谷同様、日本の国際聯盟脱退後の「協調」の存在を自覚していた。[28]吉田は、日中戦争が泥沼化するなか、英米の在中国勢力を利用することで解決できると考えていたのである。吉田にとっては、対中国外交など存在せず、存在しないがゆえに、日中戦争開始後の昭和十四年（一九三九）にも、

（前略）対支外交ハ其実英米外交ニシテ其之ヲ閑却シテ支那人相手ノ謀略ニ専念焦燥スルカ故ニ今ニ時局収拾ノ目算立タサル也、若シ夫レ英米ヲ抱込ミテ蔣政権ニ臨ムニ於テハ手負之猪ノ逃路ヲ絶ツニ等シク其屈伏期シ俟ツヘク、則チ先ツ英米取込ミカ時局対策ノ要点ナルヘキ処、欧州ノ危機英ヲシテ空前ノ難局ニ遭遇セシメ居、極東ニ於テ日英乖離ハ固ヨリ英ノ好マサルトコロ、故ニ我ニ対シテ可成ノ譲歩ヲ為スヲ阻マサルヘク、米ノ外交ハ遂ニ英ニ追従スルカ其常ナレハ英取込ミ得者米抱込ノ途自ラ可生、我ニシテ英米干係打解ノ意アラハ夫ハ存外ニ容易ナルヘク、英ノ外交的弱点ヲ利用シ時局収拾ニ資スル事我外交当面ノ要諦也（後略）[29]

と考えていた。それゆえ敗戦後、戦中に強固な信念とした反共意識とともに吉田は、「世界の秩序繁栄の回復並講和条約実行ニ対し我ヨリ誠意ある協力の事実を示し、講和条約ニより制約を可成短期ニ止めしむると共ニ英米側より進んて我協力を求めしむるニ至らしむへく」とのプランをしめし[30]、「何ニしても日米親善ハ我外交之基調、先以て反共之線ニ徹せられ度」との親米路線を貫こうとしたのである。[31]

つまり、吉田は、戦前からの「英米協調」と中国「市場」を中心とする国際関係観と戦中期に培った反共意識を、戦後は冷戦下のなか「市場」を東南アジアにかえて、「日本ハ亜細亜を率ひて盟主たるニより我国際上の地歩確立す、又工業国として工業原料を確保して後工業立国の基礎定まる」としつつ「連続」して持ち続けたのであった。[32]

まさに、吉田において戦前と戦後は、「連続」して存在した。吉田の国際関係観は、戦前において決して中心とな

らなかったが、それが戦後まで継続したことに意味があった。彼の国際関係観は、中国を客体として「英米協調」を想定するものであったため、中国への抑圧システム（帝国主義的「ワシントン体制論」）の「抑圧」を「封じ込め」と読み替えつつ、「市場」を中国から東南アジアに移すことで連続して存在しえたのである。(33)

西園寺公望、阪谷芳郎と吉田茂、この三人の国際関係観に共通する点は、「対英米協調」を国際関係観の中心に置いていることである。このため、西園寺も阪谷も満州事変後、彼らの「国際協調」（対英米協調）を再構築することができた。それは、彼らの国際関係観が、あくまでも世界強国としての英米との協調であり、国際聯盟における協調（理想主義的な）を意味するものではなかったからである。

しかし、三者の対中国認識については大きな違いがあった。まず、西園寺は、対英米協調を重視しつつも、中国の主権も認めていた。西園寺の国際関係観は、中国如何によって日英米中の四国協調システムへの昇華が可能であった。しかし、西園寺の国際関係観の中心は、あくまでも対英米協調であり、日中関係は二次的な意味しかもたなかった。阪谷の場合、「対英米協調」は、「満州国」への積極的な関与等、日本の対中国政策を下支えするものとして機能していた。また、吉田茂の国際関係観を戦前、戦後と連続して存在せしめた理由も、この対英米協調に「市場」としての中国を従属して理解させたためであった。

つまり、三者にとって満州事変は、彼らの国際関係観の中心である「対英米協調」を決定的に壊さず、再構築可能なものであった。彼らの国際関係観は、満州事変の「衝撃」によっても変わらなかったのである。以上のべてきた彼ら「親英米派」としての国際関係観と、一九二〇年代から三〇年代にかけての「国際協調」の崩壊、「英米協調路線」の「アジア・モンロー主義」路線への収斂とする理解との間には、誤差が存在しているのである。(34)

註

（1）細谷千博「ワシントン体制の特質と変容」（同他編『ワシントン体制と日米関係』東京大学出版会、一九七八年）、北岡伸一「国際協調の条件—戦間期の日本と戦後の日本」（『国際問題』四二三号、一九九五年六月）および同「吉田茂における戦前と戦後」（近代日本研究会編『戦後外交の形成』年報近代日本研究第一六号、山川出版社、一九九四年十一月）等を参照。

（2）江口圭一「一九三〇年代論」（『体系日本現代史（1）』日本評論社、一九七九年）等参照。

（3）昭和五年（一九三〇）三月六日口述『西園寺公と政局』第一巻（岩波書店、一九五〇年）一八〜一九頁。以下、『政局』と略記。立命館大学編『西園寺公望伝』第四巻（岩波書店、一九九六年）も併せて参照されたい。なお、ロンドン海軍軍縮会議をめぐる国際関係観については、拙稿「海軍軍縮をめぐる二つの国際関係観の相剋」（伊藤隆編『日本近代史の再構築』山川出版社、一九九三年）参照。

（4）昭和六年九月二十三日口述『政局』第二巻、五四頁。

（5）西園寺にとって国際聯盟とは、「やはり聯盟の一員として英米と伍し、どこまでもできるだけの協調を保ちながら日本の地位を向上させ、自己の立場を有利に展開させて行くことが必要ぢやないか。またその方針にして始めて日本の地位を有利ならしめることができるのである」とするもので、日英米協調の「場」として設定されていたのである（『政局』第二巻、二七六頁）。

（6）『政局』第二巻、一一五頁。昭和天皇および天皇側近は、英米および国際聯盟の動向に注視し、常にそれとの関係悪化をきたさぬように留意していた。この点については、侍従次長であった『河井弥八日記』でも確認できる（河井弥八著／高橋紘、粟屋憲太郎、小田部雄次編『昭和初期の天皇と宮中』第五・六巻（岩波書店、一九九四年）。また、このような昭和天皇および宮中の国際協調的な態度および当該期の行動については、波多野澄雄「満州事変と『宮中』勢力」（『栃木史学』第五号、国学院大学栃木短期大学史学会、一九九一年三月）、吉田裕「新史料にみる昭和天皇像」（『歴史評論』一九九一年八月号）、安達宏昭「満州事変と昭和天皇・宮中グループ」（『歴史評論』一九九一年八月号）、中園裕「政党内閣期に於ける昭和天皇及び側近の政治的行動と役割」（『日本史研究』一九九四年六月号）等を参照。

（7）昭和八年二月十八日付『侍従武官長　奈良武次侍日記・回顧録』（柏書房、二〇〇〇年）五一三頁。

（8）昭和六年十月二十四日口述『原田日記』第二巻、九三頁。

（9）『政局』第二巻、九九頁。

(10) なお、西園寺と同じ宮中勢力である内大臣牧野伸顕らとの間では、満州事変を対外危機としてのみ認識する西園寺と、それの国内への波及を懸念する牧野らとの間に溝が存在している（同前註（6）波多野論文参照）。

(11) 経済封鎖については、広く流布していたと思われる。石原莞爾文書中の昭和七年一月十日付「極秘　日本ノ経済封鎖ニ就テ」でも、中国問題を契機とする日米戦争の場合、とられる対日経済封鎖を想定している。内容は、米国市場を獲得すべき中国市場をもって代え、むしろ中国市場を独占することで米国経済に打撃を与えようとする主張である。目的は、「米国ノ経済力ニ眩惑シテ徒ラニ経済封鎖ノ名ニ惧レ優柔不断悔ヲ百年ノ後ニ残スハ断ジテ採ラザル処ナリ」との点にあった（『石原莞爾文書』国立国会図書館憲政資料室所蔵）。

(12) 井上寿一著『危機のなかの協調外交―日中戦争に至る対外政策の形成と展開』（山川出版社、一九九四年）参照。たしかに、外務省内部でも白鳥らが「九月十八日以後、即ち日本が満州においてあのやうな行動をとつた以上は、到底聯盟に留まることはできない筈である。その上認識不足のヨーロッパの小国連が集まつて、日本に対してかれこれ制肘をするが如きは以ての外のことであるし、またもし日本が大国の諒解を得んと欲するならば、必ずしも聯盟に留まつてゐなければならない、といふわけでもない。直接英仏或は米国に交渉してその諒解を得れば何でもできるぢやないか」との意見がひろまっていたことでも理解できる（『政局』第二巻、二七四頁）。

(13) 阪谷芳郎は、政策決定に直接参与する「行動派知識人」の典型例でもあった（中見真理「太平洋問題調査会と日本の知識人」『思想』第七二八号、岩波書店、一九八五年二月、一一七頁）。

(14) 『阪谷芳郎伝』故阪谷子爵記念事業会刊、一九五一年、五三五頁。

(15) 昭和六年十一月十九日の条、『阪谷芳郎日記』国会図書館憲政資料室所蔵。

(16) 同前『阪谷芳郎日記』。

(17) 昭和六年十二月二十六日の条、同前『阪谷芳郎日記』。

(18) 昭和六年十二月三十日の条、同前『阪谷芳郎日記』。

(19) 昭和七年一月四日の条、同前『阪谷芳郎日記』。

(20) 昭和七年三月二十一日の条、同前『阪谷芳郎日記』。同様の内容は、中央満蒙協会で活字化された昭和七年一月三十日付「秘支那・満蒙の時局に関し阪谷男爵より犬養総理大臣に宛てたる書簡『控』の写」『八田嘉明文庫目録』（早稲田大学現代政治経済研究所所蔵）でも確認できる。
(21)「満州国」設立過程における日本人顧問の任命について阪谷は、本庄繁関東軍司令官や三宅光治参謀長からの問い合せに答え、河田烈の人物評や拓務省の掘切善治郎らの推薦等をしている（昭和七年三月二十三日の条、同前『阪谷芳郎日記』）。
(22) 昭和七年六月二十五日の条、同前『阪谷芳郎日記』。
(23) 昭和八年二月十九日の条、同前『阪谷芳郎日記』。
(24) このような「親英米派」の存在は、戦前期の国際主義団体を「一九三〇年から一九四〇年にかけての対米政策の決定過程において自由主義的民間団体が果たした役割ははなはだ無力なものであった」と、その限界性を中心にとらえ（緒方貞子「国際主義団体の役割」細谷千博他編『日米関係史 3』東京大学出版会、一九七一年、三四五頁）、また、知識人の限界と変容が強調されているが（三谷太一郎「国際環境の変動と日本の知識人」〈同前〉）、今後の研究では、むしろ彼らの対英米協調による調停、妥協や宥和に果たした役割にこそ焦点があてられるべきであろう。
(25) 同前註（1）北岡「吉田茂の戦前、戦後」。
(26) 昭和七年六月七日付牧野伸顕宛吉田茂書簡『吉田茂書簡』（中央公論社、一九九四年）六二九頁。以下『吉田茂書簡』と略記。
(27) 昭和七年六月七日付牧野伸顕宛吉田茂書簡『吉田茂書簡』六三二頁。
(28) 昭和十年三月二十二日付牧野伸顕宛吉田茂書簡『吉田茂書簡』六三九頁。
(29) 昭和十四年八月十七日付宇垣一成宛吉田茂書簡別紙「吉田茂意見書」『吉田茂書簡』一二五頁。
(30) 昭和二十年八月二十七日付小畑敏四郎宛吉田茂書簡『吉田茂書簡』一七八頁。
(31) 昭和三十五年一月十二日付岸信介宛吉田茂書簡『吉田茂書簡』一九八頁。
(32) 昭和三十四年九月二十二日付愛知揆一宛吉田茂宛書簡『吉田茂書簡』一七頁。
(33) 本書第三章参照。
(34) なお、彼ら「親英米派」は、国内で軍部等の「革新派」と、対外的には「自由貿易主義」をもって英米両国と棲み分けを図り（杉原薫「第四章　両大戦間期のアジア間貿易」〈『アジア間貿易の形成と構造』ミネルヴァ書房、一九九六年、一三八頁〉）、一定の成功を収めたがゆえに戦後も連続しえたと考えられる。

第三章　「ワシントン体制」理解の変遷

歴史学は危機に陥っているといわれている。この状況を川北稔氏は、「歴史学者というものが未来を語れなくなったということ、つまり、未来像を喪失した、ということだとずっと私は思っております」という言葉に集約した。(1)さらに続けて、理由を、歴史学者の誰もが本来有していた現実との掛け橋も失ってしまったためであるとしている。具体的には、「近代化二命題」＝「一つは資本主義の発達（あるいはたんに経済発展）で、もう一つは政治的な問題、民主化の問題であったと思うのです。経済発展の問題は、これはもう我々が貧乏物語を語れなくなってしまって、つまり、日本が経済大国になってしまった以上は従来のようなかたちのものはほとんど魅力を失ってしまった。日本はこれからいかに経済発展するかなどという話をしてみても、意味がない」「それでどういう方法がとられたかというと、一つは問題を国際化する。日本は金持ちになったがまだ貧乏な国はたくさんあるから開発途上国の問題をどうするかという、そういうかたちで経済史は一つ逃げたのですね。逃げたと言うと悪いですけれども、そういう方向へ行った」とのべているのである。(2)

この川北氏が言う「現実への掛け橋」は、戦後の歴史学界、なかでも日本史学にとって大きな意味をもっていた。それは、「自己の体験が歴史としての客観性のなかに位置づけられ、体験が風化すると同時に歴史化する瞬間があるのであろう」と臼井勝美氏がのべているように、(3)現実の歴史化がすすむなかで歴史学の担い手自身が体験者であったためである。

そこで、以下では「ワシントン体制」を主に分析概念とするマルクス主義史学と日本外交史学から同体制理解の変遷について概観する。そして、この作業を通じて、戦後日本近現代史学を規定した同時代的規定性について考えることとしたい。(4)

一　帝国主義「体制」としての「ワシントン体制」

1　マルクス主義史学における「ワシントン体制」

まず、一般的にいうところの「ワシントン体制」についてまとめる。「ワシントン体制」とは、大正十年（一九二一）から翌大正十一年にかけておこなわれたワシントン会議で締結された三つの条約によって構成されているものである。三つの条約とは、日・英・米・仏・伊五ヵ国の主力艦の保有量を決めた海軍軍縮条約、太平洋と中国における列国勢力・権益の現状維持を規定する四ヵ国条約と九ヵ国条約をさし、東アジアでの列国の行動等を規定したため「体制」とよばれている。

この「ワシントン体制」、二七テーゼ、三二テーゼといったコミンテルンの規定解釈にはじまるマルクス主義史学では、会議構成国が英米等列国によって占められ、対象国の中国が会議に参加すらできなかったことにまず関心がもたれた。(5)「ワシントン体制」とは、帝国主義国による強制であり、構造としての帝国主義的「体制」として理解されたのである。具体的には、

（前略）日本と列強帝国主義とくにアメリカ帝国主義との対立は、大戦後いよいよはげしくなつた。「日米戦争必至」の宣伝がなされた。一九一七年の「石井・ランシング協定」では、日本の中国における「特殊権益」をみと

めるほどの妥協をしたアメリカも、戦後は攻勢に転じた。一九二一年のワシントン会議はその一応のしめくくりであつた。この会議で日本は主力艦を対米六割に制限された。日本帝国主義と天皇制にとつて最重要の存立条件である、極東における軍事力の独占がゆるがされはじめた。またこのさい中国に関する九ヵ国条約がむすばれ、日本が大戦中に中国からもぎとつた権利は制限され、これまでのアメリカの譲歩はすてられた。中国の門戸開放の口実で、中国を列国の共同管理にうつし、アメリカ帝国主義の進出の門がひろげられた。さらにこのときアメリカの圧力もあつて、日英同盟は破棄された。日本を支持する帝国主義国はなくなつた。日本帝国主義は孤立しはじめた。（後略）(6)

と、ワシントン会議とその成果としての「ワシントン体制」に対する低い評価からはじまった。つまり、「ワシントン体制」とは、日本が国際社会から孤立する端緒であり、また「東アジアにおける帝国主義列強間の矛盾の不可避的な爆発を一時的に延期」させただけのものであった。(7)

このような理解は、江口朴郎他監訳『ソビエト科学アカデミー版 世界史 現代2』（東京図書株式会社、一九六四年）でも、「ワシントン会議は、極東における帝国主義諸国間の諸矛盾を一時的に緩和しただけのもので、これを解消するものでなかった」とされていた。(8)帝国主義的「体制」としてのワシントン会議において「アメリカの計画はほぼ成功し、日本は孤立と弱さとを表明させられた。大局的にいえば、世界プロレタリアートの革命的圧力に、日本戦争政策はおしとめられた」との理解は、(9)「列強の新しい中国支配体制」として現在でも引き継がれているのである。(10)

これらの「ワシントン体制」理解の背景＝当時の歴史学界の意識とは、次のようなものであった。

（前略）一九五二年度における日本近代・現代史の研究業績をかえりみると政治史・経済史を問わずいずれもが、植民地化の危機の問題民族の独立の問題と真剣に取組んでいる。いうまでもなくそれは、「講和条約」――「独立」

のもたらした政治・社会情勢の急速な緊迫化が提起する実践的課題に、応えようとするものに他ならない。（後略）(11)

と、占領期からの脱却（＝サンフランシスコ講和）が植民地化の危機として捉えられていた。そのなかで歴史家の立場には、歴史創造に傍観者として生じる「二つの偏向―図式主義・主観主義―」を排し、この自己批判の上に立って、「歴史の刻々の時点での、進歩と反動との対抗関係」と、「国際的条件が単純に外部的偶然的条件でありえず、必ず内的必然的な条件に転化される」ことを実践者として批判することが求められていた。(12)

それゆえ当該期のマルクス主義史学の強い影響下にある日本の歴史家にとって独立とは、「アメリカ帝国主義」による植民地化の危機と同義であり、実践としての「アメリカ帝国主義とその手先きにたいする、労働者階級の指導下の労農同盟を中核とする全国民の闘争」が必要とされていたのである。(13)

2 「二面的帝国主義論」

以上のような敗戦直後より、一九七〇年代にかけてのマルクス主義史学を中心とする帝国主義的「体制」としての「ワシントン体制」は、次節で詳述する緊張緩和システムとしてのそれの影響をうけつつ新たな展開をしめすこととなった。それが、江口圭一氏による「二面的帝国主義論」である。(14) この「二面的帝国主義論」は、「日本帝国主義の朝鮮・中国への侵略・膨張が英米への従属ないし依存によって支えられるという歴史的に形成された関係」との認識をもとに、(15) 日本帝国主義が軍事強国として英米から自立しつつも、経済弱国として英米に依存しているという二面性の矛盾が対外路線を「アジアモンロー主義」と「対英米協調路線」という二つに分裂させたとする。そして、両者の対立、前者の「アジアモンロー主義」による収斂が英米との決定的な対立、「日本帝国主義の当然の破滅をもたらした」とするのである。(16)

この「二面的帝国主義論」を展開するうえで江口氏は、帝国主義的「体制」としての旧説に対応する国内を規定した「天皇制ファシズム論」について次のようにのべている。

まず、江口氏は、「支配層全体の侵略戦争へのコミットのほどを総合的に明らかにするものとして、とくに戦争責任を軍部のみに転嫁するような言説の欺瞞性を打ち崩すものとして、多くの支持を獲得してきた」として「天皇制ファシズム論」を評価するものの、「しかし天皇制ファシズム論は、その枠組みの必然的結果として、一つの大きな難点をはらむこととなった。それは、満州事変期が日本近代を通じて最大の政治的激動期・不安定期・再編成期の一つであったという事実を正当かつ十分に位置づけえなかったことである」と、[17] 急進ファシズムを位置づけられないことを中心に批判する。

そのうえで、持論の「二面的帝国主義論」については、「この論文とたまたま同時に発表された山崎隆三氏を中心とする共同研究は、両大戦間の日本帝国主義を外資依存＝金融的従属体制とその崩壊、あるいは、政治的自立＝金融的従属のβ型資本主義として特徴づけるものであったのである」との近似性を強調しつつ、[18]「対外路線分裂の根元は、絶対主義対独占資本主義とか、国務と統帥の分裂等に求めるよりも、自立と対英米依存という日本帝国主義の二面性に求める方が、はるかに整合的な説明をえられるだろう」とのべ、[19] 二重帝国主義論[20]と二重外交論[21]を批判しつつ、その正当性を主張するのである。

この「二面的帝国主義論」は、一九二〇年代から四〇年代まで通観する分析視角を有し、伊藤隆氏が明らかにした対外危機が国内政治体制の変容をもたらした視点を導入した点、[22] そして「この対外路線の分立を帝国主義の二面性という客観的条件に由来するものであり、それゆえたえず構造的に発生してこざるをえない矛盾だと指摘している点」で高い評価をえられたのであった。[23]

そして、近年、「二面的帝国主義論」は、ワシントン会議後日本が「当面は対米英協調路線をとり一時膨張を、自制することとなった」として事実上、後述の緊張緩和としての「ワシントン体制」論をも受容するにいたっている。[24]結果、満州事変の画期性を重視し、日本が「ワシントン体制」から離脱したとする点で、江口氏が「塘沽停戦協定をもって満州事変を終結したとし日中戦争との不連続を主張する臼井勝美・藤村道生らの見解については、江口は「盧溝橋事件への途―十五年戦争の視角」『日中戦争と日中関係―盧溝橋事件50周年日中学術討論会記録』(井上清・衛藤瀋吉編、原書房、一九八八年)その他で批判したが、現在まで反論はない」というほど両者間(特に臼井氏との間)の差異は認められなくなっている。[25]それは、江口氏が「経済的にはとくに英米に依存し、その依存(dependence であって ordination ではない)」として強調しているところでも示唆的である。[26]さらに、指弾されている臼井氏も「太平洋戦争という名称のもとにかくれた日中間の戦争こそ、日本の戦争責任、敗北につながる道であって、戦争の本質を明確にするために、満州事変から始まる一五年戦争という見方を提唱されたのではないかと思われる。基本的な姿勢としては、この見解に賛成である」とのべているように日中間の対立を重視する点で共通していたためである。[27]

二　緊張緩和システムとしての「ワシントン体制論」の導入

では次に日本外交史学における「ワシントン体制」理解の変遷について概観することとしたい。なお、本来、日本外交史学において「ワシントン体制」期の研究は、「体制」研究とそれ以前から存在する実証研究としての「幣原外交」論に分けることができる。両者は、密接に連関しうる存在であるが、本節では前者の「体制」研究に焦点をあてることとする。

1　起源としての清澤洌

戦後、日本外交史学の出発点となったのは、不屈の自由主義者・清澤洌の『日本外交史』であった(28)。清澤洌は、「ワシントン体制」を「太平洋を中心にしたワシントン会議による新秩序」と呼び(29)、つぎのようにまとめている。

「日本は米国の企画する極東秩序の体制を受諾して、これを拒絶し得なかつた」「日本の譲歩は全的であつた」にもかかわらず条約を受け入れ、しかも「他面に於て日本は三大国の一としてその国際的位置は躍進した」。なぜならば、「日本は世界大戦の間に産業的に発達して、その欲するものは領土ではなしに、資本的発展と商品市場とであつた。従つてワシントン会議の結果について諸種の非難があつたに拘らず、国家としては不満を感じなかつた理由であろう」とのべている(30)。

一方、中国にとってのワシントン会議については、「ただ支那の得たものは、自己の実力によつたのではなかつた。アメリカの、多分に観念的な支那観が条約化したといふだけのものであつた。パリ講和会議とワシントン会議とによつて得た偶然の成功は、支那をして足の地につかざる運動と、努力とに追ひ込む危険を包蔵せしめた」とのべたのであった(31)。

この背景となる清澤洌の外交認識とは「一国の外交は国内政治の対外的表現だ。その動きは厳格に国内事情と、その実力によつて制約される。同時にまた外交は国際政治の対内的表現でもある。その動きは国際政治の現実を飛び越えたる自由飛躍を許さない」、「かうして筆者は国際関係に一つの必然的な約束を認める。そしてその約束の最も大きな力が経済力であることを承認する。だがここで筆者は世の唯物史観的な観方と別れねばならぬ。外交を観る場合に、その局に当つた個人の見識と技倆がその影響に非常に大であることは、その時の経済的要因とは別に考へられなくてはならぬ」とするものであった。[32]つまり、清澤洌は、ワシントン会議以降の十年を国際協調の時代として高く評価し、他面でそれが崩壊するに至った原因追求の必要性をのべたのである。

結果、清澤の系譜につながる日本外交史学は、マルクス主義史学と一線を画して「自由主義」的な衣を纏い、国際政治による規定要因と個人（特に外交官）の見識等を強く意識するものとなった。そして、当該期を対象とする日本外交史研究の中心を、清澤は「大戦後の世界に漲る理想主義の波に乗つてこの国民の底流をなす対外硬感情に適当なる評価をなさず、その結果、大きな反動に当面」させてしまった、と評価する「幣原外交」研究へとむかわせたのである。[33]

戦後の日本外交史学は、敗戦という事実を踏まえ、かつ極東国際軍事裁判という再認識の場をえて再出発する。具体的には、昭和二十八年（一九五三）に出版された『太平洋戦争原因論』でつぎのようにのべられている。

（前略）正しい歴史としての第二次大戦—特に太平洋戦争の原因なり責任なりを研究することは、今日、日本の学者に与えられた緊急の課題である。それは、一つには太平洋戦争において主要な役割を演じた日本及び日本人の行動を徹底的に再検討し、以て反省の資料とすると共に、日本再建への基礎となさねばならぬからである。また、その二には、戦後なお日本の国際的動向に危惧を抱き、誤解を残している国々に対しては、これを軽減する意味においても、日本が如何にして戦争に突入したかの真相を世界に闡明することは絶対に必要である。（後略）[34]

しかし、同書の高橋勇治「第六章　満州事変の原因と責任」においても、ワシントン会議に評価を与えず、日本帝国主義にとって対外侵略は必然的であったと単線的に理解する点で、マルクス主義史学の影響を強くうけたものであった。

2　緊張緩和システムの導入

この清澤洌を起源とする日本外交史学に転機が訪れたのは、世界では米ソ両大国の平和的共存が模索され、国内では七〇年安保運動のただなか刊行された、日本政治学会編『国際緊張緩和の政治過程』（一九六九年度、岩波書店）においてであった。

同書の序で「ワシントン体制」研究は、「英米日など先進的『強国』の間の緊張緩和は、国際体系全体の緊張緩和ではなかった。この『平和』には、中国ナショナリズムの犠牲の上に成立った側面があったことは否めない。したがって、中国における民族解放と社会変革の運動の成長によって、ワシントン体制が重大な挑戦に直面したのは当然であった。ここにワシントン体制の限界を指摘することは妥当であり、また容易でもある」と、失敗事例としての先例研究としてもたらされた(35)。そうであるがゆえに、「ワシントン体制」の「体制」は、「system」ではなく可変的な「settlement」とされたのであった。

具体的に、同書中の佐藤誠三郎「協調と自立との間」では、第一次大戦後の対英米協調は、政治的に傑出した両国との対立が不可能であり、また、日本が英米両国なかんずくアメリカに経済的に依存している事実から不可避なものとしていた。この英米両国との協調の不可避性は、指導者層に広く意見一致が存在していたものの、「協調政策推進の熱意と弁証方法とには、無視しえない相違と対立が存在していた」のである(36)。

その一つが「戦後国際的に有力となった平和主義・民主主義の理念を積極的に支持して、国際協力と軍縮との実現に努力しようとする理想主義的立場」であり、今一つが「このような理想主義的アプローチと密接に連関して、しかもより支配的な傾向を形成していたのが、第一次大戦によって生じた新しい『世界の大勢』に効果的に対応しようとする立場から、対英米協調を主張した、現実主義的なアプローチである。新しい『世界の大勢』とは、第一にアングロ・サクソン・ブロックの一方的優越化であり、第二に平和主義的風潮の一般化である。主として前者に着目すれば、イギリスとアメリカとの間に起こりうる微妙な対立を巧妙に利用することによって、できるだけよい条件で両国と協調しよう、という態度となる」としている[37]。

そのうえで、佐藤氏は、「日中提携論」や「大アジア主義」の可能性について次のようにのべている。

> (前略)反白人主義的な日中提携論ないし大アジア主義も、同様に非現実的であった。二十一ヶ条要求の完全な撤廃、すなわち満蒙権益のおおはばな放棄なしに、日中提携がありえないことは明白であり、当時の日本がそのようなことをなしえないこともまた明白であった。そして満蒙権益の放棄を前提としない日中提携とは、現実には、内政干渉による中国の保護領化を意味せざるをえない。同様に大アジア主義とは、政治的・軍事的・経済的に提携するにいたるアジアの独立国が存在しない当時にあっては、アジア・モンロー主義というより率直な表現にも示されるように、日本帝国によるアジアの排他的支配以外のものではありえなかった。日中提携論や大アジア主義が当時はたしえた現実的機能は、おそらく、対内的には大陸進出へのエネルギーを培養することであり、対外的には白人諸国のあいだに黄禍論的対日不信感をよびおこすことのみだったであろう。(後略)[38]

「かくして対英米協調以外の選択は、当時において、現実的なものではありえなかったのである」としてまとめられるのである[39]。

そして、佐藤氏は、「列強の既得権益の保護という意味での現状維持に、中国ナショナリズムも、政治的独立・領土保全という意味での現状維持に、たえられなくなった時、ワシントン体制は崩壊せざるをえなかった」[40]と、ワシントン条約の脆弱性を指摘する。最後に佐藤氏は「ワシントン体制の保守性を指摘し批判することはやさしい。しかし戦争のない世界が可能なのは、強者の支配が確立している場合か、社会の発展に不可欠な混乱と闘争と改革とを容認しうるような『法と秩序』が存在している場合のみであろう。前者は弱者の権利としばしば両立しがたく、そして後者を人類は未だ完全には創造しえていない。ワシントン体制が脆弱であり、弱者の立場からみて欺瞞的なものであってもそれはかなりの程度やむをえなかったというべきであろう」と結ぶのである。(41) 佐藤氏にとって「ワシントン体制」とは、戦後における日米安全保障条約の締結の先例であり、安全保障と対外経済進出、そしてイデオロギーという三つの要素より再編成することで現在に教訓をあたえるものであった。

3 入江 昭

前述の緊張緩和システムの導入とほぼ同時期、実証研究として入江昭著『極東新秩序の模索』(原書房、一九六八年)が発表された。同書でも「外交関係というものをあまりに直線的、機械的に考察することは危険である。かりに『日本の大陸発展政策』というものが一貫してあったとしても、これを不変の定数として国際関係の方程式を考え、他国がこれにたいしてそれぞれの立場から対応していったというだけでは、各国個別の外交政策の機械的な合計としての国際関係しかとらえることができない。しかし現実には、世界各国の外交政策は密接な相互関係にあるのであり、一国が自らの国家利益を自動的に外交方針となしうるほど単純ではない」と、清澤洌同様の認識が前提とされた。(42)

そして、「ワシントン会議の結果、東アジア国際政治上一時期が画されるに到った。もしこの会議を機に単に日本が大戦中の膨張主義から足を洗ったに過ぎなかったのであれば、ワシントン会議は帰する処、旧来の外交の枠内における大戦前の均衡状態への復帰を意味したに過ぎないわけであるが、実際には、列強間のバランスを保つ機構は破壊され、膨張主義を排斥する多国間協定がそれに取ってかわったのだといえる」「そうであるからといって、もとより帝国主義そのものが姿を消してしまったわけではない。要するに諸帝国主義国家間の関係を定義づける旧来の概念及び政策が廃棄されたことを意味したに過ぎない。この点に『ワシントン体制』の決定的な弱味がみられたのである。従来の諸条約を一方的に廃棄してしまったドイツとロシアはワシントン諸条約の署名国には加わらず、かくて東アジアにおいて二つの国際関係が併存するにいたった」との「ワシントン体制」認識がしめされるのである。(43)しかし、同書では、第一次大戦を期に生成された旧秩序（Old order）と新秩序（New order）の対立における後者の一応の勝利としてワシントン会議を位置づけるものの、「ワシントン諸条約が従来の帝国主義外交に代って列強の異なる権益を調和させる役割りを果すことになるかどうかはその後の問題であった。ワシントン新体制の成否は多分に、ワシントン会議の主要参加国が果たして如何程新体制を強化するために協力し続けていき、またソ連、ドイツ及び中国のナショナリズムにどれだけ力を合わせて対処するかにかかっていたのである」とのべ、実証においてその効力に疑問を呈し、むしろ「東亜新秩序」への衝動がうわまわったとしたのであった。(44)

4　細谷千博

日本外交史学において「ワシントン体制」に「system」としての意味をあたえ、その有効性を高く評価し、国際政治の面から再整理をこころみたのが細谷千博氏であった。細谷氏は「ワシントン体制」を「ワシントン会議の結果、東アジアで成立した新しい国際政治システム――ワシントン体制――の特質は、日英米の三国協調システムとして把握される」と定義。それは「第一次大戦前の二国間政治提携――それによって後進民族を犠牲として、勢力範囲の設定や政治的・経済的膨張をはかろうとする帝国主義的な外交方式――の否定を目ざす、新たな多数国間の提携システムの設定を試みたもの」であり、「『新外交（New Dipromacy）』の理念にもとづく、東アジアの新たな国際政治秩序の実現と見ることができる」と極めてポジティブに把握されていた(45)。

「ワシントン体制」とは、中国と太平洋における現状維持を規定する九ヵ国条約と四ヵ国条約、そして、海軍軍縮条約という国際的な多国間条約によって保障されていた。この政治システムの特質は、「日・米・英の提携システムがいわば支配的システム（Dominant System）として、東アジアの地域政治システムで優越的な影響力をもつ一方、この東アジア・システムの中で、中国がマイナーなアクターとして従属的地位をあたえられていることである。いいかえれば、日、米、英と中国の間には、支配・従属システム（Dominant-Subordinate System）の設定が試みられたのである」とされるものであった(46)。しかし、「ワシントン体制論」には、攪乱要因として、aソヴィエトの革命外交、b中国のナショナリズム運動、c日本の「反ワシントン体制派」の三点があげられており、成立当初より、強固な政治システムでなかったことも同時に吐露されているのである。

このため細谷氏は、一九二〇年代を「ワシントン体制」の変容・崩壊過程として位置づけた。「ワシントン体制論」では、中国ナショナリズムの成長により日英米の三国協調システムが機能不全となり、一方で日本は田中外交における旧式外交の採用、ロンドン海軍軍縮会議での「反ワシントン体制派」の成長、そして何よりも満蒙「特殊権益」の存在が障害となっていた。それは、中国を新たなパートナーに加える日・米・英・中の四国提携システムへの昇華を阻むものであったとされる。

以上、細谷氏による「ワシントン体制」理解は、日本のアジア・モンロー主義による侵略プログラムと、門戸開放・機会均等に代表されるアメリカの「原則」との対立が、東アジア国際社会における「現状維持」勢力のアメリカと「現状打破」「革新」勢力たる日本の対立として想定されている。細谷氏の場合、「ワシントン体制」の崩壊＝英米を中心とする国際協調の崩壊が、太平洋戦争勃発＝「太平洋戦争への道」の重要な一里塚をなしているのである。

さらに細谷氏は、アメリカが覇権国としてイギリスに代わる新興国であり、世界規模で「現状打破」国であったことから、細谷氏は「太平洋戦争は本質には日英戦争といえる面があるのではないか」として、主軸たる日米対立に並行して日英対立を定置する。[47] しかし、日英戦争が太平洋戦争の中心ではなかったため、「イギリスの力が経済面でも軍事面でも減退したのに、日本はそのことを充分は理解していなかったのです。依然として戦間期においてはイギリスを〝大英帝国〟としてとらえ、あるいは文化の面でも世界の中心にイギリスを位置づけ、アメリカはむしろ周辺部の田舎の文化であるという見方を日本人の多くはもっていました。こういった〝大英帝国〟のイメージが崩れたのは、シンガポールの陥落を契機としてであったのかもしれない」との総括をなしている。[48]

このような複線化された「ワシントン体制」の崩壊過程としての「太平洋戦争への道」は、細谷氏の「太平洋戦争というのは研究生活の原点でありしたがって、いわゆる《構造的暴力》の問題—国内社会の構造的な変革であるとか、あるいは植民地政策の全面的な放棄とかいう問題より、いわゆる《物理的力》＝戦争の問題の究明に研究価値を見出すわけで、そこで今のような考え方を取るわけであります」との意識を背景としたものであった。[49] さらに細谷氏は、帝国主義による予定調和・構造としての太平洋戦争への道ではなく、あくまでも戦争それ自体を問題とし、「戦争の痛切な経験」とともに学問的には「E・H・カーの『危機の二十年』がありますが、その中で展開された国際政治のとらえ方、またそこで強調された平和的変更の考え方から影響を受けているのかも知れません」と、現実主義者（リアリスト）のものであることをあきらかにしている。[50]

5　三谷太一郎

上記、細谷氏による「協調」システムとしての「ワシントン体制」を経済政策面で補強しているのが三谷太一郎氏の所論である。[51]この意義を三谷氏自身、つぎのようにまとめている。

（前略）著者の関心は、とくにワシントン体制下の米英に本拠を置く国際金融資本の政治的役割にあり、それらと日本の政府や財界との緊密な関係がワシントン体制下の国際協調主義的な日本の外交政策を理解する上で重要であると考えたのである。いいかえれば、第一次世界大戦後の世界を支配した金本位制を基軸とする経済的国際主義が軍縮を基軸とする政治的国際主義といかに結びついたかを日本について検証することが重要であると考えたのである。（後略）[52]

として、国際金融家としての高橋是清、井上準之助とモルガン銀行のT・W・ラモント等に着目、英米資本を積極的に導入して「東亜経済力」の確立を提唱する高橋、ラモントと協力して日本を新四国借款団に加入させ、英米の国際金融資本との提携強化をはかる井上を対比させる。しかし、この対英米協調は、一九三〇年の金解禁実施とロンドン海軍軍縮会議を頂点として満州事変・上海事変をへて崩壊の道をたどるのである。三谷氏は、「ワシントン体制」の経済的側面について中国を客体とする対英米協調で説明しようとしたのである。三谷氏の所論は、不安定な細谷氏の「ワシントン体制」論を国際金融の面から下支えしたものであった。

6　背　景

上記の緊張緩和の理論として、また、「協調」システムとして導入された「ワシントン体制」論は、国内における七〇年安保闘争と東西冷戦の膠着化のなかでの緊張緩和外交（デタント）を背景として登場した。この緊張緩和外交、日本では安全保障政策として導入されたが、[53]一般には現実主義的な平和外交として流布された。[54]その機能を少々穿ってみるならば、上記国内外の状況のなか、一面で多国間協調主義と日米同盟関係の二者択一という論点を隠蔽する役割も担っていたのである。[55]それは、戦後日本外交の立場からすれば、侵略行動が国際聯盟の脱退における孤立化や英米両国との対立を起こして戦争にいたった、との反省に基づき、東西冷戦の現実と理想としての国際連合の設立のなかで、自らの正当性を獲得しようとした行動でもあった。

一例をあげるならば、昭和三十二年（一九五七）九月の外務省編『わが外交の近況』第一号に掲載された「外交活動の三原則」があげられる。これは、「国際連合中心」「自由主義諸国との協調」「アジアの一員としての立場の堅持」の三つをさし、岸信介の標榜する内政外交一体化をうけて大野勝巳外務次官が当時外務大臣官房総務参事官であった斎藤鎮男に命じて起案させたものであった。この三原則、最近でこそ「古くかつ新しい原則」としての再評価も進んでいるが、[56]当初、外交に原則をたてること自体が問題視されていた。また、この三原則には「当面の重要課題」として「アジア諸国との善隣友好、経済外交、対米関係調整」の三つがあげられており、この二種類の三つの方向性は互いに矛盾し、対立する概念ともなりえた。

にもかかわらず、このような三原則が策定された背景を斎藤はつぎのように要約している。

（1）終戦後の思想的空白を埋める役目と日本人特有の新奇を追う心情に応える魅力が、国際連合の誕生を理想化したが、その後国際政治の現実に直面して、対米、対アジア考慮を加味することにより、戦後日本の外交を現実的なものにする必要があったこと。

（2）日米協力を日本外交の実質的主軸とすることが、戦後外交の必然的方向であったが、一部の根強い反米感情を同時に配慮せざるをえなかったこと。

（3）アジアに対する国民の愛着と国際関係におけるアジア諸国との連帯の必要性に基づくアジア重視の立場に対し、激しい反植民地運動と中立主義からくる共同体感の冷却傾向が、対アジア外交のあり方を複雑にしたこと。[57]

そして、斎藤は、これに「西側協力とアジア主義という相補完する二国間外交の二原則（あるいは一原則であってもよい）と国連中心主義という多国間外交の原則の併用をすすめているものと理解すべきであるともいえる」との解釈を付したのであった。[58]つまり、戦後日本外交の現場における対外意識と国際緊張緩和としての「ワシントン体制」論は、同じ認識のうちに登場したのである。

もちろん、この国際連合中心主義にみられる多国間協調主義と日米同盟関係は、もちろん対立する概念として存在したのではない。日本の目からは、国連自体の二重構造（安全保障理事会、総会）のうち安保理を優先、東西冷戦との国際環境のうち、西側に位置することによって占領・日米安全保障条約という日本外交の基軸間の矛盾（つまりマルチとバイの矛盾）の回避を国際社会内ではおこなってきた。そして、国内的には、この二つを媒介とする理論と国際関係理解を流布、また、半面で日本国内の根強い反米感情を考慮して「国連中心主義」との造語に成功したのである。このような国内状況こそが、外交三原則を制定させる原因であり、外交三原則をもって安保改定に対する国内の激しい対立を緩和させ、西側日本とアジアの一員としての日本の矛盾をカモフラージュさせた。そうであるがゆえに、日本外交史学の研究者たちは、恰好の先例研究として「ワシントン体制」を定置させようとしたのであった。

7　その後の展開

細谷氏によって通説となった観のある「system」としての「ワシントン体制」論は、一九八〇年代に入って修正が試みられた。修正をおこなったのは、「ワシントン体制」の有効性に懐疑的であった入江昭氏によってであった。入江氏の修正点は、第一次世界大戦の画期性を強調し、体制後の「戦争」と「平和」に対する普遍的な価値の創出を高く評価した点にあった。そして、「平和の名において幾多の地域的戦争が日夜続けられている時代、こうした時代が現代であるとしたら、その起源は一九三〇年代にまでさかのぼらなければならないのである」との歴史認識を前提に、[59]欧米の外交史家による、戦間期を「より安定した国際秩序を生む可能性を持った時代」とする再評価を受け容れ、[60]戦間期を勢力均衡という伝統的政策としての「ワシントン体制」と、「国際協調」、アメリカ化によって特徴づけたのであった。この入江氏の修正は、折からの日本政治史における一九二〇年代再評価とも結びつき、[61]

（前略）二〇年代の経済的相互依存の観念が、紆余曲折を経て三〇年代の宥和政策の形をとって再現したわけで、両者は新しい国際秩序を模索し、国家間の戦争回避のために努力した流れの現われだったということになる。平和への志向が違う形をもって現われ得ることを認識すれば、両大戦間期の歴史についても、また新しい評価を加えることが可能になるのではないか。（後略）

との視角を提供したのであった。[62]

このような入江氏の一九二〇年代と三〇年代を統一的に理解しうる視角は、多くの若手日本外交史研究者にも共有されていった。具体的に、最近の日本外交史研究では、第一次大戦後の普遍的価値の展開過程を、（狭義の）「国際協調」[63]や「戦争違法化」等のかたちをとって広がりを見せているのである。[64]

なかでも北岡伸一氏は、「ワシントン体制」をより普遍的な概念である「国際協調」に読みかえる。[65]北岡氏は、それを吉田茂に仮託することによって戦後の日本にも連続して存在し、現在では正統な概念として定着したとする。[66]結果、北岡氏は、現政権が吉田茂の系譜にあることを一面で正統性の根拠として捉えていることをもって、現実への理路もえているのである。[67]

以上、戦後における「ワシントン体制」理解の変遷をマルクス主義史学と日本外交史学の両面から概観した。このうち前者の帝国主義的「体制」としての「ワシントン体制」は、次のような中国近現代史研究者（久保亨氏）からの批判にさらされている。

（前略）政治体制論は、いわゆる「国家の階級的本質」をめぐる議論とは異なる次元の問題を扱うことになる。実際のところ「階級的本質」にもとづきそれぞれの国家を類型的に把握した作業は、一九九〇年代の今日、ほとんどその意味を失ってしまった。一方、制度や政治組織の総体に着目するのではなく、主に国際政治上の地位を基準に各国を「全体主義」国家と「自由主義」国家の二つに大別した見方なども、冷戦時代の産物たる二元的な思考にほかならず、現実の政治過程を分析するために有効な概念ではなかった。（中略）その国の政治体制の特質を歴史的に究明することに注意しなければならない。（後略）[68]

中国史の立場から「ワシントン体制」は、帝国主義的な抑圧システムとしてではなく、ナショナリズム運動を促進させた面を積極的に評価する見解がでてきているのである。[69]

以上のべてきたように、マルクス主義史学は「二面的帝国主義論」へ、また、日本外交史学も「ワシントン体制」の「体制」を「order」→「settlement」→「system」と読みかえながら「国際協調」システムという「普遍的な」価値をあたえるにいたっている。両者は、分析の根本を「旧外交」と「新外交」、「旧秩序」と「新秩序」、「現状維持」と「革新」[70]、「アジアモンロー主義」と「英米協調」等にみられるように、二項対立を軸としつつ、たがいに影響しあいながら棲み分けをおこなっている。この棲み分けは、前者が「戦後民主主義」に回帰して「戦争責任論」に籠り、後者が「国際関係」のなかで拡散、あるいは現実に従属するなか、役割を分担しているようにもみえる。この分担こそが、「日本近現代史学」の「低調さ」（それは常に若手研究者の奮起に還元される）の一因にもなっている。

そこで最後に問題点を二つ挙げることとしたい。その第一は、マルクス主義史学も日本外交史学もともに同じ「根」をもっていることである。つまり、杉原薫氏が「一九三〇年代の世界貿易はけっして全面的に収縮したのではない。欧米中心の大陸間貿易はたしかに収縮したが、アジアをはじめ世界経済の周辺に位置した地域間貿易が同様の過程をたどったという決定的な証拠はないといわねばならない。欧米に発した『世界大恐慌』の影響力や『ブロック化＝世界貿易の崩壊』論は、根本的に再検討されなければならない」のである、と批判した対象は日本経済史のみではない(71)。名和統一を基礎に(72)、井上晴丸・宇佐美誠次郎(73)、山崎隆三等をベースにした江口氏の「二面的帝国主義論」も俎上にのぼらせる。そして、日本外交史学における「ワシントン体制」論も、同じ杉原氏の「一九三〇年代の問題は、欧米も日本も、国境にとらわれないアジア間貿易のダイナミズムを保証する国際秩序を構築できなかったところにあったのであって、緊密な経済的相互依存そのものは必ずしも否定的にとらえられるべきものではない」との言葉を引用することで免罪となるわけではない(74)。なぜならば、日本外交史学における「ワシントン体制」論も名和統一の三環節論を背景となる経済理解の基底に置き、金融における英米資本依存と、市場獲得としての中国、東南アジアへの進出という方向性を共有していたためである(75)。なかでも金融をも射程に入れた三谷太一郎氏の場合が顕著である。三谷氏の金融面における日米協調を「英米資本への金融的従属」にかえれば名和の三環節論と三谷氏のそれとはまさに相似形となるのである。

これは、両者がともに、経済還元論的なマルクス経済学・日本経済史研究を背景としているがゆえに、日本のアジアとのかかわりを日本の侵略や植民地支配のみに結びつけて理解する傾向があったためである。そこで問題となるのは、アジア間貿易のダイナミズムを理解する点であり、これを保証する国際秩序が構築できなかったことである。この点、「ワシントン体制」は、アジアそのものを理解し、体制内に包含する余地をもたず、アジア間の貿易、経済的相互依存等も考慮に入れていない[76]。今後は、杉原氏が欧米により「強制された自由貿易」体制が変容したことで東南アジア地域が不安定化したとの所論の実証が必要であろう[77]。さらに杉原氏の議論も、アジア・太平洋戦争の開戦を経済的要因のみで説明できるものではない。「一九三〇年代のアジアでは、日本は帝国主義下のアジア市場での『一方的乗り入れ』体制を事実上実現していた。両大戦間期のアジア間貿易は、政治秩序としてはこのような体制に依存して発展したといえよう」とのべている点などは、政治・外交史による再検討が必要であろう[78]。

第二に問題とするのは、歴史研究者（特にマルクス主義史学）の「現代性」についてである。この「現代性」を日本中世史を専攻する永原慶二氏は、戦前・戦中の日本史研究への批判を前提に次のように語っている。

（前略）歴史学は過去を直接の研究対象とする学問でありながら、研究者の主体を通し、現在の問題に照して過去を見るところにしか成り立たないという意味で現代に対する責任をとりうるものであるかを問いつづけるようになった。歴史学は過去を直接の対象とする学問でありながら、研究者の主体を通じ、現在の問題に照らして過去を見るところにしか成り立たないという意味で、本来、思想的・政治的な性格をもっている。そのうえ、歴史学が構築し提供する歴史像・歴史叙述は、その性質上、ただちに国民の歴史意識や歴史観、ひいては現実認識に敏感な作用を及ぼすものである。戦後の歴史学においては、そうした歴史学の特殊な学問的性格・社会的責任が鋭く自覚されるようになり、問題設定の現代性が重視されるようになった。（後略）[79]

この意識は、広く歴史学者に共有されている[80]。しかし、このことは、「現代性」を有する歴史学者たちは、自らの存在を「現代史」にオーバーラップさせ、それ自身であるとの錯覚をもたらしたのではないだろうか（現代史の重要性が叫ばれながらも、文学部に「現代史」の講座がめったに存在しないことにも象徴されているのではないだろうか）。また、マルクス主義史学に属する歴史学者の多くが設定した「現代性」がソ連の崩壊、冷戦の終焉とともに喪失したことに対する自己批判を欠いていることが、[81]「自由主義史観」をめぐる論争の根底をなし、[82]歴史学と歴史教育との乖離を生むこととなっているのではないだろうか。[83]この点、日本外交史研究者も研究フィールドを「国際政治」研究へシフトして「現実主義者（リアリスト）」を自称し（政治学におけるそれではなく、あくまでも日本の政治的位相のなかでのみ有効である）、「冷戦」の勝利者と自負しても（少なくとも敗者ではない）、その所論となる緊張緩和システムとしての「ワシントン体制」論は冷戦の所産である。冷戦後の日本外交が冷戦思想の超克を必要とするように、「ワシントン体制」と定義された時期の国際関係観もそこに含まれた「冷戦」意識を見直す必要があろう。

マルクス主義史学も、また日本外交史学もそれぞれ、同時代のもつ限界から逃れるものではなかったのである。

註

（1） 川北稔「『問題』と『方法』の回復を求めて」『シンポジウム　歴史学と現在』（柏書房、一九九五年）九頁。

（2） 同前（1）註一一頁。

（3） 臼井勝美「太平洋戦争ノート」（『中国をめぐる近代日本の外交』筑摩書房、一九八三年）六頁。

（4） 歴史学とシステム概念とは、あまり馴染みがない。現在、歴史学にとってシステムを固有名詞的に使用するならば、それは世界システムを想起させるであろう。また、主に外交史・政治史においてシステム概念を云々する時は、ほとんどの場合「体制」概念とほぼ重なりあう。そのうえで、本来システムの持つ必要条件、すなわち、1複数の要素（element）のあつまりからなり、2要素間に何らかの意味で一定の関係があり、3全体として、個々の要素には還元できない何らかの秩序性をもつものとされる、を歴史学にあてはめるならば、要素とはすなわち国家であり、また国家を構成する要因（アクター）とされる。また、一定の関係とは、条約関係ないし政治機構であり、最後の秩序性とは、その条約や政治機構の規範力に代置されるだろう。日本近現代史学で具体的に例を挙げるならば、外交史における「ワシントン体制」や、政治史における「明治憲法体制」等があげられる。

（5） 安倍博純著『日本ファシズム研究序説』（未来社、一九七五年）参照。なお、ここでの体制とは、「一定の地域や社会ないし組織において、行為者が長期にわたって従っている原則や規範、また行動のルールや政策決定の手続の総体をいう。体制は次の三つの側面からなっている。①あるシステムにおける権力の編成や配分を表示する役割の体系、すなわち権威（政府）を構成する役割構造である。②権力の使用に関する安定した期待や規範、すなわちシステムにおいて資源を配分し紛争を調整していくための規範ないし規則の体系である。③現実にシステムを動かしている価値、それに状況解釈や過去、未来の正当化などの準拠枠組みとなるイデオロギー、すなわち原理や目標からなる価値の体系である」と理解しておく。

（6）歴史学研究会編『太平洋戦争史Ⅰ』（東洋経済新報社、一九五三年）一七頁。

（7）関寛治・藤井昇三「8　日本帝国主義と東アジア」（『岩波講座　世界歴史25』、岩波書店、一九七〇年）。

（8）江口朴郎他監訳『ソビエト科学アカデミー版　世界史　現代2』（東京図書株式会社、一九六四年）五四五頁。ただ、同書では、ワシントン会議に「反ソ統一戦線を強化し、帝国主義者たちがソビエト国家を包囲しようとして設けた〝有刺鉄線の障壁〟を、極東におし拡げうるものであった」との意義をつけくわえている。

（9）阿部真琴「三　普通選挙法と治安維持」（歴史学研究会・日本史研究会編『日本歴史講座第六巻　日本帝国主義』東京大学出版会、一九五七年）六八頁。

（10）歴史学研究会編『太平洋戦争史』1（青木書店、一九七一年）七二頁。このような「ワシントン体制」理解を現象面で整理したのは、政治学者の岡義武氏であった（岡義武「第四章　相対的安定への過程」〈『転換期の大正』日本近代史大系第五巻、東京大学出版会、一九六九年、一六八～一八一頁〉）。岡氏の中国理解も、「なお、注目すべきことは、ワシントン会議で中国は以上のような注目すべき外交的収穫を獲ちえながらも、しかも、当時の中国は政治的にはまったく分裂状態を呈しつづけていたということである」とし、それでも、なお、外交的収穫の背景には、ナショナリズムの激しい高揚があったとしている点で、帝国主義的「体制」としての「ワシントン体制」と同じ認識をしめしている（同一八二～一八三頁）。

（11）「一九五二年度　六二編　回顧と展望」（『日本歴史学界の回顧と展望　10　日本　近現代Ⅰ』山川出版社、一九八七年）三二～三三頁。

（12）同前註（11）。

（13）同前註（11）三八頁。

（14）しかし、二面的帝国主義の存在については、国際協調、自立帝国主義国としての日本の脆弱性等を重視し否定的にみる意見も強い（「一九二〇年代論　討論」〈『一九二〇年代の日本の政治』日本現代史研究会編、大月書店、一九八四年〉における安田浩、渡辺治両氏の意見参照）。

(15) 江口圭一「一九三〇年代論」(『体系日本現代史(1)』日本評論社、一九七九年)六頁。
(16) 同前註(15)三二頁。
(17) 江口圭一「満州事変期研究の再検討」(『歴史評論』三七七号、一九八一年)三頁。
(18) 同前註(17)六頁。山崎隆三編『両大戦間期の日本資本主義(上)(下)』大月書店、一九七八年。
(19) 同前註(17)七頁。
(20) 小山弘健・浅田光輝著『日本帝国主義史(3)』青木書店、一九六〇年。
(21) 信夫清三郎著『戦後日本政治史(I)』勁草書房、一九七〇年。
(22) 伊藤隆著『昭和初期政治史研究』東京大学出版会、一九六九年。
(23) 永井和「一九八一年 九一編 回顧と展望」(『日本歴史学界の回顧と展望11 日本近現代二』山川出版社、一九八七年)三八七～三八八頁。
(24) 江口圭一「一九一〇—三〇年代の日本—アジア支配への途—」(岩波講座『日本通史』第18巻近代3、岩波書店、一九九四年)三一頁。
(25) 江口圭一「4 日本の侵略」(歴史学研究会編『講座世界史6 必死の代案』東京大学出版会、一九九五年)三一三～三一四頁。
(26) 同前註(24)六頁。
(27) 同前註(3)七頁。しかし、臼井氏は、改めて「昭和期の日中関係[一九二八年—一九四五年]」(『外交史料館報』第一五号、二〇〇一年六月)を著して時期区分論を展開している。そこでは、十五年戦争論ではなく、七年戦争論が採られている。
(28) 伝記としては、北岡伸一著『清澤洌』(中公新書、一九八七年)および山本義彦著『清沢洌の政治経済思想—近代日本の自由主義と国際平和—』(御茶の水書房、一九九六年)参照。なお、戦後日本外交の起源の一つとして、近衛文麿「英米本位の平和主義を排す」(『日本及日本人』大正七年十二月十五日号)が、アジア主義イデオロギーの原型としてあげられている(北岡伸一「戦後日本の外交思想」〈『戦後日本外交論集—講和論争から湾岸戦争まで』北岡伸一編、中央公論社、一九九五年〉および渡辺昭夫「戦後外交五十年—アジア主義への回帰? アイデンティティを求めて—」〈『外交史料館報』第九号、一九九六年三月〉参照。
(29) 清澤洌著『日本外交史』上巻(東洋経済新報社、一九四二年)四二三頁。
(30) 同前註(29)四一八～四一九頁。

(31) 同前註(29)四一九〜四二〇頁。
(32) 同前註(29)八頁。
(33) 同前註(29)六〜七頁。
(34) 植田捷雄「まえがき」(日本外交学会編『太平洋戦争原因論』新聞月鑑社、一九五三年)一頁。
(35) 坂本義和「序」(日本政治学会編『国際緊張緩和の政治過程』一九六九年度、岩波書店)四〜五頁。
(36) 同前註(35)一一三頁。
(37) 同前註(35)。
(38) 同前註(35)一一〇〜一一一頁。
(39) 同前註(35)一一一〜一一二頁。
(40) 同前註(35)一三〇頁。
(41) 同前註(35)一四四頁。
(42) 入江昭「序論」(『極東新秩序の模索』原書房、一九六八年)二頁。
(43) 同前註(42)二〇〜二一頁。
(44) 同前註(42)二二〜二三頁。
(45) 細谷千博「ワシントン体制の特質と変容」(『ワシントン体制と日米関係』細谷他編、東京大学出版会、一九七八年、三頁。後に細谷千博著『両大戦間の日本外交』〈岩波書店、一九八八年〉に所収)。なお、麻田貞雄「ワシントン体制」(『新版 日本外交史辞典』日本外交史辞典編纂委員会他編、山川出版社、一九九二年、一〇九八〜一一〇二頁、同様の内容の旧版は、一九七九年、大蔵省印刷局刊)も合わせて参照されたい。
(46) 同前註(45)細谷論文四頁。
(47) 細谷千博編『日英関係史一九一九〜一九四九』(東京大学出版会、一九八二年)三〇一頁。
(48) 同前註(47)二九七頁。しかし、日英対立を副軸とする細谷氏の所論に対しては、「日英間の利害の対立は、イギリスの国力の相対的低下につれて、東アジアにおける本質的な問題としての重要性を失っていったのであり、それにかわって日米間のパワー・ポリティクスに基づくプログラムと原則の対立が前面にでてくるのである。この意味で、太平洋戦争は本質的には東アジアにおいて既存の秩序維持を欲するアメリカと新たなパワー・バランスを求める日本との間の戦争だったのであり、それ以外ではない」とする批判が存在する（佐藤恭三「見落されたものと歴史の全体像—細谷千博編『日英関係史一九一九〜一九四九』批判—」〈『専修大学法学研究所紀要』九、一九八四年、八五頁〉）。

（49）同前註（47）三〇三頁。

（50）同前註（47）。なお、E・H・カー自身は、「ワシントン体制」について「こうして中国の保全と太平洋における英米海軍の優勢に対する日本の脅威は取り除かれた。けれどもワシントンの諸条約が創り出した形成は、それが日本がアジア大陸に対するその前進政策を不承不承に放棄したということに依拠している限り、不安定なものであった。遅かれ早かれ、日本はその力を自覚して、ワシントン体制による威信の失墜を恨むようになったであろう。極東における支配的勢力がアングロ＝サクソンか、また日本であるべきかという根本的な問題はなお未解決であった。しかしワシントン会議のためにこの問題はほぼ正確に十年間、提起されないままになった」とのべている（E・H・カー著『両大戦間における国際関係史』清水弘文堂、一九六八年、二二〜二三頁）。なお、E・H・カー著『危機の二十年』は、第二次大戦直前の一九三九年七月に書かれたものであるが、今なおその生命を維持している（同書は、岩波文庫として一九九六年に再版されている。また、同書の今日的意義については、拙稿「名著再読『危機の二十年』」〈『週刊ダイヤモンド』第三九八〇号、二〇〇三年四月二十六日〉）参照。

（51）三谷太一郎「日本の国際金融家と国際政治」（佐藤誠三郎、R・ディングマン編『近代日本の対外態度』東京大学出版会、一九七四年）、同「ウォール・ストリートと極東—ワシントン体制における国際金融資本の役割—」（『中央公論』一九七五年九月）、同「ウォール・ストリートと満蒙と外債発行計画をめぐる日米関係—」（細谷千博他編『ワシントン体制と日米関係』東京大学出版会、一九七八年）、同「国際金融資本とアジアの戦争—終末期における対中四国借款団—」（『近代日本研究年報二　近代日本と東アジア』山川出版社、一九八〇年）、同「序—国際協調の時代から戦争の時代へ」（『国際政治』第九七号「昭和期における外交と経済」、一九九一年五月）、同「明治国家の外国借款政策—幕末維新期より日清戦争期にかけての経済ナショナリズムについて—」（『外交史料館報』第六号、外務省外交史料館、一九九三年三月）、同「大正デモクラシーとワシントン体制」（細谷千博編『日米関係通史』東京大学出版会、一九九五年）。三谷氏の所論に対して、横浜正金銀行を中心とする国際金融家の限界について酒井一臣氏が指摘している（「新四国借款団と国際金融家」『史林』第八四巻第二号、二〇〇一年三月）。

（52）「補注2」（『増補　日本政党政治の形成—原敬の政治指導の展開—』東京大学出版会、一九九五年）三五四頁。

(53) 外務省『部内参考用　緊張緩和外交』一九七〇年。
(54) 岡崎久彦著『緊張緩和外交』(日本国際問題研究所、一九七一年)。
(55) 星野俊也「日本の国連外交と日米関係—マルチの選択・バイの選択—」(草野厚他編『現代日本外交の分析』東京大学出版会、一九九五年)のなかで、このマルチとバイの二者択一論が不毛であり、両者を有機的に接合することの意味を説いている。
(56) 北岡伸一「古くかつ新しい原則」(『外交フォーラム』一九九三年十月号。同編『戦後日本外交論集』中央公論社、一九九五年に再録)。
(57) 斎藤鎮男著『外交—私の体験と教訓—』(サイマル出版会、一九九一年)四三頁。
(58) 同前註(57)四六頁。
(59) 入江昭「戦間期の歴史的意義」(『戦間期の日本外交』東京大学出版会、一九八四年)一七頁。
(60) 同前註(59)三頁。
(61) 一九二〇年代の再評価をなしたものとしては、渡辺治「日本帝国主義の支配構造」(『歴史学研究別冊特集　民衆の生活・文化と変革主体』一九八二年)、伊藤之雄『大正デモクラシーと政党政治』(山川出版社、一九八七年)等がある。
(62) 同前註(59)一三頁。
(63) 井上寿一『危機のなかの協調外交—日中戦争に至る対外政策の形成と展開』(山川出版社、一九九四年)および酒井哲哉『大正デモクラシー体制の崩壊—内政と外交—』(東京大学出版会、一九九二年)第二部における「防共的協調主義」等をあげることができる。
(64) この戦争違法化の問題は、松井芳郎「日本軍国主義の国際法論」(東京大学社会科学研究所編『戦時日本の法体制〔ファシズム期の国家と社会4〕』東京大学出版会、一九七九年)が分析。その後、国際政治・外交史上にこの入江氏の影響を受けて普遍的な価値の一つとして分析対象となった。この系譜のうえに、篠原初枝「日米の国際法観をめぐる相克—戦間期における戦争・集団的枠組に関する議論の一系譜—」(『国際政治』第一〇二号、一九九三年二月)および加藤陽子「第二章　アメリカ中立法と日中戦争—戦争違法化のもとでの戦争の形態—」(同著『模索する一九三〇年代』山川出版社、一九九三年)、小林啓治「国際連盟における規約の普遍性と紛争解決」(朝尾直弘教授退官記念会編『日本国家の史的特質　近世・近代』思文閣出版、一九九五年)、小林啓治著『国際秩序の形成と近代日本』(吉川弘文館、二〇〇二年)、伊香俊哉著『近代日本と戦争違法化体制』(吉川弘文館、二〇〇二年）、飯田真理子「戦争の違法化の形成過程に対する日本の対応」（黒沢文貴・斉藤聖二・櫻井良樹編『国際環境のなかの近代日本』芙蓉書房出版、二〇〇一年）等があげられる。

(65) 北岡伸一「ワシントン体制と『国際協調』の精神―マクマリ・メモランダム（一九三五年）によせて」（『立教法学』二三号、一九八四年十二月）。北岡は、マクマリに仮託して「国際協調」の存在が日本の侵略行為を抑止しえるものであると評価する。

(66) 北岡伸一「国際協調の条件―戦間期の日本と戦後の日本」（『国際問題』四二三号、一九九五年六月）。

(67) さらに、北岡氏は政治学者として対外政策の点でも、冷戦が終焉するなか、安全保障面で国連の平和維持活動を高く評価して、これへの参加を常識的に捉えることでも現実との連関性を強く意識している。北岡氏は、旧「現実主義者」に対する新「現実主義者」として登場したといえよう（同著『国際化時代の政治指導（中公叢書）』中央公論社、一九九〇年）。

(68) 久保亨「第二章　国民政府の政治体制と経済政策」（池田誠他編『二〇世紀中国と日本　下巻　中国近代化の歴史と展望』法律文化社、一九九六年）三九頁。

(69) 久保亨「ヴェルサイユ体制とワシントン体制」（歴史学研究会編『講座世界歴史6　必死の代案』東京大学出版会、一九九五年）。

(70) いわゆる「革新派」理論については、前掲伊藤隆『昭和初期政治史研究』および同「昭和政治史研究の一視角」（『思想』一九七六年六月号）参照。なお、後者の論文は、いわゆる「ファシズム」論争を惹起した。この「ファシズム論争」の経緯については、粟屋憲太郎「伊藤隆著『昭和期の政治』書評」（『史学雑誌』第九四編第十二号、一九八五年十二月）および伊藤隆「『ファシズム論争』その後」（『年報近代日本研究十　近代日本研究の検討と課題』山川出版社、一九八八年）参照。また、「革新派」理論の批判的検討をなしたものに酒井哲哉「一九三〇年代の日本政治」（『年報近代日本研究十　近代日本研究の検討と課題』山川出版社、一九八八年）がある。酒井氏の批判点は、「政治過程における諸政治集団の布置状況を説明する上では有効であるが体制概念としては成り立ち得ないこと」（同二三七頁）、そして「革新派」理論が社会史・思想史研究に対する豊かな視座を有していたにもかかわらず、「同時代の日本政治史研究に支配的であった政治過程論的手法を換骨奪胎した実証主義と多元主義的方法を以って対象に接した」等をあげている（同二四〇頁）。そして酒井氏は、これに対して内に政党政治、外に「ワシントン体制」という「大正デモクラシー体制」の崩壊過程（＝日本における民主政の崩壊）を代置する（同および同「序章　課題と方法」『大正デモクラシー体制の崩壊』東京大学出版会、一九九二年）。だが、「革新派」理論は、前述の細谷氏の「ワシントン体制」論にも、また、マルクス主義史学の系譜にたつ江口にも大きな影響を与えている（前掲江口「一九一〇―三〇年代の日本―アジア支配への途―」のなかでも動態的なマトリックスが多用されている）。このことは「革新派」理論が政治史研究の方法論として有効であることをしめすものであろう。むしろ問われるべきは、「大正デモクラシー体制」の相対的安定性（単純な国際比較）を前提に「方法論」を接ぎ木して導入する研究動向にむけられるべきであろう。

(71) 杉原薫「第四章 両大戦間期のアジア間貿易」（『アジア間貿易の形成と構造』ミネルヴァ書房、一九九六年）一一二〜一一三頁。具体的に杉原氏による名和統一等への批判点は、「第二環節と第三環節の結節点にあったこの相互依存の深化を支えた華僑通商網に対して（したがって華南・東南アジア圏の戦間期における役割に対して）、しかるべき位置づけを与えなかった。戦間期に固有な貿易のネットワークが消え去り、世界システムが国家（帝国ブロック）の集合体としてのみ認識されることになったのである。その結果、アジアの経済的相互依存の相対的自立性と多様性が見失われ、アジア国際経済史は、相互依存を必要とした日本の経済的脆弱性と、相互依存を断とうとした中国共産党路線の正当性との対照に集約されていった」と指摘している。さらに、「このようなバイアスが生じた背景として、コミンテルンと国際共産主義運動の影響を指摘しなければならない」とし、「一九三〇年代のアジアの経済的相互依存関係の緊密化は、大恐慌の影響を緩和し、貿易の相互利益を実現し、アジアの工業化を助ける積極的な側面をもっていた」ことを重視している（同一三七頁）。

(72) 名和統一著『日本紡績業と原棉問題研究』（大同書院、一九三七年）、同『日本紡績業の史的分析』（潮流社、一九四八年）。

(73) 『危機に於ける日本資本主義の構造』（岩波書店、一九五一年）。

(74) 同前註（71）六頁。

(75) 最新の入江昭氏の三極論でも日本側の立場から読み替えればほぼ同じ内容に読み替えられるだろう（「第三章 転換期の日米関係」〈細谷千博編『日米関係通史』東京大学出版会、一九九五年〉）。

(76) 「アジアの国際経済協調をいかに実現するかについての方法的視角をもたなかったのは、名和を含む日本の学界と名和が支持した毛沢東の革命に共通する大きな弱点であった」と杉原はのべる（同前註（71）六頁）。これは、従来の生産過程中心の考え方を相対化する営みともいえる。

(77) 具体的には、第一に、為替レートに地域格差があり、アジア全体の雁行的な工業化が困難となっていた（同前註（71）一二九〜一三〇頁）。第二にアジア国際分業体制とブロック化についてであり、「東南・南アジアにおけるブロック化は、帝国主義列強のシェア争いをめぐる線引きを行っただけで」（同前註（71）一三二頁）、蘭印やインドとも基本的にアジア国際分業体制の維持の点から妥協可能であったことが、日本の製品高度化のなかで語られている。その際、中国の関税自主権の獲得による保護貿易主義的な傾向は、「アジア国際分業体制の偏りを正すどころか、むしろそれを促進する方向に作用したといわねばならない」と否定的に捉えられている（一三三頁）。そして、第三の問題は、妥協可能な英蘭等植民地宗主国のブロックと日本との対立ではなく、日本を中心とする一元的な工業化のアジア各国への強制が国際分業体制を維持せず、世界的にそれを実現しようとしていたアメリカとの衝突を招いたためであるとする点である。ただし、第三の点については、日米の経済摩擦が決定的な対立ではないことを示唆する多角的な実証が存在する（上山和雄、阪田安雄共編『対立と妥協―一九三〇年代の日米通商関係―』第一法規出版株式会社、一九九四年）。

(78) 同前註（71）一三八頁。
(79) 永原慶二「戦後日本史学の展開と諸潮流」（『岩波講座　日本歴史二四　別巻一』岩波書店、一九七七年）参照。
(80) 永原慶二他編著『歴史家が語る　戦後史と私』（吉川弘文館、一九九六年）。
(81) 前出の中国近現代史およびドイツ現代史等ではこの点が問題とされている。また、それゆえに現代史を如何に「学ぶ」かを検討したものに渓内謙著『現代史を学ぶ』（岩波新書、一九九五年）がある。
(82) 藤岡信勝編『「近現代史」の授業改革1―「戦争の授業」のパラダイム転換―「東京裁判史観」を超えて―』（『社会科教育』一九九五年九月別巻、四一二号、明治図書）。
(83) 歴史学と歴史教育との乖離については、小路田泰直「日本史の到達と未来」（『シンポジウム　歴史学と現在』柏書房、一九九五年）でも指摘されている。小路田氏は、その原因を戦前からの「日本史学史」そのものに求めているが、説得力に欠ける。

補論　「ワシントン体制」論再考

冷戦の終焉が社会主義国の崩壊という形で現出し、「ワシントン体制」論時期の研究にも変化が生じている。(1)そして、ポスト冷戦期とされる今日、マルクス主義史学が現実説明性を失うなか、(2)近代日本の歴史学研究は、大きく三つ、社会史的研究、地域史研究そして政策科学を採りいれた実証主義研究へと分化しつつある。(3)

歴史研究の三つの分化は、それぞれ全体性の回復と現実への理路を再構築することを目的としている。このうち、日本における社会史は戦争責任論を一つの基軸とした「新しい歴史学」として、また、地域史研究は世界システム論を背景とする文化的多元主義によって現実への理路を獲得し、ともに「国民」によって構成される「国民国家」の解体・再解釈へと進んでいる。一方、実証主義歴史学は、現実説明性を保持しつつ、政策科学分野の援用により、ミクロ分析で意思決定理論と、マクロ分析で国際政治学等と連携し、全体性への理路を獲得しつつある。

このような近代日本史学全体の変化にあわせて「ワシントン体制」研究も変化を見せつつある。まず、第一に改めて「戦後」が意識されたことである。これまで第一次大戦の画期性を強調する論文がなかったわけではない。国際政治上のパックス・ブリタニカからパックス・アングロサクソニカへの移行や、総力戦研究から政軍関係への分析等があげられる。(4)今後、「戦後」研究は、第一次大戦後と第二次大戦後、そして「冷戦後」を比較する視点等が導入されるであろう。第二にあげられるのは、より強く「国民国家」の存在が意識されたことである。それは、グローバル化する現代の前史としての意識によるものであり、特に「ワシントン体制」の「場」であった中国に主体としての役割を与えるものであった。[5] そして、第三に、ソ連崩壊等にともなう史料状況の変化にともなうマルティ・アーカイヴァル・アプローチ的な手法の導入による再検討である。

以下では、特に、第三のマルティ・アーカイヴァル・アプローチ的な手法を採用した研究を分析し、「ワシントン体制」論に対する見解を展開したい。

一　ポスト冷戦下の新研究

このような三つの方向性のなかで第三のマルティ・アーカイヴァル・アプローチ的な手法を採用し、「ワシントン体制」論の再検討をおこなっている研究として服部龍二氏の諸論考があげられる。服部氏は、第一次大戦後の外交として原敬内閣を意識し、原外交と幣原外交との比較を試みている。[6] これは「ワシントン体制」論からすれば、対中国政策（「関内」と「満蒙」にわけられる）における原・幣原両外交の英米協調からの「距離」として捉えられてきたものであった。ワシントン会議については、同会議における日本側要求（「満蒙」特殊権益、山東問題等）の達成度が確認され、日本側に有利な「現状維持」的な内容となり、結果として日本の「勢力圏外交」が連続したことが明らかにされる。そして、細谷千博氏の「ワシントン体制」論における同体制の攪乱・不安定要因としての「ソ連」と「中国」の存在が改めてクローズ・アップされ、[7] 戦間期を前後期にわけ、前期において国際変動が三波にわたって襲ったとする。[8] この前後期の分水嶺は、昭和六年（一九三一）の満州事変であり、第一次大戦からワシントン会議、そして満州事変までを一連のものとしている。しかし、満州事変を画期とする時期設定自体は別段新しいものではない。一九八〇年代の諸研究において、満州事変前後の連続性と国際関係（対英米関係）における安定性を明らかにした井上寿一氏の研究に対して、通史的解釈にもどった感さえあたえる。(9) さらに時期設定としては、「ワシントン体制」以前と以後とをわけ、前者を「①戦後外交転換説」と「②勢力圏外交連続説」で分類。「①戦後外交転換説」で戦後の画期性を強調し、「②勢力圏外交連続説」によって大陸政策における南進北進という系譜の連続と日米関係の悪化を指摘する。結果として、原外交の国内的要請と国際的要請を調和させる政治技術を高く評価している。また、「ワシントン体制」以後については、「①ワシントン体制新秩序説」と「②ワシントン体制旧秩序説」という二分法が提示され、服部氏は中国外交の存在をもって後者の「②ワシントン体制旧秩序説」を採用し、ワシントン体制の「分化」を主張する。(10) 結果として服部氏の研究は、細谷氏が指摘した「ワシントン体制」の攪乱要因としての「ソ連」と「中国（革命外交）」を再確認し、英米協調との連関性範囲内で日本外交の有効性を明らかにしたものであった。

上記のような服部氏による時期設定や、「ワシントン体制」解釈の分化、当該期の対外政策志向をマトリックスで機械的に再配置することに筆者は、あまり意義を見出せない。有馬学氏による、「体制」の安定や崩壊を前提とした理想化されたものからの偏差として捉えるのではなく、「できあがったシステムにどのように対処しようとし、どのように適合できなかったかという観点から考えたほうがいいのかもしれない」との理解に賛成である。(11)

二 「ワシントン体制」論再考

第一次世界大戦の結果として東アジア国際関係を規定したとされる「ワシントン体制」は、当然、成立時から諸事件・問題の発生によって変容を余儀なくされてきた。日本にとっては、日英同盟が空洞化するなか、ワシントン会議における中国の列国管理と、列国協調による安全保障の確保（海軍軍縮）が最適化された政策方向性であった。それは、政府にとっての問題であり、政府内でも前者の対中国政策という点で陸軍・参謀本部による「満蒙の独立」と、安全保障の側面でも海軍・海軍軍令部による「対米七割」軍備による抑止という二つの方向性が「ワシントン体制」の範囲内で存在していた。[12]

そのうえで、再確認すべきは、細谷氏の「ワシントン体制」論そのものの多義性である。ワシントン会議では、三つの条約、ワシントン海軍軍縮条約と九ヵ国条約、四ヵ国条約が成立している。この三つの対象はイシューと地域が異なり、そのうえで、「ワシントン体制」論は、総体としての方向性を提示してきた（安全保障政策としての海軍軍縮問題については日英米の協調関係の構築に重点が置かれ、九ヵ国条約については山東半島問題等の権益維持が外交目的化された）。とはいえ、筆者は、日本外交史の立場からする「ワシントン体制」研究において軍縮問題と対中国政策を単純に接合して分析することに懐疑的である。また、外務大臣の名を冠して「〇〇外交」とすることにも懐疑的である。それは、対外政策を手法に限定して単純化させた結果だからである。一例をあげれば、外務省中央からの訓令電報は、全て外務大臣名で発電されるが、その全てに外務大臣が眼を通しているわけではない。それは往々にして、担当局課によって判断され、中央からの訓令として伝達されるのである。このため、交渉には、担当局課の意見が強く反映され、日本外交全体としてみた場合、矛盾するかのような内容になることもしばしばある。[13]日本外交が外務大臣の強い指導力のもと一元化される、または外務大臣のパーソナリティにのみ集約されるような認識は実態ではなく、あくまでも象徴的な意味として理解されるべきである。この点を見誤ると、同時期に並行しておこなわれる複数の外交交渉に対する外務大臣個人の交渉にかける比重（＝優先順位）を軽視し、並列的に理解してしまうこととなる。また、官僚組織としての外務省による外交と外務大臣の主導のもとでの外交の違いを看過し、さらに、政策過程・なかんずく執行過程における読み替え、相手国・地域との間での現地交渉の拘束力を見落としてしまう。さらに、これまでの日本政治・

外交史研究の多くが政策決定過程をもって分析を終えている。つまり、決定された政策が完全に遂行された、という見通しのもと組み立てられてきたことが、日中関係史において精緻化しつつある中国近代史との間で齟齬をうんでいる背景といえるだろう。

それゆえ、筆者は、まず、当該期の研究を海軍軍縮問題（政軍関係・安全保障政策）と対中国経済政策の二点に分けて分析してきた。

海軍軍縮については、軍縮後の補助艦補充をめぐって当初、海軍と政府との間で意見の一致をみていたことを明らかにすることで「反ワシントン体制派」が生成されなかったことを実証。[14] また、政軍関係（政府対軍部、軍政系対軍令系）で変化がでてくるのは、アメリカの補助艦補充をめぐる建艦政策に対応して軍備充実を必要とするようになった段階からであり、[15] それは、多国間外交といいながら、実態としてすすめられる二国間外交の積み重ねの方法をめぐる対立としてジュネーヴ海軍軍備制限会議において顕在化したことを明らかにした。[16] そして、海軍軍縮問題における日本外務省は、基本的に対米直接交渉・英米協調を基準とする一方で、海軍は、ワシントン軍縮会議の教訓としてフランス（イタリア）と提携してイギリスを抑止し、対米包囲網の形成を図ったのであった。しかし、ジュネーヴ海軍軍備制限会議からロンドン海軍軍縮会議にいたる過程で、対米抑止を中心とする海軍の提携計画は挫折し、外務省による日英米協調路線が選択され、ロンドン海軍軍縮条約が成立したのであった。[17]

上記、研究の結果、安全保障の面では、ワシントン会議における日英同盟廃棄の影響が大きく、仮想敵国アメリカとの軍事バランスを考えた枠組をめぐる対立として「ワシントン体制」は理解された。それは、当該期の国際関係をワシントン会議全体の公約数として日英米協調を重視した日本外務省と、ワシントン海軍軍縮会議における日英米仏伊五ヵ国間のパワーゲームと理解した海軍側との国際関係観をめぐる対立であった。結果として、前者が後者に優先し、満州事変後の一九三〇年代も基本的に英米協調は維持されたのである[18]。

一方、日中関係、日本の対中国政策では、寺内正毅内閣と原内閣との共通性が大きかった。対華二十一ヵ条要求を例外として、寺内内閣の西原借款さえも、「戦後」状況としての列国の中国復帰を前提としていたからである[19]。とはいえ、寺内・原両内閣期では、対象となる中国の状況およびこれにともなう日本側対応、協調対象とする列国にも違いが存在していた。

筆者は、分析対象を中国関内に置くこととした。理由は、筆者の能力にも起因するが、当該期の中国が北伐に代表される国民革命の最中であり、南京国民政府の成立、東三省易幟により形式的ではあるが統一を果たしたからである。それゆえ、筆者は、「非植民地化」要求を「革命外交」として体制内化し、国民国家形成過程にあって経済的統一（財政、市場等）を果たしつつあった中国・南京国民政府への対応という観点から、外交官の中国認識を明らかにした[20]。結果、中国を製品輸出「市場」とする認識と、中国を建設途上の「国家」と認識する二つの方向性が抽出できた。そして、対中国政策上の「列国協調」も、北京関税特別会議を最後に存在しないと考える重光葵・亜細亜局と、日本の対中国政策遂行上、調達すべきものと考える幣原喜重郎と杉村陽太郎（国際連盟事務次長）とで認識を異にしていることも明らかとした。その際、当該期の日本外交の起動要因である「内政」は、経済外交を必要としており、重光による政策推進を可能としていたことも明らかにしている[21]。結果として推進された重光を中心とする対中国「宥和」政策は、南京国民政府内において「財政外交」を推進する宋子文財政部長との「提携」の成立過程であり、これにより日中関税協定が成立（昭和五年五月六日）[22]。そして、この提携関係を基盤としての政策展開として、日中関税協定の施行過程に相当する諸問題（輸出付加税導入と陸境特恵関税の廃止、中国国定税率の導入と裁釐、裁釐課税）に対応し[23]、債務整理問題を梃子として「提携」を「経済提携」に昇華すべく交渉が展開されたのであった[24]。一方で、重光は、「革命外交」による国権回復の一環としてなされた治外法権撤廃問題との対峙のなかでも漸進的な解決を目指したのであった[25]。結果は、関東軍による謀略としての満州事変の勃発によって、水泡に帰すこととなったが、提携対象を代えて、一九三〇年代においても、対中国「宥和」政策は、推進されたのであった（その有効性は著しく低くなったが）。

以上のような、対中国「宥和」政策の存在は、中国ナショナリズムを攪乱要因として位置づける「ワシントン体制」論とは相容れない。また、「英米協調」を基軸として分析することも妥当ではないだろう。また、その存在が「英米協調」と「日中提携」の相克として描くことも問題を幣原と重光の関係に矮小化することになるのではなかろうか。

以上の筆者の諸研究をもとに日本外交史における「ワシントン体制」論を再考するならば次のようになるだろう。

ワシントン会議の結果、日本の対中国政策に急激な変化はなかった。東アジアにおけるリージョナル・パワー日本の立場は現状維持とされ、権益も確保された。列国（なかんずく英米両国）との協調関係が維持できれば、第一次大戦後の「五大国」の一員、リージョナル・パワーとしての存続が可能となった。ワシントン会議は、パリ講和会議に引き続いて、東アジアにおける日本の国際的地位を確保するうえで有効に機能し、リージョナル・パワーとしての地位が可能な列国協調体制として機能した（「ワシントン体制」）。この限りにおいて、「ワシントン体制」は、日本にとって日英同盟に代わる「旧体制」的な存在であった（路線をめぐる対立は存在し、また、不戦条約のような新たな動向も示されたが、日本外交は、不戦条約の遵守という観点ではなく、英米との協調維持という点で対応していた）。しかし、中国における国民革命・北伐による中国南京国民政府の成立にいたる過程は、日本外交内に、それに対応する新たな政策的動向としての対中国「宥和」政策を生んだ。パリ講和会議に始まるものの、その起点は、ワシントン会議後の北京特別関税会議であり、明確な政策転換は、田中内閣の末期、済南事件の解決によりもたらされた。そして、昭和四年末から翌五年にかけての日中関税協定交渉により、提携が成立、重光在中国臨時公使・中国公使を中心に推進された。この対中国「宥和」政策は、中国・南京国民政府の統一過程に対応する意味で「新体制」的な意味合いを有していた[26]。このため、満州事変により、中断されるものの、対象を宋子文から汪兆銘へと対象をかえつつも、復帰した重光を中心として存続したのである（勿論、満州事変の結果、その政策的有効性は著しくそがれることとなった[27]）。そして、一九三〇年代、日中戦争の開始とともに、対中国「宥和」政策の基盤は失われ、「東亜新秩序」へと転形しながらも「新体制」「新秩序」的な意味合いを強めつつ、太平洋戦争における「大東亜共栄圏」へと向かうのである[28]。このようにして見た時、英米協調としての「ワシントン体制」と対中国政策が棲み分けていたのが日本外交の実相といえる。それゆえ、英米協調と中国問題がリンケージしなければならない状況となったとき、比重のかけ方、優先順位をめぐって問題が生じたといえよう[29]。

日本外交にとって「ワシントン体制」とは、対英米協調にほかならず、国際社会においてリージョナル・パワーとしての日本が支持を調達する基盤であった。それゆえ、「ワシントン体制」の成立と崩壊という観点からすれば、「ワシントン体制」の崩壊は、対英米蘭戦・太平洋戦争であり、まさしく、「太平洋戦争への道」として叙述できよう。しかし、「ワシントン体制」は、中国を主体として組み込めず、東アジア国際関係史的な立場からは有効な枠組ではない。その存在自体を疑問とせざるをえない。その意味で、冷戦の終焉により、イデオロギー的な呪縛と東西冷戦からくる緊張緩和論の必要性から解き放たれた今日、「ワシントン体制」論そのものの限界性を認め、それ自体からの脱却が必要であろう。

註

（1） 本書第三章参照。

（2）拙稿「日本近代史学の『現在』―歴史学の総合性と『境界』に関する一考察」（古島幹雄・市橋勝・小池聖一編『「境界」概念を巡る学際的研究』二〇〇〇年三月）。

（3）拙稿「第四章　二重の戦後処理日中歴史和解の前提・歴史学者の現状分析」（『第二次大戦・冷戦の二重の戦後処理に関する基礎的研究』平成十・十一年度科学研究費〈基盤研究C〉研究成果報告書、二〇〇〇年三月）。

（4）代表的なものとしては、黒沢文貴著『大戦間期の日本陸軍』（みすず書房、二〇〇〇年）があげられる。筆者も内政面における第一次大戦の影響力を高く評価している。その意味で「大正デモクラシー」もアプリオリに導入される傾向がある点で「ワシントン体制」と同じであると考えている。

（5）例えば西村成雄「序章　二〇世紀史からみた中国ナショナリズムの二重性」（同編『現代中国の構造変動3　ナショナリズム―歴史からの接近』東京大学出版会、二〇〇〇年）。

（6）「原外交と幣原外交―日本の対中政策と国際環境―一九一八―一九二七―」（『神戸法学雑誌』第四五巻第四号、一九九六年）。

（7）「ワシントン会議と極東問題―一九二一―一九二二―」（『史学雑誌』第一〇八編第二号、一九九九年二月）。同論文は、マルティ・アーカイヴァル・アプローチ的な手法を多用し、その意義を明らかにしている。そして、この分析過程でマクマリーの再評価がおこなわれている（マクマリーについては、北岡伸一「『ワシントン体制と『国際関係』の精神―マクマリ・メモランダム（一九三五年）によせて―」〈『立教法学』第二三号、一九八四年〉がある）。しかし、同論文では、現地外交官としてのマクマリーは描かれていない。このため、英米協調の二元性（中央と出先）という観点は存在しない。対英米協調を分析する場合、中国現地における列国協調の存在にも着目しなければならないだろう。なお、本論文を含め、本章で紹介した服部論文は、同著『東アジア国際環境の変動と日本外交一九一八―一九三一』（有斐閣、二〇〇一年）に所収されている。

（8）「『戦間期』東アジア国際政治研究の方法論的覚書」（『政治経済史学』第三九六号、一九九九年八月）。

（9）井上寿一著『危機のなかの協調外交』（山川出版社、一九九四年）。他に、石井修著『世界恐慌と日本の「経済外交」―一九三〇～一九三六』（勁草書房、一九九五年）がある。

（10）服部龍二「ワシントン体制論の分化―中国修約外交と日英米」（『国際政治』第一二二号、一九九九年九月）。服部氏の「ワシントン体制」理解は、私見によれば勢力圏外交連続説のなかで模索される日英米の協調体制であり、それがイシューによって機能するか、あるいは機能しなかったのか、という点を明らかにせんとするものである。服部氏の研究は、日中提携と英米協調との相克として当該期を描いた酒井哲哉氏の研究を意識し（酒井哲哉「『英米協調』と『日中提携』」〈『年報近代日本研究十一　協調政策の限界』山川出版社、一九八九年〉）、両者を総体として理解することを目指したのだが、真の相手である中国内の状況変化に対応する日本外交の実相については明らかにしていない。結果として中国近代史における新たな研究動向との対応性をもたない（例えば、久保亨著『戦間期中国〈自立への模索〉―関税通貨政策と経済発展―』〈東京大学出版会、一九九九年〉等）。それは、アプローチが外交交渉に限定されているからである。他に、西田敏宏氏の諸研究がある（「ワシントン体制の変容と幣原外交」（一）（二）〈『法学論叢』第一四九巻第三号・第一五〇巻第二号、二〇〇一年六・十一月〉および「ワシントン体制と幣原外交」〈川田稔・伊藤之雄編『二〇世紀日米関係と東アジア』風媒社、二〇〇二年〉）。

(11)　有馬学著『〈日本の近代4〉「国際化」の中の帝国日本』（中央公論新社、一九九九年）二二九頁。

(12)　海軍においては、仏伊との連携による英米抑止という方向性が指摘できる。拙稿「海軍軍縮をめぐる二つの国際関係観の相剋」（伊藤隆編『日本近代史の再構築』山川出版社、一九九三年四月）参照。

(13)　それゆえ、筆者は、外務省文書の文書学的な考察をしている（拙稿「外務省文書・外務省記録の生成過程―外務省文書の文書学的一試論―」〈『日本歴史』第五八四号、一九九七年一月〉）。同論文では、外務省文書を政策過程論から整理をおこない、執行過程に相当する現地での読み替えの可能性についても言及している。

(14)　拙稿「ワシントン海軍軍縮会議前後の海軍部内状況」（『日本歴史』第四八〇号、一九八七年五月）。

(15)　拙稿「大正後期の海軍についての一考察」（『軍事史学』第二五巻第一号、一九八八年六月）。

(16)　拙稿「ジュネーヴ海軍軍縮会議について」（『海軍史研究』創刊号、一九八九年十月）。

(17)　拙稿「海軍軍縮をめぐる二つの国際関係観の相剋」（伊藤隆編『日本近代史の再構築』山川出版社、一九九三年）。他にロンドン海軍軍縮条約をめぐる先行研究としては、小林龍夫「海軍軍縮条約（一九二一―一九三六年）」（日本国際政治学会・太平洋戦争原因研究部編『太平洋戦争への道』第一巻、朝日新聞社、一九六三年）、伊藤隆著『昭和初期政治史研究―ロンドン海軍軍縮条約問題をめぐる諸政治集団の対抗と提携』（東京大学出版会、一九六九年）、麻田貞雄著『両大戦間の日米関係―海軍と政策決定過程』（東京大学出版会、一九九三年）、最近のものとしては、「理想主義的リアリスト」として宮中グループを評価し、ロンドン海軍軍縮問題をとりあげて分析しようとした加藤陽子「ロンドン海軍軍縮問題の論理―常備兵額と所要兵力量のあいだ」（近代日本研究会編『年報近代日本研究二〇　宮中・皇室と政治』山川出版社、一九九八年）がある。

(18)　とはいえ、日英同盟の廃棄にともなう日本の孤立感は大きく、海軍にみられる国際関係観は、政界にも広く存在していていた（ポール・クローデル著／奈良道子訳『孤独な帝国　日本の一九二〇年代』草思社、一九九九年）。

(19)　拙稿「第一次世界大戦後期、日本の対中国政策」（国立政治大学文学院他編『五四運動八十週年学術研討会論文集』一九九九年六月）。

(20)　本書第一章参照。

(21)　本書第四章参照。

(22)　本書第五章参照。

(23)　本書第六章参照。

(24)　本書第七章参照。

(25)　本書第八章参照。

(26)　久保亨氏が、当該期の中国をめぐる国際関係をワシントン＝ヴェルサイユ体制として把握する理由でもある（前掲久保亨著『戦間期中国〈自立への模索〉―関税通貨政策と経済発展―』）。

(27)　満州事変後の日本の対中国「宥和」政策は、「新体制」「新秩序」的な意義を失い、現状維持的な政策として意識されるようになる。そして、満州事変前の日本側の担い手であった重光は、むしろ「新体制」「新秩序」の構築に比重をかけ、対中国「宥和」政策の担い手であった有吉明中国大使等と対立していくこととなる。なお、一九三〇年代の重光については、臼井勝美「外務省―人と機構」（『日米関係史二』東京大学出版会、一九七一年）、酒井哲哉著『大正デモクラシー体制の崩壊―内政と外交』（東京大学出版会、一九九二年）、田浦雅徳「昭和十年代外務省革新派の情勢認識と政策」（『日本歴史』第四九三号、一九八九年六月）等参照。

(28)　波多野澄雄著『太平洋戦争とアジア外交』（東京大学出版会、一九九六年）、武田知己「重光葵の戦時外交認識と政治戦略」（『年報近代日本研究二十　宮中・皇室と政治』山川出版社、一九九八年。同著『重光葵と戦後政治』吉川弘文館、二〇〇二年に所収）、劉傑著『日中戦争下の外交』（吉川弘文館、一九九五年）。

(29)　満州事変に際して最も恐れられたのは、英米による日本の経済封鎖であり、日米開戦にあたって英米可分・不可分が問題になったのもこの文脈で理解できよう（森山優著『日米開戦の政治過程』吉川弘文館、一九九八年）。

第四章　満州事変期、日本外交を規定する国内政治・経済要因

「日本外交史」は、条約（協定）締結過程の実証、つまり「対外交渉」部門を中心に研究がおこなわれてきた。その際、「外交」は、それ自体を規定する「内政」要因を明確にしてこなかったため、「日本政治」上における位置関係を曖昧にしてきた。また、「国際政治」や「国際関係論」に位置づけるに際しても、日本外交それ自体の起動要因が把握できないため、「国際政治」のダイナミズム解明を不充分なものとしてきたのである。

そこで、本章では、日本の「内政」がいかなる外交課題を担うものであったのかを検討する。その際、政策立案から決定過程における「政治」と「経済」に規定される側面に注目することで、「日本外交」・外務省の位置確認および政策実施過程における影響の再編成をおこなうこととしたい。具体的に、満州事変前、重光葵駐中国公使が政策実施過程にあって日本外交・日本の対中国政策をリードしえた理由・背景を明らかにする。(1)これによって、満州事変という日本外交の特異点を通じ、そこから日本外交自体の性格を明らかにする理路がえられるだろう。

なお、以下では、日本の政治状況を一節で、また、経済状況については二節で概観しつつ、日本外交を起動・規定する要因を抽出し、三節の日本の対外政策のなかで日本外交の規定要因として具体化させることとしたい。

一　満州事変前、日本の政治状況

満州事変前の昭和五年（一九三〇）と昭和六年の日本の政治状況は、政党政治と軍縮、経済外交を特徴とする一九二〇年代と、軍部の政治進出と経済統制（輸出ダンピング）を特徴とする一九三〇年代とを比較・考察する分岐点にあたる。昭和五年は、ロンドン海軍軍縮条約締結をめぐって政治体制の変革をもたらし(2)、また、世界恐慌と昭和恐慌により経済構造の転換をきたした。その上で、1項で政府・浜口内閣の政策動向を、そして2項では、当該期を規定した「政党政治」と、その基本的政策である経済・財政政策および金解禁政策について、3項では政策決定過程に直接的に参与できた諸政治集団について概観する。

1　民政党浜口内閣の政策推移

昭和四年七月に成立した民政党浜口雄幸内閣は、金解禁を主軸とする十大政策綱領を掲げ、その準備をおこなった。その十大政策綱領とは、①政治の公明、②国民精神の作興、③綱紀の粛正、④対支外交の刷新、⑤軍備縮小の完成、⑥財政の整理緊縮、⑦国債総額の逓減、⑧金解禁の断行、⑨社会政策の確立、⑩その他、教育機能の更新、農漁山村経済の改善であった。しかし、中心政策としての金解禁は、昭和五年六月の産業合理局の設置に象徴されるように産業合理化に一歩を進めたものの、折からの世界恐慌に対して門戸を開く結果となって失敗。これに付随して⑥⑦⑩の点でも失敗に終わったのである。また、①②③⑨の点も官吏減俸策の失敗に代表されるように成果をあげられなかった。このような政策的失敗は、昭和五年二月の総選挙で民政党が絶対多数をえただけに、国民の失望感を強くしたのであった。さらに、唯一の成果たるロンドン軍縮条約も枢密院・海軍軍令部・政友会と対立、突破に成功したものの、統帥権干犯問題を惹起し、「政党政治」を周辺から支える穏健な勢力を弱体化させたのであった。

それでも浜口内閣は元老西園寺公望の支持のもと、金解禁政策と幣原外交を堅持、不景気対策、失業対策に対して有効な政策を打ち出せないままに、同年十一月の浜口首相遭難以降、求心力を失っていったのである。

2 政党政治

昭和二年に始まる政友会と民政党による二大政党制は、「憲政の常道」の名のもと、交互に政権を担当した。この政党内閣の積極的意義は、政党による官僚指導と社会基盤との連絡をつうじて、単独責任制を採る内閣の政策的統一・調整を円滑化させることにあった。[3] しかし、政権担当の指名権は元老西園寺公望によってもたらされたものであった。さらに、西園寺自身、「憲政の常道」による政党内閣の成立を絶対視していたわけではなかった。常に「挙国一致内閣」的発想の官僚内閣出現の可能性が残され、政党内閣は、政府・衆議院以外の「非選出部分」たる諸機関（枢密院、貴族院、陸海軍等）の支持を調達する必要があった。この点、慢性的な財政難のなか、陸海軍内部では、限られた財源調達のため軍政系（陸軍省、海軍省）の権限が相対的に強まり政党内閣に協調していた。これに対して天皇の諮問機関であった枢密院は、むしろ政党内閣への牽制機関としての性格を強めていった。

一方で、政党は、政権担当能力を高めるため官僚の入党を促し、党内に官僚派なる一群の派閥を作りだした。また、政友会による地方利益誘導型の政党運営は、党人派なる派閥を作らせていったのである。民政党では、昭和五年十一月の浜口遭難以降、次期総裁をめぐって党人派の安達謙蔵と官僚派の江木翼間で対立が生じていた。他方、政友会でも田中義一の死後、イメージの点から犬養毅が総裁に就任したものの、実際は、官僚系の鈴木喜三郎派、新興の久原

房之助派と旧政友会系の党人派との間で対立があり、四分五裂といった状態にあった。(4)

なお、憲政会―民政党は「議会中心主義」を、これに対して政友会は「皇室中心主義」を唱えてイデオロギー的に対峙する姿勢をしめしていたものの、後者の「皇室中心主義」が第一回普通選挙にあたって便宜的に作りだされたものであり、両者とも両党の基本的な性格を表すものでなかった。(5)

次では、具体的な「内政」上の政策方針について確認することとしたい。

(1)　政党内閣の経済・財政政策

政友会の「積極（膨張）政策」と民政党の「緊縮（消極）政策」における政策的相違点をあげれば、表1のとおりである。(6)

しかし、不況の継続、関東大震災の影響、貧富の差が拡大するなか、財政難を背景として政策選択の幅は根本的に少なく、対立よりむしろ相互補完的な関係にあった。さらに、第一次大戦後の日本経済の構造変化に対処する点で両者は共通していた。それゆえ、浜口内閣井上財政と齋藤内閣第二次高橋財政（後期）とは、類似点が多いと指摘されている。(7)

表1　政友会と民政党の政策的相違点

	政　友　会	民　政　会
1.財政支出	産業基盤育成政策による国内散布	行財政整理と軍縮による財政節減
2.歳入面	公債発行と地方的利害への配慮	公債の非募債主義と節減（都市型）
3.金融政策	低為替政策・救済インフレ政策と企業救済型政策（中小資本保護）	為替相場回復政策・デフレ政策を基調とし入超脱却を図る産業合理化政策
4.社会政策	労働組合法より治安立法，小作立法より自作農創設維持（消極的）	やや積極的，治安維持法＝調停法体制の確立
5.対外経済政策	「産業立国」による経済圏の獲得（重工業）	通商政策による市場の重視（軽工業）

(2) 金解禁政策

金解禁政策は、対外信用の面で国際経済社会に復帰する意味をもっていた。だが、第一次大戦後の反動恐慌と大戦中からの積極政策の結果、金解禁は回避され、代わって在外正貨の制限的払い下げにより為替相場を低位に誘導して輸出の促進を図ることがめざされた。しかし、第一次大戦中の重化学工業化進展のなかで、国内均衡を優先した結果、この経済政策は在外正貨の減少により行き詰まっていったのである。

このため加藤友三郎内閣の市来乙彦蔵相は、在外正貨の払い下げ緩和による為替相場の安定（輸出促進による国際収支の改善）と緊縮財政による国内物価低落と「財界の整理」を推進した。だが、同方針は、関東大震災により中断、国内での震災手形によるインフレ効果と為替相場の低落によって金解禁の条件は失われたのである。

その後、第一次加藤高明内閣（浜口蔵相）では、行財政改革をおこない緊縮の方向に再転換する。この浜口蔵相の政策体系は、金解禁の前提として「財界の整理」と国際収支の均衡をめざすものであり、為替相場の操作は補助的な措置であった。このうち国際収支の均衡では、幣原外相の「経済外交」が補完的な意味をもっていた（後述）。

しかし、上記の動きも金融恐慌、田中内閣の成立で中断する。前者の金融恐慌では、震災手形処理をめぐって不良債権を有していた中小の機関銀行と二流財閥の没落がおこり、反対に五大財閥による独占が現出する。結果、金解禁の前提たる「財界の整理」が進み、田中内閣の積極財政が国内市場の拡大をもたらしたが、物価の割高感を払拭できず、為替相場を不安定にさせたため貿易活動に関しては、マイナスに作用したのであった（輸出市場の拡大、国内産業の育成による輸入代替、産業立国策・外交面では低廉かつ安定的な資源の獲得の点で、後者の国内産業の育成による輸入代替にどちらかと言うと重点が置かれるものの政友会内閣でも前内閣に引き続いて「経済外交」は継続された）。

そして浜口内閣（井上準之助蔵相）のもとでは、体系的構成をもった金解禁が志向された(8)。この金解禁政策の成功によって真の好景気を獲得するためには、輸出促進と貿易外受取拡大による国際収支の均衡が必要であり、緊縮財政による所得水準の引き下げおよび産業合理化（独占体制の強化）による生産コストの低下等が「金本位制の自動調節作用」への絶対的信頼のなかでめざされた。その際、関税政策の面では、大正十五年（一九二六）の関税大改正（ただし、これは補助金支給、輸入制限措置とセットとして機能）により重化学工業の保護（中・低位品への輸入代替）に見られるような産業保護政策は採用されず、輸出促進・維持のための市場確保が志向されたのであった。依然としてアメリカ市場(9)および中国市場の重要性は高かった。

特に、中国市場については、北伐以来の排日・排日貨の影響により貿易量は減少気味であり、為替の安定性も欠いていた。また、日清通商航海条約の改訂をめぐって日中間に対立があったため、通商条約から関税協定を分離し、互恵税率を設けることで市場の確保をめざしたのであった。しかし、世界恐慌と銀安、中原大戦の影響により、輸出市場としての中国市場は、急速に収縮(10)。金解禁以降の日本の恐慌状態に対して、日本の各企業は、生産制限によって価格の低下に歯止めをかけようとする(11)。このため三井の例にあるように、企業収支改善のため債務償還に対する期待が膨らみ、日本側の対中国債務整理要求に影響を与えたのであった(12)。

以上のように、井上の構想による金解禁政策は、昭和五年に入り輸出補償法に代表される各種補償制度の導入と商工省産業合理局の設置に象徴される独占体制強化による合理化推進にもかかわらず(13)、旧平価解禁による一〇％の円切り上げ（＝労働コストの一〇％切り上げ）によって利潤の圧縮、民間設備投資の減退による税収の減退により、一層の財政支出削減が必要となるなかで崩壊、満州事変とポンドの金本位離脱により決定的となる。つまり、井上が当初意図していた金本位制の自動調節機能は実効性をもたず、また、輸出促進面での「通商の自由」の発想は世界大恐慌の結果として生じる各国の輸入防遏（ブロック化）の障壁にあたることとなったのである。

井上の経済政策の残したものは、当初意図しなかった産業合理化にともなう輸出補償・輸入防遏による代替・関税政策を政府の統制によっておこなう「統制経済」への道であった（重要産業統制法）。そして、金輸出再禁止にともなう高橋財政の「意図せざる需要管理政策」[14]によって克服されねばならなかったのである。

(3) 政党政治を規定する国内政治要因

では、政党内閣（ここでは主に浜口内閣）の政策決定に直接的に参与できた諸政治集団の動向および位置について見ることとする。

a 枢密院

天皇の諮詢機関であり、「憲法の番人」を自認する枢密院は、山県有朋の死後、天皇不在のなかで内閣の監督・牽制機関へと変わっていった。

枢密院は、天皇大権を保持し、国務の執行にあたっての審査権を有し、一方で天皇の親政化を防止する役目を担っていた。このため、前者において国務機関としての内閣（特に同じ非立憲機関として非難する民政党）と、後者の点では、天皇周辺の宮中グループ（元老西園寺、牧野伸顕内大臣、鈴木貫太郎侍従長）と対立する。特に争点化したのが外交をめぐる諸問題であり、枢密院は、昭和二年の金融恐慌における若槻礼次郎内閣の倒閣、昭和四年の済南事件解決における交換公文の処理、翌五年のロンドン海軍軍縮会議の諮詢をめぐって内閣と対立した。このような枢密院の政治化に対して、田中内閣・政友会は、枢密院への妥協的姿勢をとり、一方、民政党は非立憲機関として枢密院の突破を図っている[15]。

b　貴族院

貴族院は、原敬の縦断政策により、政党勢力の浸透するところとなり、当該期には政友会系の交友倶楽部、民政党系の同成会・同和会が存在していた（他に男爵出身議員を中心とする第二派閥公正会がある）。また、山県有朋の死後、貴族院では、山県閥が事実上分裂したため、最大派閥・研究会を中心に運営されたが、この研究会が超然内閣加藤友三郎内閣および清浦奎吾内閣の与党であったため、政党から攻撃の的となった。それゆえ、政党政治の開始後、政友会は「是々非々主義」を採用したが、内部に幹部派（政友系）と非幹部派（民政系）の（近衛文麿は研究会を脱会、火曜会を結成した）、また、非拘束を標榜し反研究会として成立した昭和倶楽部内にも幹部派（民政系）と非幹部派（政友系）との対立があった。このように、貴族院は、二大政党によって縦断されてはいたものの、水野錬太郎文相優諚問題により田中内閣を総辞職に追い込む政治力を保持していた（渡辺千冬法相就任のように、浜口内閣でも研究会非幹部派の取り込みをおこなっていた）。このように、貴族院は、主体的に政治運営しうる力を失っていたものの、枢密院同様、政党政治にとって沈黙の内にも一牽制機関であった。

c　宮中グループ

当該期の宮中グループを構成していたのは、元老西園寺公望、内大臣牧野伸顕、侍従長鈴木貫太郎、侍従武官奈良武次であった。彼らは、分立する明治憲法体制下の各機関の最終統合者である天皇の意思決定上の助言者たちであった。このため、天皇親政を阻止する枢密院と対立する一方で、元老西園寺は内閣首班選定権を握り、当該期の「政党政治」を護持し、「憲政常道」を保証する存在でもあった。当該期の宮中グループは、ロンドン軍縮会議後の統帥権干犯問題にあたって、英米との協調をめざす点で幣原を支持していた。[16]また、井上の金解禁政策についても強い支持を与えていた。宮中グループは、表面的かつ直接的な政治行動を「非立憲」的存在ゆえに採らなかったものの、浜口内閣を強力に背後からバック・アップする存在であったと言える(17)。

d　軍部（陸軍）

陸軍穏健派とされる宇垣一成（宇垣閥）は、陸軍省・軍政系による陸軍支配をおこなった。これは、第一次大戦後の慢性的な財政難とアンチミリタリズム的風潮のなかで、総力戦に対応する総動員体制（資源局の創出、国家総動員法の成立）と軍の近代化を、政党内閣との「協調」によって摩擦を少なく達成しようとするものであった。しかし、宇垣の意図した総動員体制のための「良民良兵主義」（教育の段階で軍国主義思想の注入を図る。これは、田中義一の「良兵良民主義」という在郷軍人会を中核とする総動員思想をより拡大したものである）と「軍の近代化」が、前者が膨大な軍人の予備役入りを、また、後者が浜口内閣の緊縮財政の結果、軍縮（宇垣軍縮）による財源捻出を意味していたため、陸軍中堅幕僚層・青年将校等の間で不満が高まり、ロンドン海軍軍縮後の統帥権問題をきっかけとして「国家改造」の動きを促進させた(18)。この「国家改造運動」には、陸軍中堅幕僚層を中心とした一夕会（二葉会・木曜会）と隊付青年将校を含む桜会がある。宇垣を中心とする陸軍首脳部は、宇垣の病気（昭和五年三月以降）、統帥権干犯問題時の陸軍大臣事務管理問題、軍制改革等の対策に忙殺されていたため、部内の統制が行き届いていなかった(19)。

一方、一夕会のメンバーでもあり、陸軍内の満蒙問題を一手に引き受けていたのが関東軍参謀石原莞爾であった。石原は、昭和二年末の段階で満州領有論を唱えており、昭和五年九月に佐久間亮三大尉に作成を命じていた「満蒙ニ於ケル占領地統治ニ関スル研究」を完成させていた。石原の満州領有構想は、最終戦としての日米決戦に備えるための経済的自給圏として、朝鮮統治の安定、中国本土への圧力、対ソ連戦準備のため必要とされていた。また、満州領有論は、中国人が近代国家建設の能力を欠くとの認識によって支えられていた。この石原構想に板垣征四郎高級参謀をはじめ関東軍幕僚は洗脳されていたが(20)、陸軍中央の中堅層では、漸次省部の課長に進出していた一夕会のメンバー等によって作成された「満州問題解決方策の大綱」（昭和六年六月十七日）において、外務省との協議による排日緩和、世論支持の必要が確認されており、武力解決は二次的存在であった。この点は、宇垣の後任南次郎陸相および金谷範三参謀総長も同様であった。昭和五年は、関東軍の満州領有計画が準備されるなか、中央では宇垣の指導力が徐々に後退しつつあったが、依然、陸軍省部を支配していた。しかし、翌六年の三月事件以降、急速に宇垣は、その指導力を失うこととなる。(21)

二　満州事変前、日本の経済状況

前期の政治状況が直接的に外交を規定するのに対して、外的かつ構造的に外交を規定する日本の経済状況は次のとおりである。

この満州事変前後の時期とは、まさに「昭和恐慌」の時期であった。これまで、昭和恐慌による打撃の深刻さを捉える方法としては、最も遅れた金本位制復帰（金解禁）が世界恐慌と重なったことに原因を置く循環論的立場と、日本資本主義がその確立期以来有している構造的脆弱性、とりわけ、その軍事的半封建的特質に基づく矛盾の激化から説明する構造論的立場がある。(22)ここでは、前者の循環論的立場を基軸にしつつ、昭和恐慌の日本経済への影響について概観することとし、1項で経済状況の変化（景気循環）を、そして2項では、重工業、軽工業、農業をもって構造的な把握をおこなうこととする。

1　景気循環

昭和恐慌は、まさしく産業恐慌（工業恐慌ならびに農業恐慌）であり、貨幣信用恐慌としての側面が相対的に軽微であった点に特徴がある。昭和二年の金融恐慌以降の景気循環論からする日本の経済動向は、次のとおりである。

(1)　金融恐慌

戦後恐慌以来の機関銀行色の強い地方中小銀行に集中的打撃を与えた。結果、五大銀行へ預金が集中、大銀行の手許遊資を増大させて大会社への貸出が増加。有価証券への運用が図られ、相当部分が日銀一般預金として還流して巨額の特別融資の固定化ともあいまって日銀の金融市場調整力を減退させた。金利の低下により、企業の金利負担も低下し、社債の借替が促進された。なお、昭和三年から翌四年初頭にかけて物価はほぼ保ち合い、株価も上昇気味、微弱な好況局面を生じさせた。

(2)　昭和恐慌

a　昭和恐慌第一期

昭和四年十月より、物価の低落により景気が悪化、解禁恐慌の性格を帯びた日本独自の恐慌が世界恐慌前に発生した。昭和五年一月の解禁実施直後に多量の金が流出（円買い）。そして三月はじめから株価が低落し[23]、四月十一日の鐘紡の株価暴落により恐慌が始まったことが明らかとなる。株価下落のため各産業でカルテルが結ばれ、価格維持が図られた。カルテル物価は、非カルテル物価に比べ相対的に高く、同年秋以降低下せず早朝に回復している。

b　昭和恐慌第二期

昭和五年年六月に糸価が下落、七日十日には大暴落となり、生糸恐慌が起こった。さらに、前年十月二十四日と二十九日のニューヨーク株式市場の崩落がアメリカ経済圏・カナダ・中南米、アルゼンチン、オーストラリア等の金本位制を停止させ、次いで植民地・従属国・北欧の中進資本主義国に波及していた世界恐慌の波が一周して五月にアメリカの株式市場に跳ね返っていた。この余波が生糸を通じて日本にも波及。八月から十月にかけて鋭角的な物価下落と支払停止、倒産・賃下げ、大量解雇等を生み出していった。弱小資本は破綻、二流財閥等に対して特別融資がなされた。反対に五大財閥等では、負債をあらかじめ減らしており、金融緩慢の状態で海外投資すらおこなっている。

c　昭和恐慌第三期

昭和五年十月二日、昭和五年度産米の豊作予想で米価が暴落。国際性を象徴する生糸とともに、国内性を代表する米の暴落によって農業恐慌が深刻化した。この農業恐慌は、植民地（朝鮮）にも波及し、購買力を減退させ工業の販路を縮小させた。日本の工業恐慌も悪化させたのである。また、「満州」（中国東北地方）でも商品作物としての大豆が世界経済と連動していたため、恐慌が波及した。なかでも現地日本の中小資本では、そもそも基盤が脆弱なため危機感を高め、日本の特殊権益擁護の声を挙げつつあった(24)。

農業恐慌の深刻さに比較して工業恐慌は、十一月頃より、やや小康状態に入る。価格の下落に対して生産数量は落ちず、反転の時期も比較的早期であった。綿糸は、十月に強固なカルテルのため反騰していた。カルテルによる生産制限に成功した産業が早期に回復する傾向をみせ、反対に零細経営が多く、生産制限が困難な業種での打撃が大きくなっている。また、大量の失業と、賃下げによる賃金コストの低下にともなう産業合理化が促進された。

d　昭和恐慌第四期

昭和六年五月のオーストリアのクレディト・アンシュタルト破綻に始まった中欧の金融恐慌は、フーバー・モラトリアムによっても終息せず、七月にはドイツ全土の金融恐慌を引き起こし、イギリスにも波及して、ついに九月二十一日、イギリスは金本位制停止を宣言するにいたった。これに追従して、北欧各国も金本位制を停止した。イギリスの金本位制停止は、満州事変の進行とともに日本の金本位制維持を困難とする予想から第二次資本逃避とドル買い投機を発生させた。日本政府では、二十二回の正貨現送と二回の公定歩合引き上げで対抗するも、ドル買い側の敗北寸前に若槻内閣が総辞職。代わった犬養毅政友会内閣によって金本位制は再禁止となった。

大恐慌のボトムは、日本が昭和五年、ヨーロッパが昭和六年、アメリカが昭和七年で国際比較からすれば早期に回復したといえる。しかし、国内的には、農業恐慌によって農村が（象徴的にも）社会的起爆力を持つこととなった。

(3)　恐慌からの脱出過程

昭和七年前半から恐慌脱出。景気回復は、対米為替の下落、対外的な低物価、輸入の阻止および財政的には赤字国債発行による財政難解消によってもたらされつつあった。そして、輸出ドライブがかかるが、多量の輸出にもかかわらず獲得しえる外貨が減少した。つまり、外貨獲得率の高い生糸に代わって「対外的に競合的な性格が強く外貨取得率が決定的に低い綿製品輸出が前面に登場して、世界経済のブロック化を強化させてゆく結果を招」いたとされる[(25)]。しかし、欧米中心の大陸間貿易は収縮したものの、アジア等での貿易量は収縮しなかった。むしろ雁行形の発展が進み、影響力を減退しつつある欧米宗主国を後目に、日本は、植民地体制下のアジア市場に一方的乗り入れを既に果たしていた[(26)]。

2　資本蓄積――重工業と軽工業――

(1)　重化学工業

当該期、輸入原料最大の消費者であった重工業の特徴は、一九二〇年代の民需を軸とする内部循環的拡大の主導性をつうじて、独占資本化としてのカルテル化が進展したことである。

重化学工業は、大正十五年（一九二六）から昭和四年（一九二九）まで都市化・電力化の影響を受け、電力―電気化学連関および、それに付随する分野が伸長した。しかし、第一次大戦期に勃興した鉄鋼―造船・機械連関は、鉄鋼が生産技術体系の変則性とその一貫体系の未確立（生産力水準の国際的低位、鉄鋼分離生産構造の定着、国際競争圧力の存在、インド銑鉄、ヨーロッパ鋼材）ゆえに停滞。造船はワシントン軍縮以来の不況、機械も停滞していた。このようななか、金解禁と世界恐慌、昭和恐慌の影響により、化学は比較的軽微な下落だったものの、金属と機械器具で急激な収縮が起こった。各部門ではカルテル化が進んだ（鉄鋼は大合同、昭和九年日本製鉄の成立）。一方で機械は、恐慌下の需要減少が高級機・高価格機の輸入防遏として働き、中・低級の定型汎用機械の生産を通じて昭和七年より恐慌脱出に転じた。しかし、各業種・業者間での格差は大きく、造船の場合は、昭和七年の「船舶改善助成施設法」および海運市況で好転、満州事変以降の軍需により、恐慌から脱出しはじめたのが日中戦争下のことであった。

なお、重化学工業生産の飛躍的増大は、軍事費と時局匡救費を軸とする拡張的財政政策および為替低落と関税保護による輸入阻止効果による生産価格の低下、一九二〇年代後半に導入した設備稼働による重化学工業品輸出の増大を主とし、陸海軍工廠生産額の急増等の対外進出・軍拡を副次的な要因としている。(27)

(2) 軽工業

a 紡績業

昭和四年に、五年前に比較して棉花消費が約三五％増加していた。増加の中心は、綿布輸出の急増にあった。しかし、進出は、単価引き下げによるものであり、輸出額自体は停滞的であった。この綿布単価引き下げを可能としたのは、棉価低下と合理化であり、結果として鐘紡・東洋・大日本の三大紡績が突出することとなった。昭和五年に入り、金解禁の翌二月、日本紡績連合会は予定通り十一次繰短を開始したが、インド関税引き上げ（三月）、中国の銀安に世界恐慌が加わって、綿布輸出は三月の三〇〇〇万円台から六月の一六〇〇万円台へと激減し、糸価は一一〇円台という戦前相場に落ち込んだ。そこで紡連は六月、繰短を増率するとともに日本綿糸商組合連合会との盟外者取引禁止の協定でアウトサイダーの加盟を促し、さらに十月に繰短を増率した。この結果、綿糸時価採算は、早くも昭和五年秋には黒字となった（綿布時価採算は昭和六年末まで赤字）。結果、全体としての欠損率は軽微であった。ただ、紡績業者間で原棉投機と合理化によって三大紡が比較的良好な成績を残したのに対して、中小紡績業者は軒並み赤字となり、両者間の格差は拡大した(28)。

この間、日本綿布の対外競争力は、生産性の向上、賃金引き下げ、為替低落の三要因の複合で格段に強化された。しかし、日本の輸出市場構造は、そのシェア（日本の綿布輸出総量中の）において中国本土（関内）では、昭和六年の二二％から昭和十一年の二％へと減少、インドでも激減し、アジア市場全体へと拡散、一方的乗り入れを果たしていった。技術的には、ハイドラフト化による合理化の進行、繰短の継続により時価採算は低下したものの採算の比較的よい高番手への転換、割安なインド棉・エジプト棉の使用、合理化による工賃引き下げにより経営維持が図られたのであった。

一方、在華紡は、高番手・兼営綿布・綿布加工を強化しつつ拡大、銀安好況の昭和五年頃から好況を維持し、本社への資金環流により日本の貿易外国際収支に好影響を与えていった。

b　製　糸　業

アメリカ市場に大きく依存していた製糸業大手（郡是、片倉）が高格糸化を模索したものの、世界恐慌の影響を直接受け、郡是・片倉を例外として糸価維持政策にもかかわらず糸価大暴落の影響で企業の破綻、賃金不払い等が起こった。結果、輸出額は低下し、外貨獲得機能は大幅に減少することとなった。(29)

三　満州事変前の日本外交——政治・経済状況により導かれるもの——

以上、見てきたような政治・経済における「内政」上の諸課題を日本の対外政策の規定要因（具体的に対中国政策）とするならば、次のようなものである。

1　「政治」による規定要因

この「政治」の規定要因については、下記の七点に集約することができる。

a「政党政治」における反対党の対外政策上の批判。(30)

b　枢密院の審査による外交権の侵害。

c　大新聞の報道による秘密交渉への障害。(31)

d対「満蒙」政策における陸軍中央および関東軍による規定要因[32]。

e大蔵省主導の「緊縮財政」による新たな施策に対する財政的基盤の欠如[33]。

浜口内閣井上蔵相による「緊縮財政」は、国際収支における入超是正のための公務員の海外出張自粛を求めるほどであった。このため、新規予算を必要とする事業についての予算請求は、ほとんどとおらず、対中国「宥和」政策として重光在中国臨時代理公使が推進していた公使館の南京への移動についても見送られる口実の一つとなっている[34]。

f財界の圧力…審議会の存在、陳情・請願[35]。

g社会不安…不景気、失業、農業恐慌の深刻化。

さらに、この諸点に「経済」の観点を導入することとしたい。

2 「経済」からの規定要因——「経済外交」の内容と実態——

「経済外交」[36]は、中国よりはじめ東南アジアへと拡大しつつ、輸出市場の開拓による貿易収支の改善が目的とされたものであった。その主要な施策を挙げれば次のようなものである。

a 通商部門の拡充

具体的に通商局組織の拡充、商務書記官および商務専門副領事制度の新設、領事館の増設等が挙げられる。しかし、この諸点については、大正十四年に商工省で貿易通信員が創設され、商務官制度との競合関係に入っている。このため、各地で摩擦が生じ[37]、また、国内でも両者の統一が商工審議会での議題とされ、基本的に商工省への貿易通報事務の移管等が打ち出されている[38]。この間、田中義一内閣の森恪外務政務次官は、通商局第二課の商工省への移譲を示唆しており[39]、また、商務官自体も後述の通商条約締結にあたってのアドバイザリー・スタッフへと専門化している。その一方で対立は継続し、昭和五年に通商局により大阪出張所が設置され(40)、昭和五年五月に、商工省内に貿易局が増設されている(41)。基本的に貿易局等の商工系官庁への移管が当時の一般的趨勢であり、以上の外務省の通商部門に対する努力も結局、後の貿易省設置問題に見られる如く、退勢の一途をたどることとなる(42)。

b　通商条約の締結、改訂による商権の拡大

基本的に、列強（属領地を含む）との通商条約改訂と後進諸国との通商条約締結による商権拡大を分けて考えるべきであろう。前者においては、交渉の停滞が目立っており、後者に相当するエジプト、ペルシア、トルコ、ペルー、ウルグアイ等のアフリカ、中近東、南米等の諸国との交渉が昭和六年段階で進展している。両者の中間に位置する、すなわち通商条約の改訂でありながら、商権の維持・拡大を目指した昭和五年三月締結の日中関税協定の成立は、重要な意味をもっているといえよう。

c　連絡会議の開催、民間諸金融機関の拡充

連絡会議としては、大正十四年の近東貿易会議と翌十五年の第一回貿易会議（南洋貿易会議、インドを含まず）の開催を挙げることができる(43)。しかし、両者は結局、予算を継続しえず、通商局内に恒常的な南方市場の拡大を目指した南洋係が再設置されたのは昭和四年十一月のことであった(44)。

また、民間諸金融機関の拡充についても、南方については、東洋拓殖株式会社が擬せられていたものの、実際は信用組合の拡充程度のことであったと考えられる(45)。

なお、他にブラジル以外への移民受入国の拡充等の移民政策が挙げられるが、当該期の政策的位置づけは第二義的である。

3　外務省内部の状況

昭和五年十月三十一日付で外務省では、大幅な人事異動がおこなわれた。結果、異色の人事として評価されたのが事務次官の永井松三と条約局長への松田道一の登用である。特に前者の松井次官は、稟申形式を好まず、省内に独自のスタッフを形成する幣原好みの人物とされる。しかし、同年十一月十四日の浜口首相の遭難により、幣原が臨時首相代理に就任し、外交事務に専心できなくなるなかで外務省の指揮中枢に空白を生みやすい状況を作りだすこととなった。

外政機構整備問題については、問題点として、1事務体系の単一化、職責分掌の明確化による部局連絡の欠如、軋轢等の是正、2上級職員の過重負担の除去、高等事務への専心、が挙げられていた。一例としては、中国のボイコット問題における排日問題の主管が亜細亜局で、また排日貨問題については通商局が担当しており、意見の統一が図れず問題化していた(46)。このように、前記、商工省との間での商務官・貿易局設置問題のみならず、外務省内部でも職掌をめぐる対立が存在していたのである。

満州事変前の日本外交は、輸出市場の開拓による貿易収支の改善という課題を担っていた。そして、日本外交を推進する外務省でも、この課題に答えるべく、通商部門の拡大、通商条約の締結・改訂による商権の拡大、連絡会議の開催等の施策をおこなってきた。

このような課題は、穏健な宮中グループの支持をもつ民政党浜口内閣によっても、井上蔵相による金解禁政策とともに支持された。だが、この浜口内閣の車の両輪とも目される二つの政策は無矛盾なものではなかった。両者は時に対立し、せめぎあいのなかで最終的に財政政策としての金解禁政策が優先された。「要」に位置する首相浜口雄幸の遭難により、両者のバランスは狂っていったのである。特に日本外交にとっては、首相代理に幣原外相が就任したことが、浜口内閣の分裂を助長するとともに、外交案件処理の停滞を招いていた。政策立案をおこなう外務省内部でも部局間の対立が存在しており、前内閣において首相田中義一が外相を兼摂したことにより、すでに政党レベルで外交権は一般争点化されていた。さらに、枢密院は、政党内閣と対立し、新規の条約締結の障害と化していた。陸軍もまた、外務省同様に中央の統制力に空白を生んでいた。さらに今一つの中心政策である金解禁政策は、折からの世界恐慌の波に呑み込まれていたのである。

まさに日本の対外政策は、政策立案から決定にいたる過程で、国内政治・経済の諸要因によって阻害されていた。このことは、政策立案・決定過程の政策過程全体からの影響力の相対的低下と、政策執行過程の重要性増大をもたらしたのであった。出先・重光葵臨時代理公使（公使）が経済政策で日本外交の課題を担いつつ、対中国政策全般をリードしえた背景がここにあった。そのようななかで、特異点としての満州事変が起きた（それは陰謀としてもたらされ、必然として起きたのではなかった）。

満州事変が陰謀として、突然におこなわれたがゆえに、満州事変前からの外務省の課題は連続して存在した。そして、満州事変が国際関係に明確な変化をあたえず、日本経済が恐慌から脱出するなかで、課題実現の好条件を日本にもたらしたのである。

註

（1）　本書四章以下を参照。

（2）　伊藤隆著『昭和初期政治史研究』（東京大学出版会、一九六九年）参照。

（3）渡辺治「日本帝国主義の支配構造」（『歴史学研究』第五一〇号、一九八二年）。

（4）なお、当該期の政友会については、統帥権干犯問題、不景気対策、失業対策等で反軍部を唱え、民政党および無産政党等と連携を辞さない中堅・少壮議員の動向に着目し、「反動」「侵略」としての政友会イメージに対する批判がある（千代田典士「政友会中堅少壮議員の意識と行動―満州事変前を中心に―」（『一橋研究』第三巻第一号、一九七八年））。他に、奥健太郎「昭和初期政友会の党内派閥」（『法学政治学論究』第三五号、一九九七年）がある。

（5）宮崎隆次「戦前期日本の政治発展と連合政治」（篠原一編『連合政治Ⅰ』岩波書店、一九八四年）、高橋進・宮崎隆次「政党政治の定着と崩壊」（坂野潤治・宮地正人編『日本近代史における転換期の研究』山川出版社、一九八五年）、伊藤之雄「政党政治の定着」（同前書）、坂野潤治「政党政治の崩壊」（同前書）、松尾尊兊「政友会と民政党」（『岩波講座　日本歴史〈新版〉』近代六、一九七六年）、増田知子「政党内閣の崩壊―一九三〇〜一九三二年―」（『現代日本社会』第四巻、東京大学出版会、一九九一年）。なお、「政党政治」については、原型を「原敬」の日露戦後の積極政策（地方利益誘導）に採り、普通選挙実施までの期間を概観したのが三谷太一郎氏であったが（『日本政党政治の形成』〈東京大学出版会、一九六七年〉、「政党内閣期の条件」〈中村隆英・伊藤隆編『近代日本研究入門』東京大学出版会、一九七七年〉）、地方利益誘導に対する地方史の実証研究からの批判もあり、「政党政治」を行政機関の統合に着目し、批判する論文が出てきている（小関素明「日本政党政治史論の再構成」〈『国立歴史民俗博物館研究報告』第三八号、一九九一年十一月〉）。ここでは、後者の「政党政治」観を中心に再構成した（他に、政党政治の前提としての「議会主義」については、住友陽文「大正デモクラシー期『議会主義』の隘路」〈『日本史研究』第四二四号、一九九七年〉がある）。

酒井哲哉「一九三〇年代の日本の政治―方法論的考察―」（『近代日本研究年報十　近代日本研究の検討と課題』山川出版社、一九八八年）、宮崎隆次「日本政治史におけるいくつかの概念―一九二〇年代と三〇年代とを統一的に理解するための覚書―」（『千葉大学法学論集』第五巻第1号、一九九〇年八月）。この酒井氏と宮崎氏との間で、「連合理論」の有効性をめぐる論争（社会史的領域への射程を中心に）が存在する。両者の相違点をあげれば次のようなものである。

a　政党政治について「調整機能」（酒井）と「対立側面」（宮崎）のどちらを優位に認識するかの差異。

b　「革新派」理論の理解（酒井が「革新派」理論の分析対象を政治分析ではなく、社会史・思想史に求め、宮崎は多元的分析視角に求めている）。

c　分析方法では、酒井が人工的に創出された対外危機の国内政治への還流という対外要因論であり、宮崎は、明治憲法体制論の根本的な機能不全に焦点をあてている。

しかし、両者は、イ明治憲法体制論の受容＝政治構造の多元性、ロ「革新派」理論の応用・基底、ハ一九二〇年代政治構造の相対的安定性、の三点で共通している。これらをまとめれば、酒井氏の場合、酒井氏の「内外政の連関」は、酒井氏が比較的安定した体制と定義する一九二〇年代の政治主体を曖昧にする（このため、酒井氏の「再均衡による安定」は、「穏健派」に置き換えられる）。また、対外要因の政治過程への投入によって当該期の政治状況を説明できるものの、「体制」を作る構造分析への視野を持っていない。また、宮崎氏の議論も、一九二〇年代の「政党政治」の調停的側面についての留意が足りないため、「大権政治」へと還元され（および市民社会のイモビリズムへの帰着）、「明治憲法体制論」のもつ多元性を結果的に単一化させてしまっているのである。それゆえ、両者の論点から、満州事変前後の「政党政治」については、

①「政党政治」のもつ調整機能。内閣による「非選出部分」に対する統制力の分析。

②当該期における体制変革の範囲と内容。

③経済の政治への再投影。

の三点に留意する必要性があるだろう。この結果として、「協調」と「調停」の相違と「大権政治」とは違う、統一的な把握が可能であると思われる。

（6）政党政治と農政の関係については、具体的に系統農会への政党の浸透過程とその限界については、宮崎隆次「大正デモクラシー期の農村と政党」（一）～（三）（『国家学会雑誌』第九三巻第七号第十一号・第九七巻第十一・十二号、一九八〇年三・十一月・一九八四年十一月）を参照。また、農政における政党の政策決定過程における調整能力の不十分さを指摘し、政党政治の問題点を抽出した森邊成一「政党政治と農業政策―近代日本における政策過程再編成の特質について―」（『広島法学』第十九巻第三号、一九九六年一月）を参照されたい。

（7）原朗「一九二〇年代の財政支出と積極・消極両政策路線」（中村隆英編『戦間期の日本経済分析』山川出版社、一九八一年）。なお、政党内閣期の産業政策に関する概説としては、土川信男「政党内閣と産業政策　一九二五～一九三二年（一）～（三）」（『国家学会雑誌』第一〇七巻第十一・十二号・第一〇八巻第三・四号・第一〇八号第十一・十二号、一九九四年十月・一九九五年二・十月）を参照。

（8）金解禁については、田中内閣時からその及ぼす影響について調査されており、概して中国への輸出に有利であり、為替相場の安

定の点から支持している（『本邦金輸出禁止並解禁関係雑件』E.2.3.1.1）。なお、本節執筆に関しては、下記の金解禁政策に関する論考を参照している。三和良一「第一次大戦後の経済構造と金解禁政策」（安藤良雄編『日本経済政策史論』下巻、東京大学出版会、一九七六年）、同「金解禁政策決定過程における利害意識」（『青山経済論集』第二六巻第一・二・三号、一九七四年十一月）、橋本寿朗「経済政策」（大石嘉一郎編『日本帝国主義2』世界大恐慌期、東京大学出版会、一九八七年）、山本義彦『戦間期日本資本主義と経済政策』（柏書房、一九八七年）。

(9) 昭和四年十月のニューヨークの株式大暴落があったものの、同市場については安定的であるとの意見が支配的であり、また、株式暴落もむしろ為替相場上有利であり、金解禁の好材料と外務省では認識されていた。なお、当該期の産業政策については、土川信男「政党内閣と産業政策　一九二五〜一九三二年」(一)(二)(三)『国家学会雑誌』第一〇七巻第十一・十二号・第一〇八巻第三・四号・第一〇八巻第十一・十二号、一九九四年十二月・一九九五年四・十二月）参照。

(10) 銀安の影響について日本商への影響を小さく見積もっていることは、対中国（奥地）市場での日本商の立場に対する外務省の認識を如実に語っている。

(11) 繰短の紡績業、鉄鋼等のカルテル等、独占組織の形成に成功したものが、一早く不況を脱出した。一方でカルテル化が難しい生糸は、昭和五年五月のアメリカの再度の株式暴落の影響をうけて、八月〜十月にかけて惨落、十月二日の昭和五年度産米の豊作予想にともなう米価暴落とあいまって激しい農業恐慌を現出した。なお、戦間期の日本のカルテル化については、橋本寿朗・武田晴人編著『両大戦間期日本のカルテル』（御茶の水書房、一九八五年）参照。

(12) 春日豊「三井財閥と中国・満州投資」（中村政則編『日本の近代と資本主義—国際化と地域—』東京大学出版会、一九九二年）。なお、債務整理問題については、本書第六章を参照。

(13) 金解禁政策にあたって産業の合理化は、国際収支の均衡をめざす上で強い輸出産業育成の前提であった。この点、民政党浜口内閣は、自由競争による合理化（組織的合理化＝企業集中と技術的合理化＝生産技術・経営管理の合理化）の強制（＝「財界の整理」）を考えていた。具体的に想定されていたのは、イ中小企業に対する法的・行政的合理化、ロ重工業部門の合同策、ハ銀行による合理化援助、であった。これに対して財界側は、金解禁に対する危機感から「合同」による合理化に賛成しながらも、独占組織に対する政府の法的・行政的介入を拒否したのであった。このため、恐慌の深化のなかで民政党浜口内閣の産業合理化策は進展せず、商工省による独占組織の強化と規制による産業合理化が浮上する。昭和五年六月にできた産業合理局では、深刻な恐慌下にあって民間企業がカルテル＝生産制限による価格維持に積極化するなか、これを一歩進めてカルテルの組織的規制力および部門間格差の平準化をめざしたのであった（「企業統制法」制定への過程）。この過程で大企業の反対を排して、独占組織に対する政府の介入に法的根拠を与える重要産業統制法が昭和六年三月に制定される。これは、一九二〇年代の産業政策が市場の外部条件の整備（産業基盤の育成、補助金支出、関税による保護）から政府が独占組織に直接介入する「統制経済」への一歩を記すこととなったのである（宮島英昭「産業合理化と重要産業統制法」『近代日本研究六　政党内閣の成立と崩壊』山川出版社、一九八四年）。

(14) 同前註（8）橋本寿朗「経済政策」。この「意図せざる需要管理政策」の内容は、下の四点である。
イ金輸出再禁止…円切り下げ交易条件の悪化を意味するものの、国際的な市場競争との関係でいえば、企業経営上は労働コスト、企業設備の四〇％以上切り下げることを意味したから、輸入代替・輸出促進による追加需要の投入という効果をもった。
ロ関税改正…産業保護政策
ハ国内需要拡大策→財政支出の増大→資金供給（農村、造船への助成金の波及効果）
ニ低金利政策

(15) 増田知子「政党内閣と枢密院」（『近代日本研究六　政党内閣の成立と崩壊』山川出版社、一九八四年）。他に、望月雅士「金融恐慌をめぐる枢密院と政党」（『社会科学討究』第四二巻第三号、一九九七年）、川上寿代「台湾銀行救済緊急勅令問題と枢密院」（『日本歴史』第六四一号、二〇〇一年十月）、がある。

(16) 「親英米派」の国際関係観については、本書第三章補論を参照。

(17) 波多野澄雄「満州事変と『宮中』勢力」（『栃木史学』第五号、一九九一年三月）、吉田裕「新史料にみる昭和天皇像」（『歴史評論』第四九六号、一九九一年八月）、安達宏昭「満州事変と昭和天皇・宮中グループ」（同前書）、中園裕「政党内閣期に於ける昭和天皇及び側近の政治的行動と役割」（『日本史研究』第三八二号、一九九四年六月号）、等参照。他に、後藤致人「大正デモクラシーと華族社会の再編」（『歴史学研究』第六九四号、一九九七年二月）がある。また、最後の元老となった西園寺に主導された政治改革として分析する村井良太「政党内閣制の慣行、その形成と西園寺公望」（『神戸法学雑誌』第四九巻第二号、一九九九年九月）がある。

(18) 陸軍内の国家改造運動については、刈田徹著『昭和初期政治・外交史研究』（人間の科学社、一九七八年）、秦郁彦著『軍ファシズム運動史』（原書房、一九六二年）、黒沢文貴著『大戦間期の日本陸軍』（みすず書房、二〇〇〇年）参照。他に、野村乙二朗「昭和維新としての満州事変」(『政治経済史学』第三七〇号、一九九七年六月)、がある。ただし、野村の使用する「昭和維新」という言葉は、「革新派」概念に包摂される。

(19) 纐纈厚「浜口・若槻内閣期の軍制改革問題と陸軍」(『日本歴史』第四二九号、一九八四年二月)、照沼康孝「鈴木荘六参謀総長後任をめぐって」(『日本歴史』第四二一号、一九八三年六月)、同「宇垣陸相と軍制改革案―浜口内閣と陸軍―」(『史学雑誌』一九八九年十二月)。なお、照沼論文では、宇垣の陸軍部内への影響力の低下を昭和五年の三月の発病以降としている。他に陸軍内の思想影響については、吉田裕「昭和恐慌前後の社会情勢と軍部」(『日本史研究』第二一九号、一九八〇年十一月)参照。

(20) このような石原の中国本土と中国東北地方「満州」を分離する構想に対して、北伐の過程での国民党の中国統一の実力を認識し、「満州」も中国全体の政策体系のなかで考察すべきとの「支那通」(磯谷廉介、佐々木到一等)も存在したが少数意見であり、陸軍中央へのパイプは細かった(北岡伸一「支那課官僚の役割」〈『年報政治学　近代化過程における政軍関係』一九八九年〉、波多野澄雄「日本陸軍の中国認識」〈『日中戦争と日中関係』原書房、一九八八年〉)。

(21) 黒沢文貴「満蒙侵略と国家改造」(『紀尾井史学』第五号、一九八五年十二月)、波多野澄雄・蒲島郁夫「満州事変収拾の政治過程」(『レヴァイアサン』第八号、一九九一年春)。

(22) 当該期の概括的な研究史整理については、大石嘉一郎「世界大恐慌と日本資本主義」(『日本帝国主義史2』東京大学出版会、一九八七年)および同「戦間期日本の対外経済関係」(『戦間期日本の対外経済関係』日本経済評論社、一九九二年)、参照。研究としては、橋本寿朗『大恐慌期の日本資本主義』(東京大学出版会、一九八四年)および中村隆英他編『日本経済史6　二重構造』(岩波書店、一九八九年)参照。なお、当該期の日本資本主義に関しては、同資本主義のβ型との定義をめぐって論争が存在する。これは、日本帝国主義をβ型と規定し、英米金融資本に対する日本の従属面を強調し、構造論で分析する山崎隆三等(山崎隆三編『両大戦間期の日本資本主義』大月書店、一九七八年)に対するもので、現在のところ、大正九年末からの外資導入の内容が一つの焦点となるなかで、英米金融資本への従属面については否定的な見解が強い。この英米金融資本従属論を否定する根拠とされているのが、昭和五年五月の五分半利英米貨公債の借換である(石井寛治「国際関係」前掲『日本帝国主義史2』五六～五七頁)。

(23) この株式の惨落の原因について浜口は「1　金解禁ニ依ル不景気深刻化ノ恐怖観念」「2　米国ノ不景気ト支那糸ノ圧迫ニ依ル生糸ノ惨落」「3　銀塊安ト支那政情不安ニ因ル対支貿易ノ不振」「4　印度政庁ノ綿布関税引上ニヨル対印輸出不振ノ傾向」の四点を挙げている(池井優他編『浜口雄幸日記』みすず書房、一九九一年、三〇五頁)。

(24) 東北在住の日本商は、特産物商として奥地流通を掌握しておらず、小売商としての販路も日本居留地のみであった。このため、中国商との競争に敗れつつあった。このため、日本商は、強制的な販路拡大＝「満州事変」に活路を見いだしたのである（柳沢遊「一九二〇年代『満州』における日本人中小商人の動向」〈『土地制度史学』第九二号、一九八一年七月〉、同「奉天における『奉天票暴落』問題と『不当課税』問題の展開過程」〈『経済学研究』（東京大学）第二四号、一九八一年十二月〉、塚瀬進「第五章　奉天における日本商人と奉天商業会議所」〈波形昭一編著『近代アジアの日本人経済団体』一九九七年〉、参照）。

(25) 原朗「景気循環」前掲『日本帝国主義史2』四〇六頁。

(26) 杉原薫「第四章　両大戦間期のアジア間貿易」（『アジア間貿易の形成と構造』ミネルヴァ書房、一九九六年）、参照。

(27) 伊藤正直「資本蓄積（1）重化学工業」前掲『日本帝国主義史2』。他に、政策的分析として、小林道彦「大陸政策と人口問題一九一八～一九三一年」（川田稔・伊藤之雄編『環太平洋の国際秩序の模索と日本』山川出版社、一九九九年）、同「政党政治と満州経営」（黒沢文貴・斉藤聖二・櫻井良樹編『国際環境のなかの近代日本』芙蓉書房出版、二〇〇一年）がある。

(28) 一方で、「温情主義」の鐘紡で賃下げがおこなわれ、女工と男工との賃金格差が開いた。労働問題への影響は大きいものがあった。

(29) 高村直助「資本蓄積（2）軽工業」前掲『日本帝国主義史2』および同『近代日本綿業と中国』（東京大学出版会、一九八二年）。

(30) 「かねて吉田外務次官は政友会の外交に関する見解が時々真相と頗る掛離れてゐるので非常に心配してゐたが、わざわざ自分の家までやつて来て、『森が西園寺公の所に行く前に一応君から公爵に話して、森が行つたならば外交に関しては切に慎重な態度を政友会がとるやうに注意してもらひたい』といふ依頼であつた。吉田次官が最も心配してゐた点は、政争がかくの如く苛烈になるに従つて、常に外交問題を政争の具に供されるために、日本の外交の立場が非常に悪くなる虞がある」（昭和五年十二月四日、『西園寺公と政局』第一巻、岩波書店、一九五〇年、二三五頁）。

(31) 秘密交渉の保持に当時の外務省も苦心していた。具体的にワシントン海軍軍縮会議において日本側要求が漏洩したことは、大きな傷として残っていた。それゆえ、重光葵在中国公使も交渉にあたって新聞への情報漏洩を極度に嫌っている。また、当該期の新聞をめぐる問題については、本書第九章参照。

(32) 本問題には、「満州」における昭和製鋼所の設立や満鉄経営の悪化等の諸問題も関連する。また、朝満一致との朝鮮統治側からのアプローチも可能である。

(33) 具体的に満州事変前の対中国債務整理問題が挙げられる（本書第七章）。

(34) 昭和五年十二月三十一日発幣原外務大臣より在中国重光臨時代理公使宛電報公第四八一号『日本外交文書　昭和期Ⅰ第一部第四巻』（外務省編、一九九四年）五九八頁。

(35) 日本商工会議所からは産業貿易助長・輸出促進のため、ａ領事官・商務官の長期滞在、ｂ対中国外交を政争外へ、ｃ東三省の開発促進、ｄ中国ボイコットの「絶滅」、ｅ日中実業団交流、ｆ貿易通信員の増員等が建議されている（昭和四年十二月一日付藤田日本商工会議所会頭より幣原外務大臣宛日商発第三五三号「産業貿易助長ニ関スル建議」『日本外交文書』昭和期Ⅰ第一部第三巻六七二文書）。

(36) 幣原平和財団『幣原喜重郎』一九五五年、三三〇～三四一頁。論文としては、佐古丞「経済外交の時代」（『国際学論集』〈大阪学院大学〉第二巻第一号、一九九一年九月）。

(37) 特に、大正十五年のウラジオストックでの貿易通信員のソ連官憲による追放事件等があげられる（『貿易通信員関係雑件　商工省貿易通信員関係』E.2.11.0.1-1）。なお、商務官については、本宮一男「一九二〇年代における商務官制度」（『論叢』〈横浜市立大学〉社会科学第四六巻第一号、一九九五年）、がある。

(38) 行政審議会でも領事の許認可権限、特に居留民団に対する監督権の縮小が志向されている（『行政制度審議会関係一件』A.5.0.0.2）。

(39) 商工審議会第三特別委員会第二回会議（昭和二年六月十八日）において森政務次官は「通商局ニ付テモ全ク同様ニシテ国際経済関係ノ複雑化シタル今日トシテ之ヲ外務省ニテ担当スルトシテモ実際ノ仕事ハ商務官ニ付述ヘタルト同様商工省ニ移管スルトモ又独立ノ官庁ヲ設クルトモ国家ノ大局ヨリ見テ適当ナラハ外務省トシテハ毫モ異論ナカルヘシト答フ」と述べている（後藤靖他編『昭和初期　商工・産業政策資料集』第一巻、柏書房、一九八九年）。

(40) 大阪出張所の設置については、昭和四年九月に大阪商工会議所より請願があり、翌五年八月二七日の決裁で設置が決定されている。その趣旨としては、「通商上ノ交渉事件ヲ処理スル場合ニモ関西方面ノ当業者ト外務省的見地ニ於テ直接接触ヲ保ツモノ介在スルコト便利」なことがあげられている（『外務省通商局出張所設置一件』E.3.1.1.5）。

(41) 貿易局は、昭和五年五月十六日に設置されている。外務省としては、この貿易局の参与会議に武富通商局長が参加し、「海外貿易振興ニ関スル答申」の審議に出ている。しかし、この参与会議については、情報交換会にすぎないものであったと思われる。

(42) とはいえ、最後まで通商部門を維持したことが、戦後の日本外交を再生させることとなったのである。

（43）　第一回貿易会議については、清水元「一九二〇年代における『南進論』の帰趨と南洋貿易会議の思想」（『両大戦間期日本・東南アジア関係の諸相』アジア経済研究所、一九八六年）参照。

（44）　昭和四年十一月七日付高裁案「通商局ニ南洋係設置ニ関スル件」『外務省官制及内規関係雑件』第二巻（M.1.2.0.2）。

（45）　『帝国対外経済発展策関係雑件』第一巻（E.1.1.0.8）。昭和三年六月十三日発田中外務大臣より南方各公館宛通普通合第五九〇号公信「在外中小邦人商工業者金融状況調査ノ件」『在外本邦人中小商工業者金融状況調査一件』（E.2.3.1.5）。なお、中国関係については、田中内閣時の昭和四年五月三十日、内閣衆甲第三〇九号「在支商工業者ニ対スル資力補救並之カ発展策ニ関スル建議書」が出されている。また、昭和二年の段階で「対支経済発展策」が立案され、このなかで事変保険制度と在中国中小商工業者に対する金融機関の整備が提唱されている。しかし、前者の保険制度については多くの場合、関内（中国本土）、中国東北地方・「満州」地域共に関心が薄く、後者については、「満州」地域で金銀為替相場の安定化のため金本位制を導入（朝鮮銀行券）が要求されているが、金融機関の実態については、「満州」で関心が高く、横浜正金銀行・朝鮮銀行等に特別部門を設置して領事館の監督のもとに運用する案（昭和二年十一月二十二日付在奉天吉田総領事より田中外務大臣宛機密公第七一二号公信「対支経済発展施設ニ関スル件」）、日中合弁銀行設立案（昭和二年九月二十二日付在齊々哈爾清水領事より田中外務大臣宛本機密第二四〇号公信「対支経済発展施設ニ関スル件」）、金融組合・信用組合設置案（昭和二年十一月二十五日付安東岡田領事より田中外務大臣宛機密第四四四号公信「対支経済発展施設ニ関スル件」）が提出されている。しかし、このような金融機関は設置されることなく終わっている（『帝国ノ対支経済発展関係雑件』第二巻、E.1.1.0.6）。

（46）　昭和四年六月十一日付「組織改善ニ関スル一般論」『外務省官制及内規関係雑件』第二巻（M.1.2.0.2）。

第五章　「提携」の成立

――日中関税協定成立の条件――

戦間期、日本の対中国政策、特に本章が対象とする対中国「宥和」政策は、東アジア国際秩序である「ワシントン体制」と、[1]国民政府による国民国家成立過程、[2]という二つの枠組みのなかで位置づけられている。

前者の視点から日本の対中国「宥和」政策は、「ワシントン体制」という列国協調システムの成立、中国ナショナリズムの挑戦、満州事変の勃発へとつながる「ワシントン体制」崩壊過程のなか、「幣原外交」の一端として紹介されるにすぎない。[3]そして、「ワシントン体制」論が中国自体のナショナリズムを包含できないという中国側の視点からは、「ヴェルサイユ＝ワシントン体制」期として導入されている。[4]

後者の国民政府による「中国統一」という視点で、日本は阻害要因として位置づけられている。満州事変への過程と、満州事変以降の「十五年戦争」論的研究のなかで、「宥和」政策の存在は評価されることなく、日本外交そのものも客体として扱われている。

しかし、本章が対象とする昭和五年（一九三〇）には、列国協調としての「ワシントン体制」論とは別に、日本の対中国「宥和」政策が存在した。

この日本の対中国「宥和」政策が存在しえた背景としては、第一に国民革命軍による「北伐」の結果、昭和三年（一九二八）十二月二十九日の東三省「易幟」によって南京国民政府の中国統一が形式的に成立していたことがあげられよう（昭和二年四月十八日に南京国民政府が成立している。この年以降、特に注記のない限り本章の「国民政府」は基本的に南京国民政府をさしている）。とはいえ、馮玉祥、閻錫山、張学良等が独自の軍事力を依然として保持しており、真の統一のため国民政府は、後の中原大戦に見られる軍事的対決も考えなければならなかった。このため国民政府は、背後に位置する日本との関係を静謐に保つ必要があった。国民政府は、一面で政敵を打倒する正統性として反日ナショナリズムを喚起して国民国家的な統合をめざしつつも、反面で軍事的な日本の介入を抑止し、統一と新たな軍事行動を保証する財政面での建て直しを必要としていたのである。特に、国民政府は、中央集権的な財政確立が必要であると認識しており、最大の財源である関税収入の確保（このために海関を支配下に置く）とともに、[5]中央財源と地方財源の区分と釐金の廃止をめざした。[6]そのうえで、中国全体での軍事費削減としての裁兵・編遣を最重要な政策目標としていた。だが、財源の中央集中と裁兵・編遣は、昭和四年一月五日の段階で失敗に帰していた。このため、国民政府は、軍事的に地方「軍閥」を圧迫するとともに、軍事行動の前提である財源の中央集権化と安定をより必要としていたのである。そして、国民政府にとって最大の財源である「関税」の確保は政権安定の前提であった。同時にそれは国家的威信にかけた「関税自主権」（不平等条約改訂）の回復でもあった。それゆえ、関税問題が外交として浮上した時、日本と対峙した二つの傾向、「安定」を具現したのが宋子文財政部長による「財政外交」であり、後者の「威信」を集中的に表現したのが王正廷外交部長による「革命外交」であった。

一方、日本は、第一次世界大戦後の不況を脱するため経済構造改革としての金解禁が必要であると認識していた。このためには、「市場」としての中国を保持し、[7]方法として日中間の「宥和」と、安定的な中国＝「国家」としての中国を求めていったということができる。[8]しかし、「国家」としての中国を認識し、政策に反映する上で、幾多の障害が存在していた。その最大のものが陸軍、なかでも参謀本部や出先の関東軍等による「保境安民」を盾にする「満蒙」

の独立であり、日本側特殊権益を確保・拡大する方向性であった。また、「国家」としての中国を政策として推進する外務省内部にも、地域的影響力により政策遂行上、温度差が存在したのである。

しかし、本章で強調したいのは、国民政府の「安定」と日本の「市場」「国家」としての中国認識の間には、一面で相互依存・補完の関係が存在していたことである。本章が対象とする日中通商条約（日清通商航海条約）改訂問題および日中関税協定交渉は、国民政府の財政上最大の財源である関税収入の確保と日本の安定した「市場」という日中両国が希求する政策上の接点であった。以下では、日中通商条約改訂および日中関税協定の交渉過程等のなかで日本側対応を通じて、両者の接点が政策的に浮上し、「提携」として成立した理由をさぐることとしたい。

一 通商条約改訂問題

1 「臨時弁法」施行まで

日清通商航海条約（以下、日中通商条約）は、中国にとって不平等条約であり、中国民族運動の対外的要求を「集中的に表現」するものとされる(9)。一方で日本にとっては、中国における日本の商権を「特権」的に確保するものであった。

不平等条約としての日中通商条約が流動化するのは、同条約の満期を控えた北京特別関税会議でのことであった。大正十四年（一九二五）十月から大正十五年七月まで開催されたこの会議において日本は、中国の関税自主権回復の「原則的」承認（大正十四年十一月十九日）をするとともに、北京政府・段祺瑞政権との間で七種差等税を導入することに合意した（大正十五年三月二十五日）(10)。しかし、日中間の合意は、段祺瑞政権の崩壊により会議が中断し、そのままに終わっている。会議中、日本側は、外務省中央が当初、中国の関税自主権を容認したものの、交渉過程は九ヵ国条約・「ワシントン体制」の有する現状維持的姿勢を崩すことなく原則的な対応をしていた。これに対して、出先の総領事達は、日中関係における日本側要求の貫徹（特殊権益・居留民保護）を求め、交渉局面で外務中央の「英米協調」路線を受けいれつつ、中国との二国間交渉では利益擁護のための「日中提携」を策したのであった。これは、現地、総領事クラスの外交官が「ワシントン体制」（九ヵ国条約）の運用可能性を低く見ており（特に「満州」駐在の総領事・領事）、一方で、対中国政策をめぐって、中国本土と「満州（満蒙）」という立場の二極化が進んでいたためであった。(11)

この後、日中通商条約が満期（大正十五年十月十日）になることによって、北京政府からも条約改訂の提議がなされ（大正十五年十月二十日）、昭和二年（一九二七）一月二十一日から非公式交渉が開始されたが、最恵国待遇条項の解釈をめぐって交渉は停滞。代わって暫定的に二分五厘附加税徴収（ワシントン条約附加税）がめざされ、北京政府でも、昭和四年一月一日、張作霖が大総統令で施行を宣言、孫伝芳も浙江省で導入しはじめていた。

北京政府の対応に対して、よりナショナリズムに敏感な国民政府側は、満期後の条約解釈にさかのぼって議論するとともに（自動的延長を認めない）、一方的に広東・広西両省で二分五厘附加税徴収通告するにいたった（大正十五年十月十一日）。これに対して、イギリスは、対中関係の悪化のなか、それを挽回すべく、大正十五年（一九二六）十二月二十四日、クリスマス・メッセージを出して中国の関税自主権を認めるとともに、イギリス人のアグレン総税務司の罷免にも同意。アメリカもこれに続いた。米英両国は、ともに対中国政策を「宥和」の方向に転換したのであった。(12)

2　「臨時弁法」

通商条約改訂にあたって日本は、原則として中国の関税自主権を承認するものの、競合する製品が多いため、関税率を勘案するとともに、治外法権についても漸進的な解決をめざした。

しかし、国民政府外交部は、昭和三年（一九二八）七月七日、一方的に日中通商航海条約の廃棄を宣言。列国に対し七月十九日通告し、暫定的な「臨時弁法」を施行した。これに英米両国も、関税条約（米中関税条約〈昭和三年（一九二八）七月二十五日〉、英中関税条約〈昭和三年（一九二八）十二月二十日〉）を締結することで事実上、追認することとなった。

一方、日本側は、日中通商条約が自動延長しているとして、「臨時弁法」に反対。中国公使館では昭和三年七月三十一日付の「覚書」で「国民政府カ依然現行条約ノ失効ヲ主張スルノ態度ヲ固持スルニ於テハ帝国政府ハ条約改訂ノ商議ニ応スルコト能ハサルノミナラス更ニ国民政府ニ於テ飽迄其ノ所謂臨時弁法ヲ一方的ニ強行スルカ如キコトアル場合ニハ帝国政府ハ条約上ノ権益擁護ノ為其ノ適当ト認ムル措置ニ出ツルノ已ムナキニ至ルコトアルヘキヲ茲ニ宣明ス」と態度を硬化させていた。(13) しかし、交渉は、済南事件解決の遅延から、中断することとなった（昭和三年五月三～十一日）。

交渉は国民政府との関係から上海で開かれ、在上海矢田七太郎総領事が担当した。国民政府側は王正廷外交部長が担当し、「一ツノ交渉案件ヲ牽連セシメ結局全部ヲ獲得セザレバ止マサル政策」を採用した。(14)「革命外交」と呼ばれる王正廷外交は、済南事件解決交渉で事件後も山東半島に駐留を続ける日本軍の撤兵と、第六師団の済南城総攻撃にともなう損害賠償を請求した。(15) その際、王外交部長は、国民党部が対日ボイコットを組織化して反日会を作ったことを交渉圧力として利用した。そして、通商条約改訂交渉でも、不平等条約改正をスローガンに、昭和四年（一九二九）二月一日の新関税率等の導入による全面突破を図っていた。

このような王外交部長の外交姿勢は、「日本ニ於テ日支懸案ヲ解決スルノ誠意ヲ披歴《ママ》セサル以上本件丈ケノ単独解決ニハ断シテ応シ得サルコト之ナリ」「田中首相ハ一定ノ主義ナクシテ多クノ策ヲ弄スル人ナリ」との発言をうみ、[16]この「一國外交責任者ノ言トシテハ稀ニ見ル暴言」により日本側の態度が硬化したにもかかわらず、王外交部長の対応に変化なく、一月初旬の段階で臨時弁法施行と新関税の海関徴収必至の情勢となっていった。[17]

日本側は、済南事件解決交渉（山東撤兵問題）と新関税率導入問題を分離し、北京特別関税協定で日本側が提案した七種差等税を基礎とする新関税率の導入に関して（輸出附加税の導入をめぐっては対立）交換公文をおこなうよう訓令した。[18]しかし、それは、王外交部長が望む不平等条約の全面的改訂ではなく、「差当リ関税自主権承認ト互恵税率協定方ヲ約セシムルコトニ止メ治外法権其ノ他ノ問題ニ関シテハ他日可成早キ機会ニ於テ交渉ヲ開始スヘキ旨ヲ約スルコト」と、[19]済南事件解決交渉と関税問題（日中通商条約改訂交渉）を分離することで、関税自主権問題や治外法権問題等の不平等条約改正問題を先延ばしにするものであった。

日中間の意見対立が平行線をたどるなか、通商条約改訂による新関税の海関での徴収が必至となっていった。そのようななか、国民政府により、昭和四年一月十日、「全ク国民政府支那官吏就任ノ形」でメーズが総税務司に就任した。[20]日本は、メーズの総税務司就任にあたって、これに反対せず、日本人海関員の増員と、その象徴としての岸本廣吉のチーフ・セクレタリー就任（海関行政ナンバー2）を策して、英本国とメーズ（ランプソン駐中国公使と不和）の間を取り持ったのであった。

日本側のねらいは、イギリスと協調して海関制度の維持することで関税収入を監視し、関税の債務整理への充当を考えていたのだが、その宿望をとげることができないまま、後に満州事変を迎えることとなる。[21]

二　政策転換

1　新関税率導入と二分五厘輸出附加税導入および陸境特恵関税撤廃問題

日本側の抗議にもかかわらず、国民政府は、昭和四年二月一日に新関税率導入を通告し、同二月七日には輸出附加税が導入された。以下では、これらの国民政府施策に対する現地日本側の対応についてみることとしたい。

(1)　新関税率導入

日本側では、新関税率の導入については、七種差等税を日本側も北京特別関税会議で承認していたため原則的に黙認していたが、対応として以下の六つの場合を考えていた。

①関税正税のみの領事館供託　②税関の占領管理　③日本製品のみ納付拒否

④主要港の封鎖等の報復　⑤国際司法機関への提訴　⑥抗議付納付

このうち、①〜③については、大連、安東、青島のみ可能であるが、奥地向け貨物には効果が期待できなかった。また、②については、対日ボイコットを惹起する可能性が大きい。④についても多量の兵力投入が必要であり、海関制度の崩壊を来たし、英国との対立と諸外国からの抗議も必至であった。⑤は、単なる問題の先送りであり、⑥は、穏健な解決策だが、中国側要求を追認するものであった。結局、有効な政策選択の余地はなく、新関税率の導入を拒否することは不可能と認識されていた(22)。

しかし、新関税導入を黙認するにあたって日本側に問題点がないわけではなかった。権益を有している「満州」での実施を阻止し、また、新税増収中より五〇〇万元を債務整理に充当しなければならないと考えていたからである。

(2) 輸出附加税問題・陸境特恵関税撤廃問題

二月七日には輸出附加税の導入と陸境特恵関税の廃止が通告された。日本にとっては、ウラジオストックと競合する大連港の利益をいかに保護するかが課題であった。このため、下記の三点の抗議がなされた。

①輸出附加税自身容認できない。

②また、国内法上の手続きの点からも二月一日導入は不可能であること。

③日中通商条約第九条英文の "Tariff and tariff rules now in force" から海関での徴収を不可能としている。

これに対する中国側（張福運関務処長）の対応は、

a 日本以外の諸国が既に関税自主権を認めているという既成事実。

b 暗に日中通商条約の期限切れであるとの認識（臨時弁法）。

の二点であった。[23]

陸境特恵関税について日本側は、既にワシントン会議で廃止に同意していた。日本側も同税の廃止を不可避なものと認識しており、撤廃の導入時期、猶予期間の設定如何が問題であった。しかし、導入に際して条約締結慣習上の問題として日本がとった態度は下記のように頑なものであった。

(3) 輸出附加税導入および陸境特恵関税撤廃への各地の対応

本問題について最も強硬な姿勢をとったのは、関東庁であった。関東庁は、輸出附加税徴収には「関東庁トシテハ到底之ヲ黙認スルコト能ハス」「二五附加税ヲ大連ニ於テ徴収セムトスルニ際シ関東庁ヨリ実力ヲ以テ之ヲ阻止スルノ意思ヲ明示シタルニ大連海関ハ徴税ヲ断念スルニ至リタルヤ」として告示および五日よりの徴税実施を延期させた。そのうえで「断然支那側ノ暴挙ヲ峻拒相成様廟議御決定アラムコト希望ニ堪ヘス」「尚亦萬々一国策上ノ見地ヨリ支那側今回ノ要求ヲ容レラルルカ如キ場合アリトスルモ輸出業者ノ緊切ナル利害ニ鑑ミ鮮クトモ六ヶ月ノ猶予期間（英清条約第七項但書参照）ヲ與フルコトト為スニアラサレハ当業者間ニ由々敷影響ヲ與フルコト必然ナリト思考ス」と意見具申している(24)。

同じく奉天商業会議所も、「満州」貿易商は先物契約であり、即時決行となれば多大の損害を受けると反発。陸境特恵関税については、輸送ルートが変更となる綿糸布商が反対していた。しかし、外務省側は陸境特恵関税の存続について、当業者に期待をもたせぬよう訓令していた(25)。

また、安東商工会議所も輸出附加税絶対反対の態度を「本税ヲ実施セハ一日貨車百輛位ノ滞貨ヲ生シ満鐵ニテハ操車不能ニ陥リ莫大ナル損害ヲ来スヘク右ノ場合緊急措置トシテ輸出正税ノミヲ然ルヘキ処ニ供託シ実力ヲ以テ貨車ヲ通過セシムルノ已ムヲ得サル」と満鉄・関東庁との協力による強制通関を意見具申していた(26)。

このような意見に対して、外務省中央でも、「海関側ノ告示ニ対シテハ貴官ハ往電第五号ノ趣旨ニヨリ至急厳重抗議セラルルト共ニ」「支那側カ尚其ノ態度ヲ改メサル時ハ輸出正税ヲ供託セシメテ輸出通過ヲ計ルヘキ旨併セテ通告セラレ度」と、強硬政策が考えられていた(27)。これにより、安東領事館では、国際運輸株式会社と朝鮮銀行間で強制通関の準備がなされ、営口でも領事館供託案が採用されていた（昭和四年四月九日）(28)。

青島では、むしろ抗議付納付を意見具申していたが、強制通関を田中から訓令されている（昭和四年二月二十五日）(29)。

同じように間島でも、天圖鉄道を占領しなければ、輸出附加税導入阻止できないと報告している。しかし、「当業者負担ノ実額如何ノ問題ヨリモ寧ロ主義上ノ問題トシテ本件我方主張ノ貫徹ニ努メ度意向」として、輸出附加税・陸境特恵関税撤廃阻止のため強制通関が訓令されている。(30) しかし、間島では、陸境特恵関税の撤廃により輸出大豆に対する損害が大きくなることが考えられるため、抗議付で輸出手続きをおこなっていた。

ハルビンは、満鉄附属地でないため、アンダー・プロテストで納入やむなしとしている。(31) さらに、同地商業会議所の陳情もあったため、輸出附加税供託案実行を否定しないものの、「本件附加税ニ依リテ蒙ムル実害ハ比較的僅少ナルニ顧ミ此上トモナル可ク円満解決方御尽力アリ度シ」との訓令を送っている。(32)

営口でも、領事館供託は実行不可能と判断されていた。しかし、現地交渉の結果、岸本元大連税関長の情報もあり、強制通関を計画。海軍艦艇派遣の可能性も探っている。営口では中国商も輸出附加税に反対しており、中日実協会の名で共同歩調を申入れている。結局、正税のみ納入し、アンダー・プロテストにて輸出許可証が発給されることとなった。

漢口では、内地税局の撤廃により、内地税局の附加税を担保に二一軍に対して債権を有している商務総会が反対。このため、全債権の回収まで同税局の存続を要求・交渉中であった。輸出附加税に併せて二五税の徴収がおこなわれたため、日本と英国の現地総領事が共同で抗議している。

上海では、アンダー・プロテストでの納入が、正式抗議の提出を前提として訓令されている。

以上のように、日本側は、輸出附加税導入および陸境特恵関税撤廃問題については、中国東北地方（「満州」）が関内に比較して厳しい拒否反応をしめしている。この現地動向が、現地外務省出先にも反映され、中国への認識・対応に温度差を生んだことが理解できよう。

2 政策転換

済南事件の解決を契機として、日中関係に改善の兆しが見えたのは、昭和四年三月二十九日のことであった。芳澤謙吉駐中国公使は、昭和四年四月九日、「所謂 give and take ノ方針ニテ問題ノ解決ヲ計ル事得策」と意見具申。[33] そして、一旦現条約の廃棄を前提として交渉再開を、[34]「覚書」交換によってめざした。[35] その際、日本側条件は、対日ボイコットの終息であった。

しかし、芳澤公使の意見具申に対する回訓は、延期されていた。済南事件が日中間の国際協定による解決がなされたにも拘らず承認をへなかったことに対する枢密院の圧力、撤兵問題が統帥事項であること、そして、不戦条約問題と満州某重大事件（張作霖爆殺事件）が議会で追及され、田中義一兼摂外相が躊躇したためであった。そして、約一週間後の田中からの訓令は、「最近済南事件解決後ニ於ケル排日取締等ニ関スル支那側態度ニ顧ミルニ先方ハ明ニ文書ニ取リ極メタル事項スラ充分ニ之ヲ実行セス誠意ノ認ムヘキモノ疑ハシキ次第」とする否定的な内容であった。[36]

それでも現地では、芳澤・王間で四月十八日、交渉再開の仮調印がなされたものの、条約改訂商議に入ることに外務省中央から「尚慎重考慮ノ要アリ」として「我方ノ態度ニ付テハ何等コムミツトムセラレサル様」との訓令がなされたのであった。[37] このため、五月五日、芳澤公使は帰朝し、田中および本省側と会談、日中通商条約の包括的解決を建前として特定事項・具体的には関税事項よりの条約成立により、日中間の通商・経済関係を確保することを決定した。[38]

そのうえで、日中両国から二つの通商航海条約案（日支通商条約案大綱〈外務省小委員会案〉、中日友好通商航海条約草案〈昭和四年五月二日、王正廷→芳澤公使〉）が出された。中国案は、相変わらず日中通商条約「満期失効」論を前提とし、関税自主権とともに、治外法権の撤廃もめざすとともに、居留地、満鉄附属地等の日本権益に関して記載しておらず、内地不開放主義（五条）をうたっていた。さらに、関税自主権（十一条）の内容のなかにも、日本側が要求していた互恵税率の制定や輸出附加税の撤廃、陸境特恵関税の存続等について、また、対日ボイコットについても言及がなかった。しかし、六月七日、王正廷外交部長と芳澤中国公使との会談で中国側より輸出附加税問題と陸境特恵関税の早期解決に対する要望がなされた。これをうけて芳澤は、輸出附加税問題について通商条約改訂時期まで待たず、早めの解決を意見具申している。[39]また、陸境特恵関税撤廃問題については、メーズ総税務司が抗議付三分の一減での輸出入税徴収を実質的に容認していた。これに田中外相は強硬姿勢で臨み、間島総領事館等に対して強制通関を訓令している。しかし、陸境特恵関税が片務的であると認識していたため、日本は、「相互実利的精神ヲ加味シ関税ノ軽減ヲ受クヘキ商品ヲ限定シ日支両国共ニ其軽減ヲ容認スル限定相互的制度ニ改メ」るべきであるとし、「限定相互的軽減制度」の導入を提唱するに至る。[40]結果、朝鮮総督府側が陸境特恵関税の存続を希望したものの、安東・奉天では、互恵的軽減協定の線へとすすむこととなった。

輸出附加税導入・陸境特恵関税撤廃問題について外務省中央は、強制通関にみられる強硬な姿勢で臨んだ。一方で、現地では、地域によって対応に温度差が存在していた。一般的に中国東北地方「満州」の方が、関内・中国本土より強硬な姿勢をとっていた。しかし、日本側の強硬姿勢は、中国側の政策転換を促すものではなく、より対立を厳しくするものであった。

日本側は、公使館昇格問題（昭和四年四月～六月）[41]と孫文移柩祭（昭和四年六月一日）の参加を通じて、正式に国民政府の承認を交渉上の切り札と考えていた。[42]以上のように日本側は、現地（関内の外交官）を中心に、国民政府による中国統一に合わせて対中国政策をおこなう方向に転換した。そして、孫文移柩祭を機に芳澤公使が国書を奉呈し、昭和四年六月三日、国民政府を正式承認したのであった。

しかし、日本側の政策転換は、田中外交の別ルートにあたる「支那浪人」佃信夫からは、「矢田の軽佻がゆきかがりを作り、芳沢の軟弱が踏切りの機を失し、相前後して不知不識案を悪化せしめ」たとして批判されている。これは「清朝末期の支那のみを知りて新興国家の今日を知らざる為」であった。佃にとって中国の中心は、蔣介石であり、「やがては満蒙問題を解決せねば相成らぬなるに、張学良計り遂ひ廻しおり候にては不相叶、外交を中央へ移管したる今日彼れの其時々の甘言を信ずるやうにては、徒に時日のみ還延致し結局バカを見候事なるべく」と見ていたためであった。(43)

三 「提携」の成立――日中関税協定――

芳澤・王間で通商条約改訂について、一定の了解が成立し、日本側は政策を「宥和」の方向に転換した。日本側の政策転換は、田中内閣から浜口民政党内閣に代わり、外務大臣に幣原喜重郎が就任することによって加速するものと思われた。駐中国公使に幣原の秘蔵子とされた佐分利貞男が就任したことも中国側から歓迎された。田中内閣の最後に国民政府の承認がなされたことにより、日中関係の大幅な改善が予想されたのである。しかし、国民政府は、五・三〇事件（大正十四年五月三十日）および済南事件にともなう対日ボイコットを、依然として外交権回収の手段として利用していた。この過程で国民党は、運動への指導を強化し、全国国民廃除不平等促進会を、昭和四年六月九日、成立させていた。反日会による対日ボイコットは激しさの度を加え、不平等条約体制打破の一手段として機能していた。日本側にとって対日ボイコットは、権益擁護の立場からは軍事的な「治安維持」の対象となり、また、後に国民政府による国貨提倡・国産奨励運動へと転化するなかで経済的な障害ともなっていった(44)。

このような状況下で、十一月二十九日、佐分利公使は箱根富士屋ホテルで怪死し、中国側の猜疑心を生み、また、後任の小幡酉吉駐トルコ大使が、過去に二十一ヵ条問題で中国侵略外交に参画したとして国民政府によってアグレマンが拒絶されるに至り、日中関係は一気に冷却化した(45)。結果として現地において対中国政策の中心である駐中国公使が不在となり、対中国政策は一時、空洞状態となったのである。

当該期の幣原外相にとって、昭和五年一月十一日の金解禁を目前に控え、同年二月一日に予定されている中国側新国定税率の導入は「経済外交」を推進する上で大きな障害であった。

このため、幣原外相は、昭和五年一月十日、在上海重光総領事に臨時代理公使を兼任させ、日中通商条約の改訂交渉に当たらせたのであった(46)。その際、重光が交渉相手としたのは、制度上、交渉相手となるべき王正廷外交部長ではなく、財政部長の宋子文であった(47)。理由は、重光自ら、中国部内の「王正廷ト蔣宋トノ関係、王ノ条約改正ニ対スル地位」と述べるようなものであった(48)。重光は、国民政府における蔣介石を中心とする権力構造を重視し、それとの距離で王外交部長ではなく、宋子文財政部長を交渉相手としたのである。交渉に際して、日本側は、関税問題を治外法権問題等から切り離すことを望んでおり(49)、重光としても、対日ボイコットを交渉手段に「不平等条約改正」を高唱する王正廷を忌避し、関税問題をいち早くまとめるためにも蔣介石の義弟宋子文財政部長と交渉することとしたのである(50)。

一方、宋子文財政部長もまた、国民政府の財政難を克服するため、安定的な財源であった関税収入の増徴を必要としていた。そのためには、中国国内財政の範囲を越えて関税自主権回復という「外交」面に進出せざるをえなかった。そして、関税自主権回復の条件であった釐金等の内地通過税廃止を通じて各地方軍閥の有力財源を非合法化し、財政的な国家統一を図っていたのである。

ここに、重光・宋両者間で利害が一致し、日中通商条約改訂交渉より関税条約部分を分離して早い時期での妥結をめざして交渉することとなった。(51) その際、両者間では、交渉過程で情報が外に漏れ、政治争点化しないよう合意が成立している。(52) 重光は、日中間の協定成立に「本件審議ノ前途必シモ悲観スルノ要ナキヤニ思ハル」と考えていた。(53)

日本側は、関税協定交渉を実際開始する前に、二月一日に予定されている中国側の国定関税導入問題を一時棚上げにさせなければならなかった。前年二月一日に日本側が承認した七種差等税の導入が、中国側の関税自主権を承認したものでないということを中国側に認めさせるためである。

これに対し、現地で重光臨時代理公使は、一月六日、中国国定税率が実施される二月一日前に関税協定を纏めるように意見具申し、(54) 宋子文財政部長も小幡アグレマン問題を留保して関税協定締結交渉を進めようとしていた。

このような日中両国の歩み寄りが始まるなか、一月十日、重光に対して関税に関する暫行取極ないし正式条約の締結交渉を促進するよう訓令が出された。(55) そのなかで、最重要視されたのが、輸入税率の互恵協定であった。しかし、互恵税率の設定については、難交渉が予想されていたため、幣原外相は公文交換による特殊事項のみの解決、あるいは特定品目を対象とする一定期間内有効の暫定協定を想定していたのであった。同時に、幣原は、一月十七日、関税問題と治外法権問題の分離と、(56) 債務整理問題を進捗させるための債権者会議開催を要求するよう訓令を発し、交渉が実態化したこの時期に交渉要件の整理をおこなった。(57)

結果、焦点は治外法権回復も交渉に持ち込もうとする王正廷の排除と、附属税率案に掲載する品目およびその品目の税率設定問題へと移行することとなった。前者については、宋との交渉を上海でおこなうことによって成功、そして、後者の点をめぐって両者間で綱引きが始まった。とはいえ、宋子文財政部長にとっても国内産業の育成をめざしている工商部の圧力が、また、日本側も実業界からの要求がいつ交渉に介入するかわからなかった。このため、早期妥結の点で両者は一致していた(58)。現地の宋子文・重光の間では早くも一月二十三日の段階で最終案作成に入っていたのである(59)。

しかし、重光・宋間の交渉進捗にあっても幣原は、宋子文に対して「一昨年差等税率交渉ノ際モ宋ハ抵代税ニ関シ矢田ニ確言シ置キ乍ラ最後ニ全然前言ヲ翻シタル等ノ例アルニ付」「今後交渉ヲ或ル程度迄進捗シタル後法権問題其ノ他ニ付難題ヲ我ニ持チ掛クル前提ニ非ヤトノ懸念ナキニ非ス」との不信観を払拭できずにいた(60)。それゆえ、幣原は、五年の協定期間と日本に有利な税率協定の締結、釐金類似の内地通過税の全廃、陸境特恵関税の三年間据置等の条件を付した訓令を発出していた(61)。これに対して、重光は国民政府内部での宋子文の立場を考え、陸境特恵関税の据置期間延長問題を棚上げして関税協定のみの成立を意見具申(62)。一月二十五日には、綿糸統一税問題と関税協定交渉を分離させた(63)。

この重光の意見具申を受けいれ、幣原も一月二十六日、協定期間の延長等の要求を除いて多くの点で重光の意見を取りいれた日本側にとって譲歩を意味する内容の訓令を送った。何よりも互恵税率協定の早期成立を優先したのである(64)。また、幣原は、海関金単位制導入についても、関税協定成立のために黙認するよう訓令している(65)。これは、中国関税収入の増加分を債務整理に充当するよう求めている大蔵省側を押さえつつおこなわれたものであった(66)。

重光・宋間では、翌二十七日に本省提示の線で妥協が成立したものの、国民政府内部の承認を受ける段になって王外交部長が法権問題の挿入を求めて反対(67)。また、協定を秘密公文とするよう求めてきた。このため、重光は宋・王間の融和および蔣介石への工作に努めたのであった。このように、上海の宋子文財政部長と南京の王正廷外交部長と交渉対象が二元化したため、幣原外相は、南京における交渉について在南京領事の上村伸一に担当させ、二月一日には、法権交渉商議準備を匂わせつつ交渉を促進するよう訓令を発したのであった。[68]このような交渉の二元化に対して、重光は、「閣下ヨリ直接上村ヲ通シ王部長ト交渉ヲ開カルル形トナルハ懸引上ノ重大ナル不利ヲ招ク」として反対、交渉の重光への一元化を求めた。[69]それは、重光にとって本交渉が、自らの手で主導すべきものとの強い自負心ゆえであった。

王正廷の反対により関税協定交渉が一時、停滞したものの、二月六日に上海より南京に乗込んだ重光は、宋子文の私邸で宋財政部長・王外交部長と三者間で交渉をおこなった。[70]結果、宋子文の仲介により妥結の方向へと向かい、最終的には閻錫山への日本の武器輸出問題等を匂わすことで揺さぶりをかける中国側のネバリにより、二月二十八日、幣原外相も協定期間を三年とすることでの妥結を認めて、[71]最終案の作成に入った。三月十一日の閣議決定をへて、十二日（十一日付）、日中関税協定は仮調印の運びとなったのである。

以上の過程を重光は、「日本新聞通信ノ解釈—其ノ無意味ノ競争ト国家ノ利益」との新聞報道等を回避し、「冷静ト忍耐—意思ノ力」によって本省側を説得し、また、中国国民政府部内で「宋、蔣ノ力勝ツ」、自身も「我方ヨリ絶エズ案ヲ出ス」ことによって「未曾有ノ外交激戦」に勝利したとしている。[72]

しかし、日中関税協定の批准については、枢密院精査委員会で、十月一日迄に債権者会議の開催を条件としたように、国民政府への不信感に満ちたものであった。[73]結局、天皇の裁可をへた正式調印は、五月六日となったのである。

以上のように、日中通商条約改訂問題は、昭和五年五月六日の日中関税協定締結により、一応の解決をみた。日中通商条約改訂問題にあたって当初、日本側は、国民政府による統一という状況に対応した政策転換が困難であった。理由は、北伐の過程で発生した済南事件とこれにともなう対日ボイコット、さらに、通商条約改訂にあたっての不平等条約体制打破を考えた王正廷外交（「革命外交」）が障害となっていたためである。[74]そして、済南事件解決交渉の解決が遅れ、対日ボイコットが国民政府により組織化されるに至り、日中関係改善の前提ともなる通商条約の改訂は遠のくこととなった。

これに対し、日中通商条約改訂問題において政策転換が結果的に可能となったのは、国内で不戦条約問題等が議会で問題化し、外務省中央の指導力が低下、現地の裁量権が相対的に増えたことが一因であった。現地においても、政策転換を望む意見も存在していた。[75]同様に、日中関税協定交渉においても、同時期、ロンドン海軍軍縮会議が開催され、国内世論はそちらに関心が集中。外務省においても、実質的に幣原外相、吉田茂次官は、軍縮問題に掛かり切りの状態であり、現地の裁量権が実質的に拡大したことが要因であったといえよう。また、日中関税協定締結にあたって、日中双方の利害が一致しており、交渉を主導した重光と宋財政部長との関係は、本協定の早期成立をめざすことで完全に一致、まさに「提携」関係といえるものであった。そして、交渉過程において機密が保たれたことは、世論による容喙を排除し、[76]合理的な選択としての協定成立を助けたのであった。つまり、当該期の政策転換は、日本側にとって執行過程権限を有する現地外交官、なかでも国民政府による中国統一という現状を認識した者が要路にいる場合、成立しえたといえる。それは、互恵税率を中心とする日中関税協定のような相互依存的政策において成立可能であったということができよう。[77]

つまり、「幣原外交」と総称される幣原外相期の日本外交は、外務省中央における英米協調路線としてのロンドン海軍軍縮と、中国における重光による「日中提携」論が棲み分けている場合において機能するものであった。その範囲において、田中前外相時の対中国政策と異なり、対中国政策の基本的姿勢は、いわゆる「満蒙」を中国の一地域として、対中国外交の構成要因と位置づけるものであった。国民政府による中国統一を認め、さらに「国家承認」からその先へとその歩を進めようとしていた[78]。

しかし、アメリカに端を発する世界恐慌の東アジアへの波及、世界的な銀価暴落、国民政府による「国貨提倡」の名のもとでおこなわれた国家建設にともなう諸政策等は、日本製品の中国市場進出を阻み、日本の積極的な対外経済施策を困難にさせていった。具体的に、銀価暴落による為替の変動は、日中貿易で対「満州」日本製品輸出を扱っていた大阪川口商人(中国商)の撤退を招き、また、現地日本商の不況深刻化の原因ともなって、彼等の「対外硬」的な姿勢を強める方向に作用したのである。また、幣原外相の対中国政策への復帰は、現地の中国臨時公使としての重光の裁量権を制限することともなった。そのなかにあっても重光は、宋財政部長との「提携」関係を維持すべく行動したのであった[79]。

さらに、統一された中国の解釈をめぐり、中国東北地方(「満州」)を含めるという方向性に日本国内で疑義が生じ、これを裏づけるように国民政府に対して一定の自立性をもっていた張学良政権による国民政府命令の読み替えが執行過程におこなわれることによって、国民政府による中国統一を前提に、経済面で提携する重光の路線は、隘路に入ることとなったのである。

そして、関東軍により謀略としての満州事変が勃発すると、重光もまた、「支那ハ民国以来今日迄取リ来リタル混沌タル経路ヲ将来モ辿ルヘク且ツ其ノ混沌ノ程度ハ益々激化スルモノトスル想像ハ遺憾乍ラ大体確実ナル観察トセラル、ニ至レリ」とする失望感を抱き[80]、「支那ハ日本カ二十億円以上ノ投下資本ト百万以上ノ日本人口ヲ有スル満州ニ対シ莫大ナル利害関係ヲ有ストノ日本ノ主張ヲ無視セントス」として満州事変後の状況を擁護・弁明しなければならなくなるのである[81]。

註

(1) ワシントン体制については、本書第三章参照。

(2) 西村茂雄著『中国ナショナリズムと民主主義』(研文出版、一九九一年) 等がある。

(3) 細谷千博「ワシントン体制の特質と変容」(『ワシントン体制と日米関係』東京大学出版会、一九七八年)。

(4) 久保亨「ヴェルサイユ=ワシントン体制と中国」(『戦間期中国〈自立への模索〉』東京大学出版会、一九九九年)。久保氏の「ヴェルサイユ=ワシントン体制」は、国民国家として統一過程にある中国を説明するうえで有効である。しかし、それを無媒介に東アジア国際秩序や、日本に適応することはできない。日本にとって第一次大戦の影響は、「総力戦」であり、また、日本外交を規定する国際環境としては、英米協調を基軸とする「ワシントン体制」であった。そのうえで、日本の対中国政策については、後述する重光の認識のように、「ワシントン体制」と切り離されて存在している。とはいえ、「英米協調」と「日中提携」が無関係に存在していたのでもない。一例を挙げれば、重光は、この後、一九三〇・一九四〇年代日本の対中国政策を「日中提携」論をもって主導するが、勢力圏構想にシフトしつつも、英国大使時、日英間の協調を最大限模索していたことでも理解できる。このように「ワシントン体制」のみでは日中関係を規定できず、「日中提携」と「英米協調」を対立軸として「ワシントン体制」を規定することもできない。なお、本章が対象とする日中通商条約の改正問題に関連する先行研究として何力「一九二八年の中米関税条約と日中関係―南京国民政府の「連米制日」の動きをめぐって―」(『法と政治(関西学院大法政学会)』第四八巻第二号、一九九七年六月) がある。何論文は、当該期を国民政府「連米制日」政策の過程として分析したものである。他にマッケー条約体制の崩壊過程として捉える視点もある(判澤純太著『近代日中関係の基本構造』論創社、一九九七年)。

(5) 前掲久保亨著『戦間期中国〈自立への模索〉』。

(6) 金子肇「中国の統一化と財政問題―『国地財政劃分』問題を中心に―」(『史学研究』第一七五号、一九八八年六月) および同「国民政府予算策定機構の形成過程(一九二八～一九三一)」(『史学研究』第一八五号) を参照。

(7) 本書第四章参照。

(8) 本書第一章参照。

(9) 副島昭一「中国の不平等条約撤廃と『満州事変』」(古屋哲夫編『日中戦争史研究』吉川弘文館、一九八四年) 一八一頁。なお、同論文は、政策過程としての外交ではなく、商工会議所等「ブルジョワ団体」の対応等を分析の中心としたものであり、政策過程の分析ではない。

(10) 後者の七種差等税の導入にあたっては、西原借款に代表される債務の整理と内地通過税・釐金の廃止が条件であった。

(11) 馬場伸也「北京関税特別会議にのぞむ日本の政策決定過程」（細谷千博・綿貫譲治編『対外政策決定過程の日米比較』東京大学出版会、一九七七年）。酒井哲哉「『英米協調』と『日中提携』」（近代日本研究会編『協調政策の限界』〈年報・近代日本研究第十一号〉山川出版社、一九八九年）。北岡伸一「ワシントン体制と「国際協調」の精神―マクマリ・メモランダム（一九三五年）によせて―」（『立教法学』第二三号、一九八五年十二月）。

(12) 呉翎君著『美國與中國政治（一九一七―一九二八）―以南北分裂政局為中心的探討』（東大図書公司、一九九六年）。

(13) 『日支通商条約改訂関係一件』第二巻（松 B.2.0.0.J/C1）。

(14) 「日支関税協定条約改正ノ準備」一B―〇二『重光葵関係文書』憲政記念館所蔵。

(15) 臼井勝美「済南事件交渉経緯」（『外交史料館報』第三号、一九九〇年三月）。済南事件については、佐藤元英著『昭和初期対中国政策の研究』（原書房、一九九二年）および同著『近代日本の外交と軍事』（吉川弘文館、二〇〇〇年）、邵建国「済南事件の再検討」（『九州史学』第九三号、一九八八年九月）参照。

(16) 昭和四年一月二日着在上海矢田総領事より田中外務大臣宛電報第一号『日本外交文書』昭和期I第一部第三巻（以下『外文』三と略記）、四八八文書。

(17) 昭和四年一月七日発在中国堀臨時代理公使より田中外務大臣宛電報第一六号『外文』三、四九三文書。

(18) 昭和四年一月八日発田中外務大臣より在上海矢田総領事宛電報第七号『外文』三、三一五文書。

(19) 昭和四年一月十三日省議決定（昭和四年一月十二日稿）「懸案交渉方針腹案」『外文』三、三二三文書付記一・二。

(20) 昭和四年一月十一日発在上海矢田総領事より田中外務大臣宛電報第二七号『外文』三、四九六文書。

(21) 前掲久保亨著『戦間期中国〈自立への模索〉』「第七章　国民政府成立期の海関行政と日・英」によれば、メーズの就任は、イギリス外務省の「秩序ある撤退」構想にそうものであった。これに対して日本側は、その方向性を理解することなく、あくまでも海関を外債償還基金の確保の場として理解し、そのなかでの権益の拡大を目指していたということができよう。当時、日本側が念頭においていた海関における勢力比という考え方は、表2のようなものであった。

(22) 昭和四年一月十日亜通係員研究事項「差等税一方的実施ノ場合ノ対策」『外文』三、四九八文書付記。

(23) 昭和四年一月二十八日発在上海矢田総領事より田中外務大臣宛電報第一〇四号『外文』三、五一〇文書。

(24) 昭和四年二月四日発木下関東庁長官より田中外務大臣宛電報外第一八号『外文』三、五二五文書。

(25) 昭和四年二月十四日発田中外務大臣ヨリ在奉天林総領事宛電報第二八号『外文』三、五四三文書。

(26) 昭和四年二月六日着在安東岡田領事より田中外務大臣宛電報第一二号『外文』三、五一〇文書。

(27) 昭和四年二月十三日付田中外務大臣より在安東岡田領事宛電報第八号『外文』三、五三九文書。

(28) この期間中でも、表3のように東行（朝鮮縦貫ルート）が減少し、南行（大連ルート）が増えている。

(29) 昭和四年二月二十五日発田中外務大臣より在青島藤田総領事宛電報第三九号『外文』三、五六二文書。

(30) 昭和四年四月六日発田中外務大臣より在間島鈴木総領事宛電報第四四号『外文』三、五九五文書。

(31) 昭和四年二月十五日付田中外務大臣宛在ハルビン八木総領事宛電報第一九号『各国関税並法規関係雑件　中国ノ部　附加税関係』第四巻（E.3.1.2.X1-C1-2）。

(32) 昭和四年三月二十三日付田中外務大臣より在安東岡田領事宛電報第一九号『各国関税並法規関係雑件　中国ノ部　附加税関係』（E.3.1.2.X1-C1）。

(33) 昭和四年四月九日発在上海重光総領事より田中外務大臣宛電報第四六三号『外文』三、五九七文書。

(34) 昭和四年四月十三日着在上海重光総領事より田中外務大臣宛電報第四八七号『外文』三、六〇二文書。

(35) このような「覚書」の交換は、枢密院を通さない解決をめざしたためである。覚書の交換が枢密院の諮詢を必要としないと外務

表2　「中国税関幹部国籍別調査表」概略

国　籍	総税務司	税務司	副税務司	超等幇弁	頭等幇弁	計
英国人	1	21	15	22	4	63
日本人		6	4	13	6	29
米国人		2	4	6	1	13
仏国人		5		4	3	12
中国人		8	14	11	3	36
合　計	1	42	37	56	17	153

註　『中国税関関係雑件　吏員関係』(E.3.4.0.3-2).

表3　「輸出附加税及陸境税撤廃と北満貨物」(単位トン)

	東行		南行	
	一月	二月	一月	二月
豆　類	127,000	37,000	153,000	106,000
大豆粕	61,000	33,000	11,000	7,000
其　他	7,000	6,000	32,000	27,000
合　計	195,000	76,000	196,000	140,000
比　率	50	35	50	65

註　『満鉄調査時報』第9巻第3号（昭和4年3月）.

省側が判断していた根拠、

イ条約の有効性の問題は現行条約の変更乃至新条約の締結、条約の解釈論を意味するものでもないためとする。

ロ中国側が現行条約により両国関係を律することは、枢密院官制第六条第四項の「条約及約束」には該当しない。

として、国際会議参加に際して諮詢を必要としないのと同様に理解。結論としては「之ヲ要スルニ本件公文ノ交換ハ現行条約ノ改廃ニ非ス且解釈ノ変更又ハ新ナル解釈ヲ付加スルモノニ非ス只一般外交機関ニ専属スル行為ヲ為スニ過キサルモノナルヲ以テ枢密院御諮詢ノ要無キモノトス」としていた（日付不明「通商条約改訂問題ニ関スル日支間往復文書ノ交換ト枢密院諮詢トノ関係ニ就テ」『外文』三、六〇六文書付記一）。

(36) 昭和四年四月十七日発田中外務大臣より在上海重光総領事宛電報第二六五号『外文』三、六〇六文書。

(37) 昭和四年四月二十五日付田中外務大臣より在上海重光総領事宛電報第二八四号『外文』三、六一一文書。

(38) 「日支通商条約改訂商議方針ニ関スル件」（別紙）「日支通商条約改訂商議方針」。このなかで関税条約の締結推進とともに、交渉にあたっては、「三、改訂交渉ノ経過ハ日支双方トモ之ヲ極秘ニ付シ会議ノ都度必要ニ応シ簡単ナル『コミユニケ』ヲ発スル外之ヲ絶対ニ発表セサルコトトシ交渉ノ内容経過ヲ以テ排日運動等ニ利用セラルルカ如キコトナキ様会議ノ初ニ於テ篤ト支那側ノ注意ヲ喚起シ置クコト」が決められている（昭和四年五月二十四日発送済田中外務大臣より在中国芳澤公使〈在京中〉宛機密第四一号『外文』三、六二四文書）。

(39) 昭和四年六月八日発在上海重光総領事より田中外務大臣宛電報第七五九号『外文』三、六二五文書。

(40) 昭和四年四月十付在奉天森島守人総領事代理より田中外務大臣宛機密公第三六二号『外文』三、六〇〇文書。

(41) 島崎貞彦「在中国公使館昇格問題」（『日本外交史の諸問題Ⅱ 国際政治』一九六四年）。

(42) 現地の堀臨時代理公使は、大使交換を「日本ノ今ノ所殆ンド第一ノ切札ダ、有効ニ使ツテ貰ヒタイ、ソシテ方針ガ決ツタラ列国ニ内報スルト同時ニ電光石火的ニ行ツテ欲シイ」と希望している（昭和四年五月七日付有田八郎〈亜細亜局長〉宛堀義貴書簡『外文』三、六二四文書付記二）。

(43) 昭和四年四月五日付小泉策太郎宛佃信夫（上海）書翰、伊藤隆「江木千之・江木翼関係文書」「小泉策太郎関係文書」（『社会科学研究』第二六巻第二号、一九七五年）。芳澤謙吉自身は、「所謂支那浪人の巨頭であった佃信夫は、旧高田藩士で私とも同郷であったため平素懇意にしていた」との感想をもっている（芳澤謙吉著『外交六十年』中公文庫、一九九〇年、九〇頁）。佃は、本書箇のなかで、唯一、重光に対して「重光之きびきびしき言動にて周龍光をグッと押えつけ」と評価している。

(44) 昭和四年を総括して矢柴匡雄（大阪市産業部長）は、「斯くの如く四年度の我が対支貿易は支那常套の間断なき動乱により、銀塊相場の未曾有の激落により、支那関税上一新生面を開ける差等税率の実施により、果ては月並的の併かも辛辣極まる排日貨運動の継続により、漸次真剣味を帯び来れる国貨提倡の叫びに著しく脅威を感じ、当然列国並みに仲ぶべかりし対支貿易も著しく脅威を感じ、当然列国並みに仲ぶべかりし対支貿易も著しく萎縮し、徒らに列国商権の蹂躙に委するかの感があつたのである。（昭和四、一二、二五）」と述べている（「昭和四年度本邦対支貿易の動き」〈『東洋貿易研究』第九巻第一号、昭和五年一月号〉）。

(45) 瀬川善信「小幡公使アグレマン問題—日中外交の一断面—」（『国際法外交雑誌』第六七巻第三号、一九六八年十一月）。

(46) 昭和五年一月十日発幣原外務大臣より在南京上村領事宛電報第四号『日本外交文書』昭和期Ⅰ第一部第四巻（以下『外文』四と略記）、二四二文書。なお、重光の臨時代理公使就任は、王外交部長からも好感をもって迎えられている（同前、二四四文書）。

(47) 交渉方法については、重光は一任されていた（同前註（45））。

(48) 「日支関税協定条約改正ノ準備」『重光葵関係文書』憲政記念館所蔵。

(49) 昭和五年一月十七日発幣原外務大臣より在中国重光臨時代理公使宛電報公第一号『外文』四、二五二文書。

(50) 昭和五年一月二十日発在中国重光臨時代理公使より幣原外務大臣宛電報公第二六号『外文』四、二五五文書。

(51) 交渉が急がれたのは、国民政府商工部等の介入をさける意味もあった。また、現地の商工会議所でも積極的な反対が存在しなかったからである。

(52) 昭和五年一月二十一日発在中国重光臨時代理公使より幣原外務大臣宛電報公第二六号『外文』四、二五六文書。

(53) 昭和五年一月二十二日着在中国重光臨時代理公使より幣原外務大臣宛電報公第四〇号『外文』四、二五八文書。

(54) 昭和五年一月六日着在上海重光総領事より幣原外務大臣電報第一八号『外文』四、二四一文書。

(55) 昭和五年一月十日発幣原外務大臣より在上海重光総領事宛電報第六四号『外文』四、二四三文書。

(56) 昭和五年一月十七日発幣原外務大臣より在中国重光臨時代理公使宛電報公第一号『外文』四、二五二文書。

(57) 重光は、「宋子文トノ交渉ヲ急ニ進行セシム本国政府ノ準備之ニ伴ハズ」と、外務省中央の対応の後れを指摘している（「日支関税協定条約改正ノ準備」『重光葵関係文書』憲政記念館所蔵）。

(58) 昭和五年一月二十二日着在中国重光臨時代理公使より幣原外務大臣宛電報公第四三号『外文』四、二五九文書。

(59) 昭和五年一月二十三日着在中国重光臨時代理公使より幣原外務大臣宛電報公第四八号『外文』四、二六一文書。
(60) 昭和五年一月二十四日発幣原外務大臣より在中国重光臨時代理公使宛電報公第一二号『外文』四、二六四文書。
(61) 『外文』四、二六五～八文書。
(62) 昭和五年一月二十五日着在中国重光臨時代理公使より幣原外務大臣宛電報公第六九号『外文』四、二七〇文書。
(63) 関税協定交渉の過程で綿糸統一税が国産綿糸のみならず、輸入綿糸へも同一の税額を賦課することが、一月二十二日の段階で判明したため、幣原外相は、内地課税に相当する統一税に関する交渉の関税協定交渉からの分離を、一月二十五日に命じ、後日、業者間の私的交渉でおこなうよう訓令したのであった（昭和五年一月二十九日発幣原外務大臣より在中国重光臨時代理公使宛電報公第五六号『外文』四、三五九文書）。日本側の反対理由は、綿糸統一税の施行が釐金類似の内地通過税廃止に関する取り決めに反し、国内業者の利害に影響することを在華紡のみで決定することに難色を示したためであった。一方、中国側・宋財政部長は、あくまでも日中関税協定への統一税の保留事項としての盛り込みを主張し、両者の主張は平行線を辿ることとなった。このため、日本側は、日中関税協定の成立を第一に考え、綿糸統一税の賦課を、イ在華紡との協議で決定し、ロ民族紡との間で内外差別をおこなわない、という二つの条件を付することで交渉するよう重光に訓令したのであった（昭和五年二月八日発幣原外務大臣より在中国重光臨時代理公使宛電報公第九三号『外文』四、三六〇文書）。これに対して重光は、内地課税問題に触れることなく輸入綿糸に限定して綿糸統一税の賦課を意見具申し、在華紡と中国財政部間の交渉を裏面での指導・援助せんとした。結果、幣原は、二月二十二日、輸入綿糸に限り統一税を賦課することを承認。これは、日中関税協定の成立を優先させた結果でもあった。
(64) 昭和五年一月二十六日発幣原外務大臣より在中国重光臨時代理公使宛電報公第三〇号『外文』四、二七三文書。
(65) 昭和五年一月二十七日発幣原外務大臣より在中国重光臨時代理公使宛電報公第三五号『外文』四、二七六文書。
(66) 銀価暴落と世界恐慌波及により、中国では海関金単位制の導入が計られた。国民政府財政部にとって銀価低落は、国家収入の約五割を占める関税収入の減少を意味した。一方、日本としても、五〇〇万元を支出させて債務整理資金への充当を計っていたため、国民政府の関税収入減少を望んでいなかった。また、銀価暴落による為替相場の変動に対しても、安定的な輸出市場を阻害する要因として認識していた。このような状況下で国民政府は、昭和四年一月十五日、釐金の撤廃と共に銀価暴落対策として海関で輸入税として徴収する海関両を銀単位から金単位へと変更することとし、二月一日より海関金単位制導入を決定したのであった。結局、国民政府による海関金単位制導入に関し、猶予期間の設定を希望する関東庁へは一月二十五日に、また、在中国各総領事・領事に対しては二十七日に金単位制導入を黙認する旨の訓令が外務省中央より発せられた。これは、日中関税協定交渉を成功されるための対中国プレゼンスであるとともに、金単位制の導入による為替相場の安定への期待も含意されていた。外務省中央としては、日中関税協定交渉に際して、関税自主権を承認している列国の対応も踏まえて「形式論」より「実質論」へと転換したといえる。結局、海関金単位制の導入は、二月一日におこなわれている。

(67) 昭和五年一月二十九日着在南京上村領事より幣原外務大臣宛第九八号『外文』四、二七九文書。

(68) 昭和五年二月一日着在南京上村領事より幣原外務大臣宛第一一三号『外文』四、二八四文書。

(69) 昭和五年二月五日着在中国重光臨時代理公使より幣原外務大臣宛電報公第一五六号『外文』四、二八九文書。

(70) 当初、重光は、一月二十七日の段階で、王外交部長が関税協定に反対していることが明らかとなり、宋財政部長より、南京で会談をもつよう要請された際、「自分カ今南京ニ行クコトハ単ニ健康カ之ヲ許ササルコト直ニ新聞記者ノ追跡ヲ受ケ其ノ結果条約ヲ纏ムル上ニ非常ニ不利益ノ事トナル」と反対していた(昭和五年一月二十八日着在中国重光臨時代理公使より幣原外務大臣宛電報公第八八号『外文』四、二七七文書)。

(71) 昭和五年二月二十八日発幣原外務大臣より在中国重光臨時代理公使宛電報公第一二六号『外文』四、三〇六文書。

(72) 「日支関税協定条約改正ノ準備」『重光葵関係文書』憲政記念館所蔵。

(73) 増田知子「政党内閣と枢密院」(『政党内閣の成立と崩壊』近代日本研究年報六号、一九八四年)。

(74) 在南京領事であった上村伸一も「幣原の合理主義外交」の阻害要因として「王正廷の性急な革命外交」をあげている(上村伸一著『外交五十年』時事通信社、一九六〇年)。

(75) 上海商工会議所内にも、経済的市場として中国を認識し、日本の自由貿易主義と中国の対日ボイコットに見られる保護貿易主義を対比しつつ、日中通商条約改訂について「国民政府の要望中、関東州、南満鉄道、及び鉄道付属地を返還せよといふ様な実行不可能のものを除き、治外法権褫撤廃、居留地回収、外国軍隊引上げなどにつき寛大な態度を執り得ることであろう」「吾人は日本の商工立国の国策を覆さない限りにおいて、支那の要望に副ふやう四大特権を逐次返還して宜かろうと思ふ」とする対中国「宥和」的な意見があった。これは、「北京関税懐疑において関税自主権問題につき、日英の間に紛争を生じてから、不対等条約団も亦た四分五裂した。それ以来各国は他を出し抜いてまで支那の歓心を買はんと努め、殊に日英両国は支那外交をリードせんものと競ふので、支那から各個撃破せらるゝ憂あるに至った」との現状認識と、「日本としては、支那が如何なる作戦に出るとも、その合理的希望は之れを達成せしめるに力め、また列国が如何なる態度に出ると抜け駆けの功名の小野心を捨て、列国共通問題につきては彼等と諒解を遂げ、飽くまで日本独自の立場と日支特殊の関係に顧み、一定の方針に基き断々乎として邁進すべきものであろう」との方向性を持つものであった（「邦品市況頓に活況—但し排貨再燃の恐れあり来るべき大排貨に備へよ」上海日本商工会議所内金曜会『金曜会パンフレット』第二〇号、昭和四年八月十日）。

（76）秘密交渉は、反面で、「心ある邦人の一部が眉をひそめた理由」として、「重光氏は、細心で、真面目で、善良で、聡明な西洋向の立派な外交官である」が王正廷・宋子文等「支那一流の策士」に対応できるか疑問とし、また、重光の秘密外交も「日本の主張を高調すべき必要にせまられた時、輿論の援助は全く期せられないではなかろうか」とのリスクも背負うものであった（在上海桃谷磯一「日支交渉の現地から」〈『外交時報』第六〇七号、昭和五年三月十五日〉）。

（77）なお、日中関税協定の締結にあたって上海商工会議所では、「われ等現地の商民はまづこの協定の成立に尽力したわが官憲の努力を多とすると同時に、今回の協定に於て互恵とか特恵とかいふが如き時節柄支那の民衆を刺激するやうな字句を避け、努めてその実に就いたことを賢とせざるを得ない。素より支那の関税自主権に関しては、われ等日本人は曩に北京関税会議当時列国に先んじてその回収を提案声明したところであつて、今更これが正文の上に現はれたとて何等異とすべきではなく、寧ろその余りに遅かりしを恨むものである。一方不当課税の廃止或は無担保借款の承認に関しても、事の支那に関する限りその実行にどれだけの信を措き得るや、甚だ危惧に堪へないものもあり。況んやこの協定の成立によつて信の対日感がいくぶんでも緩和され、国交上の暗礁が取り除けられたと速断することは、少なくとも支那の『革命外交』の何者なるを知らず、支那の対日反感のいかに深刻なるかを知らざるものであると言はざるを得ない」とは言いながら基本的に一進歩としてみていた（「新関税協定成立—日支通商上の一進歩　但し楽観は禁物」上海日本商工会議所内金曜会『金曜会パンフレット』第三二号、昭和五年三月二十八日）。

（78）このような方向性のため、満州事変後、赤塚正助（前特命全権公使）は、「元来対支外交に於ては通商関係事項は固より、法権、租借地、居留地、内河航行権問題の如き、何れも列国聯盟ともいふべき一団で交渉すべき性質関係にあるもので、我国としては此の特殊の関係を考慮し、列国と協調して其の成行を利導するの用意と経論を以て臨まなければならぬものである。然るに幣原外相は国際協調をモットーとしながら対支外交に限り此の精神を無視し、独自単独の意図を以て進んだといふことは、取りも直さず自らその外交の基調を紊した遣り方であり、国際協調の趨勢に反した方策であつたと云はなければならぬ」と幣原外交を批判している（「幣原外交と満州の行詰」『外交時報』第六二三号、昭和五年十一月十五日）。なお、上海商工会議所も、「斯く支那の時局がいま尚ほ混沌不安をつゞけつゝある事実を認めると同時に、われ等は一面支那がその動乱と動乱との間の短い和平期において、極端な旧速度をもつて対外的には国権の回収を謀り、対内的には内政の整備完成殊にいはゆる経済建設に躍進しつゝある事実をも認めざるを得ない」とし、「今やこれ等列強は、支那に協力することにより自れを利し、支那を富ましむることによつて自らをも富ましめむとしつゝある。思ふに支那の実業交通に対する国際協同時代は近く実現せられるであろう」との論調から（「列国の対支経済協同～対支政策の変化を重視せよ」上海日本商工会議所内金曜会『金曜会パンフレット』第五四号、昭和六年三月十日）、わずか一ヵ月で、「営業税外人賦課問題」と題する評論のなかで、「少くとも何等か巧みな弁法を講じて表面は治外法権に抵触しないようにと糊塗し、実際は治外法権の利益を全く放棄」することを恐れ、綿糸統一税に於ける国民政府財政部と当業者間の「契約」を「夫れは国民政府の強圧と本国政府の軟弱に板ばさみとなつて苦しめられた現地在住外人の巳を得さる窮策に外ならない」とし、「国の充分な保護だにあらば、われ等は決して斯かる不合理不利益な圧迫に忍従するものではない。畢竟するに国民政府をして而く暴慢ならしめたのは、母国政府の不徹底不透明な対支態度に起因する」と強硬な姿勢へと変化させている（上海日本商工会議所内金曜会『金曜会パンフレット』第五七号、昭和六年四月二十四日）。

（79）本書第六章、第七章、第八章、参照。

（80）「革命外交」『支那ノ対外政策関係雑纂』第一巻（松A.2.1.0.C1-1）、一五頁。

（81）同前註（80）三五～三六頁。

第六章　「交渉」と「蓄積」

——日中関税協定施行過程における日本側対応——

昭和五年（一九三〇）三月十二日（三月十一日付）、重光葵臨時代理公使と王正廷国民政府外交部長との間で日中関税協定が仮調印され、中国は関税自主権を回復した(1)。日本側は、日中関税協定の成立にあたって互恵税率の導入に成功し、対日ボイコットの終息および釐金等内地通過税の撤廃等を認めさせたことで、中国内の日本権益を確保できた、と考えていた。また、同協定の成立により、小幡アグレマン問題以降、停滞していた日中関係が対立から「宥和」へと転換するものとも期待していた。

しかし、正式の調印がなされたのは、仮調印から五十五日後の五月六日のことであり、同協定の前途がなお険しいものであることを予感させていた。日本の批准が遅れた原因は、条約を審査する枢密院顧問官たちの国民政府の対外政策＝「革命外交」への不信感にあった。だが、それが真の問題となるには、顧問官たちの不信感が国民の間に浸透していくことが必要であった。

実際、国民政府に対する不信感を共有しえる素地が国民の間にも形成されつつあった。まず、金解禁政策を採用したことにより、世界恐慌という嵐が直接、日本国内に吹き込んでいた。さらに、世界的な需給バランス崩壊に基づく銀価格の暴落により、為替の変動と輸入品に対する中国農民の購買力は低下し、中国市場が急速に縮小していた。このため中国市場に依存する日本資本、なかでも雑貨等を扱う中小資本は、その輸出量を大幅に減らしており、また、中国にあって金建で生活する中小日本商工業者（特に関東州内在住）も、経営難に陥っていたのである。

一方、世界恐慌の波及がタイム・ラグをともなっていたため、当初、中国は、各国が恐慌に喘ぐなか、大連を中心とする大豆輸出の減少以外、貿易額も微減にとどまり、不況の波を被っていなかった。しかし、銀価の暴落は、金建決済の対外債務をふくらませ、中央政府・国民政府の財政を圧迫していた。このため、関税自主権回復後、宋子文財政部長主導のもと国民政府は、昭和六年一月一日（輸入税）と六月一日（輸出税）に国定税率を制定して関税収入の確保に努めるとともに、税制改革にも着手し、一月一日、釐金および釐金類似の諸税を廃止（裁釐）、新税として一月十五日に各省徴収営業税大綱を公布、二月一日には統税の徴収を開始したのであった。そして、新税を担保とする内国債を発行し、財政の補塡をおこなっていった。国民政府の財政改革は、時に輸入代替・国内産業育成のための「国貨提倡」運動を展開する実業部や民族資本と対立しつつも、強力に推進されていったのである。

このようななか、重光臨時代理公使は、昭和五年三月十九日外務省着の電報公第三二二号で次のような所見を述べていた。まず、中国側に対する「王正廷ヲ頭トスル外交部ニ於テハ常ニ輿論ノ潮流ニ副ヒ最急進的政策ニ出ツル」との二つの認識から「蔣介石ヲ中心トスル宋家一派ノ勢力ハ胡漢民等ノ党部理論派ノ勢力ヲ断然圧迫シ居ル」と「蔣介石ハ勿論各方面ノ裏面ノ実勢力ニ対シテ聯絡交歓シ外交部ヲ牽制シツツ交渉ヲ理論的ヨリ幾分ニテモ実際的ニ導キ我方ノ有利ノ地歩ヲ造ルニ努ムルノ必要アリ」としていた。さらに、日本側の対応について中国側の「機敏」な態度決定に対抗するためにも「交渉開始後ハ大綱以外ハ努メテ之ヲ出先官憲ニ委スルコト然ルへク特ニ中央ハ勿論関係官憲ニ於テハ対外的ニハ統一的態度ヲ以テ終始一貫スルヲ要スル」と、自らへの権限集中を主張した。(2)重光は、自信を披瀝しつつ、外務省中央と中国中央、現地（特に東北各地）という三つの外交局面のうち、唯一の日中関係打開の方法として中国中央での交渉（対国民政府交渉）をあげたのである。

そこで本章では、日中関税協定成立後の三つの問題――イ日中関税協定の施行にあたっての諸問題（国定税率導入と、釐金および釐金類似の内地通過税の廃止および裁釐課税の問題）、ロ重光と宋子文財政部長による経済提携路線が発展継続できるか（この問題は、西原借款に代表される無担保不確実債権の整理＝債務整理問題を通じて模索された）、ハ残された不平等条約要因＝治外法権撤廃問題――のうち、イの日中関税協定の施行過程における諸問題を扱うこととする。

そして、中国中央と現地での「交渉」にスポットをあてることとする。それは、浜口雄幸遭難による幣原喜重郎外務大臣の首相代理就任と、これにともなって外務省中央の機能が低下するなかでのことであった。結果として「交渉」の可能性が明らかとなれば、満州事変の発生を矛盾の「蓄積」過程＝歴史的必然とし、当該期をその満州事変の前史と理解してきた先行研究を補正することともなろう。(3)

一　日中関税協定その後――輸出附加税導入と陸境特恵関税の廃止――

日中関税協定の成立は、これまで日本が「不法課税」としてきた国民政府による輸出附加税の施行を合法化し、朝鮮と中国東北（旧「満州」）間における陸境特恵関税の撤廃も規定したのであった。このため、協定成立前、昭和四年の段階で、この輸出附加税の導入と陸境特恵関税の撤廃をめぐって問題が発生していた地域（安東、青島、間島等）と大連・関東庁では、日中関税協定に如何に対応するかが注目された。そこで以下では、日中関税協定成立とともに再燃した（1）輸出附加税導入問題、と（2）陸境特恵関税撤廃問題、について見ていくこととしたい。

1　輸出附加税導入問題

英米両国との間で関税自主権の回復を果たしたとした国民政府は財政を安定させるため、昭和四年（一九二九）二月七日を期して輸出附加税を導入せんとした。その際、中国の関税自主権回復を認めていなかった日本側でも、芳澤謙吉中国公使は、税率改訂をもって交渉し、実質的に附加税を受けいれようとしたのであった。芳澤は、実質的に中国の関税自主権を認める方向に大きく踏み出そうとしたのである。しかし、田中義一外相の強硬な反対により、六月段階で芳澤と国民政府財政部（宋子文部長）との交渉は頓挫。田中から芳澤公使等に外務省出先に輸出附加税の実施を実力で阻止するよう訓令を発せられた。そして、この訓令執行にあたって、外務省出先の対応に差異が生じたのであった。

関内では、輸出附加税の領事館供託という強硬策が強要された青島以外、アンダー・プロテストでの納入がいち早く決められた。一方、中国東北地方では、安東が領事館と朝鮮銀行・国際運輸株式会社との共同で実力阻止が企画されるほど強硬であったのに対し(4)、間島および営口では反日会活動等が懸念されるため抗議付アンダー・プロテストでの納入が決められていた。日本勢力の濃淡により対応に違いが生じていたのである。結局、中国側は昭和四年の時点で輸出附加税施行を見送ったのである。しかし昭和五年の、日中関税協定の締結は、国定税率導入まで、差し当たりの関税収入として輸出附加税の徴収を再浮上させたのであった。

その際輸出附加税導入にあたって日本が問題とした点は、第一に先物取引をおこなう現地日本商を保護するため、同税の即時導入を阻み、どれだけ長期の猶予期間を設定できるか、であった。それは、豆油、豆粕の輸出附加税賦課にあたって、中国商のみ五割徴収にとどめ産業助成を図る、との噂のなかでのことであり、当初、困難が予想されていた。(5) しかし、この猶予期間の設定については、関東庁太田政弘長官からの要求に基づきはじまった重光・宋子文間の交渉は、こじれることなく進み、はやくも五月二十九日の重光―宋会談で徴収を七月一日からおこなうことで合意をみたのであった。

第二の問題は、輸出附加税徴収が未曾有の営業不振下にある満鉄の各種特権に影響をあたえるのでは、ということであった。焦点は、撫順炭等東北産石炭への輸出附加税課税に対してであった。撫順炭に関しては、地域協定として「撫順烟臺炭坑細則ニ関スル議定書」(明治四十四年〈一九一一〉)が存在しており、当初、日本側は、中国がこの議定書を無視して輸出附加税徴収を強行するなどとは考えてもみなかった。それゆえ、六月十四日、安東税関から輸出附加税を徴収する旨の通知がだされると、現地側は「当方ニ於テハ実力阻止ヲ免カレサルモノトシ準備中ナリ」と一気に態度を硬化させたのであった。(6)

これに対し、重光臨時代理公使は、十五日、実力行使を前提とする交渉に反対との意見を具申するとともに、メーズ総税務司に日本の満州特種権益保護を働きかけ、事態の沈静化を図った。結局、この時点では、重光の工作が成功し、差し当たり石炭への輸出附加税課税は回避された。しかし、現地・外務省出先では、森岡正平領事の「卑見ニ依レハ吾方ニ有力ナル理由アル場合ニ斯ル妥協案ヲ承諾スルコトハ徒ニ支那側ヲ増長セシメ今後満洲ニ於ケル各種案件ニ多々不利ナル影響ヲ来ス惧アリト考ヘラルルヲ以テ断シテ斯ル妥協案ヲ斥ケテ吾方ノ決心ヲ示シ又実際問題トシテモ先方カ強制的態度ニ出ツルニ於テハ実力阻止ヲ実行スルコト可然ト思考ス」との意見具申にもみられるように、いつでも強硬路線へ転換しうる状況を準備させたのであった。(7)

2 陸境特恵関税撤廃問題

また、陸境特恵関税の撤廃も日中間の懸案となっていた（陸境特恵関税とは、国境を接する東北・朝鮮間陸上輸送ルートでの輸出入に関して一律関税を三分の一に減免する制度である）。そもそも、この陸境特恵関税については、北京関税特別会議以来、日本側も撤廃を意識していた。それゆえ、一九二九年の段階で廃止が中国側から提議された際、外務省側は、予告なしでの即時撤廃に反対、問題を撤廃の時期と猶予期間の設定に絞って交渉する姿勢をしめしていた。にもかかわらず懸案化した理由は、輸出附加税の場合と同じく田中外相の強硬な姿勢にあった。

結局、陸境特恵関税も撤廃されることなく、日中関税協定の成立を迎えた。そして、日中関税協定における第二付属書「鮮満陸境特恵関税ノ廃止ニ関スル交換公文」によって廃止が決定、昭和五年六月二十四日付で日中関税協定に基づいて約三ヵ月の猶予期間設定のうえ、九月十六日から撤廃する旨の布告が中国側からだされた(8)。これを日本側も了承、結果的に日本側は、陸境特恵関税の撤廃を通じて中国東北地方への二つの貿易ルート（朝鮮縦貫ルートと大連経由の海路）のうち、大連経由の海路貿易ルートを優先させたのであった。

だが、この間、中国東北地方への貿易ルートそのものに問題が生じていた。銀価の暴落にともなう為替の変動等により、東北地方への日本製品の輸移入ルートが、大連ないし朝鮮からのルートより、上海経由の移入ルートに代わりつつあったのである。この点について満州朝鮮聯合商工会議所より関東庁に意見書が提出されており(9)、実際、これを裏づけるように、大連ルートをになっていた大阪川口華商の撤退も顕在化していた(10)。

この大阪川口商人（中国商）の撤退は、対東北・華北貿易の七〜八割を彼らの仲介に依存していた大阪の中小資本（雑貨類製造）に大きな打撃を与えるものであった。反面、在「満州」の日本商にとっては、大阪の製造業者との直接取引を独占しえる機会であった。だが、ともに金解禁、銀価暴落および昭和恐慌による不況に喘いでいるとはいえ、大阪中小資本は、決して在「満州」日本商との取引を好まず、地理的に近接する上海との貿易拡大を選択した。大阪中小資本は、中国商との商習慣の相違からくるリスクよりも、中国統一を前提とした上海貿易を選択したのである。(11)

以上のように、日中関税協定の成立は、それまでの輸出附加税の未徴収や陸境特恵関税の存在に代表されるような中国東北地方での「特殊性」（日本にとっての）を除去し、関内並みに平準化させるものであった。それは、日本側にとって易幟後の中国統一を経済的に承認していく方向性をしめしていた。

二　中国国定税率の導入と裁釐

国民政府は、関税自主権回復後、自主関税たる国定税率の導入に邁進することとなった。この国定税率の導入に対する日本側の関心は、第一に税率（特に輸入税）がどの程度に設定されるか、であった。なぜならば日中関税協定で互恵税率が設定されたのは、対中国輸出総額の約四四%であり、残りの約五六%が国定税率の対象となったからである。(12)第二の関心は「いつ」導入されるかであった。そして、第三としては、国定税率の導入が、日本側が希望していた釐金および釐金類似の内地通過税の廃止（裁釐）と同時におこなわれるかどうか、であった。

まず、第一の点について外務省中央は、三井物産を通じて密かに入手した中国案をみて、それが概ね現行税率基礎価格あるいは北京課税価格を基礎として算出されていることに安堵した。しかし、基礎価格の設定に関して若干の相違があり、また、海産物については大幅な増税となっていた。この点につき外務省中央は、十月二十二日、修正方交渉をするよう重光代理公使に命じた。これに対して、重光は、海産物に限って交渉することを提案。重光の主張にそって交渉が開始され、十一月末には日本側意見に添うかたちで一致をみたのであった。だが、一般的に新税率導入により砂糖・雑貨等の日本品が影響を受けるのは必至とみられていたので、外務省中央でも中国側に正式な新税率表の内示を求めるとともに、正確な導入日時の確認を急いだのであった。だが、第二の点、すなわち国定税率の導入日時について日本側が、昭和六年（一九三一）一月一日施行という確実な情報をえたのは、二日前の十二月三十日のことであった。(13)

第三点については、対象である釐金そのものについて、日本側も中国の全国市場形成を阻むものとして、また国民政府側も軍事的・財政的な中国統一を進めるうえでの障害として認識しており、裁釐を必要とする点で合意が成立していた。しかし、国民政府管轄下の地方（省）政府にとって釐金は有力な財源であった。このため、国民政府は、裁釐による中央集権的な国民国家建設を図りつつ、地方政府の財源難にも対応しなければならなかった。

この裁釐が具体化したのは、昭和五年十月十日に実施することを宣言した同年一月十七日の国民政府令においてであった。これをうけて財政部では、三月十日、二種類の抵補弁法を決定し、各省政府の附加税徴収を禁止したのであった。一方、中国側関税自主権を承認した代償として釐金の廃止を想定している現地日本商側では、四月二十六日、奉天商工会議所が「国民政府カ果シテ該協定ノ実行ヲナスカ否カヲ厳ニ監視シ之カ実現ヲ期スル様特ニ考慮セラレタシ」との決議を、(14)また六月には第十二回満州商工会議所聯合会から「支那ノ厘金、常関税、沿岸貿易税、通過税並ニ之ト類似ノ内國課金廃止方ニ関シ陳情ノ件」との陳情がだされていた。(15)さらに国内の日本商工会議所からも「支那ノ厘金並ニ類似ノ内國課税廃止ノ実行ニ関スル建議」が提出され、日中関税協定第三付属書にある内地通過税廃止が履行されるよう政府が監視することを求めていた。(16)そして、このような釐金廃止要求は、七月に入ると商工省から「相当理由アリト被認候条可然御取計相成度此段申進候也」として要求されるに至っていたのである。(17)この間、国民政府財政部による裁釐準備は、着々と進みつつあると報道されていた。しかし中原大戦により、十月十日の裁釐は不可能となった。このため、国民政府は、十月六日、再度裁釐の実施を明年一月一日に延期する旨公布したのであった。

十一月に入ると、裁釐による税収不足に対して湖北省から、地租の整理、中央政府から関税収入の一部割譲等の要求が、また、東三省（張学良）からも釐金補償税徴収の準備が整わず、山西軍善後策をめぐる維持費の中央負担の問題もあり、釐金廃止を困難とする意見がでてきていた[18]（反面、上海市商会では営業税等の税率維持〈増徴反対〉と一物一税方針の確定を求めている[19]）。このため、国民政府では、各省の財源不足を理由とする新税導入に対して、十二月中旬に入り、財政統一を阻害するものとの財政部上申による行政院通令を発し、裁釐の再度の延期はしないことを宣言したのであった。それでも、十二月末の段階で、河北省、湖北省、山東省等より、準備および財源の不足を理由とする釐金廃止延期要求がでていた。このような地方からの裁釐延期要求に対して、国民政府財政部も、地方財源確保のため地租の整理と営業税の徴収、地方政府の勝手な新税徴収を許さない代わりに統税範囲の拡大等による補塡策等を考えていった。他方、日本側に対しては、四川省を除く全国一斉に釐金撤廃をおこない、新税（統税、営業税等）の導入は、釐金廃止より相当遅れて実施し、抵代税の廃止についても輸入商等に対して不便を来すことがないように取り計らう旨を告げ、了解を求めたのであった[20]。

だが、日本側は、釐金等の廃止がままならないうちに、日本側にとって貿易上有利な抵代税のみ廃止されて新税が導入されることに懸念を抱いていた。それゆえ、外務省中央よりは、抵代税制度の維持および将来の問題化に備えるよう訓令もだされていたのである[21]。結局、裁釐は、最終的に蔣介石の強い意志を表明した通電もあり、予定通り昭和六年一月一日、国定税率の導入とともに公布されたのであった。

実際、裁釐は、当初、河北省（天津）で奥地向輸入貨物に対する子口半税のかわりに常関通過税が導入されて釐金制度を残そうとした例があったものの、疑問視されていた東北地方でも実施されたように、大きな混乱を招くことなくおこなわれていった。しかし、裁釐は地域的にばらつきが存在していたため、幣原は、二月六日、公第五十七号で重光臨時代理公使にあてて、「此際裁釐ノ難事業ヲ完成セムトスル国民政府ノ誠意ト努力トニハ飽迄同情ヲ吝ムモノニアラサルモ裁釐ノ尚不徹底ナルコト彼我両国間ノ経済関係ノ尊重トニ就キ」国民政府へ注意するよう訓令したのであった。(22)

国定税率の導入（輸入税率）については、関東庁側より猶予期間が設定されていないため反発があったものの、(23)外務省中央は「国民政府ハ客年末来万難ヲ排シテ一月一日ヨリ裁厘ヲ決行スルノ強固ナル意向ヲ屢々表明シタル為右ハ少クトモ支那本部ノ大部分ニ亘リ実行セラルル模様」「中央政府ハ裁厘ニ伴フ地方財源補充ノ一策トシテ特殊品目ニ対スル消費税、出廠税（何レモ国税）及営業税（地方税）施行ノ準備中ナルモ之ガ完全ナル実施ハ多少ノ時日ヲ要スヘク旁々収入ノ最モ確実ナル新関税急速実施ノ必要ニ迫ラレタルモノト観測セラレ右ハ民国側トシテハ無理カラヌコトトモ思考セラル」と国民政府の裁釐政策に理解をしめしたうえで、「各国（日本ヲ含ム）ノ慣習上税率公布ト同時ニ之ヲ実施スル例頗ル多キニ鑑ミ此際改メテ御来示ノ如キ交渉ヲナスモ到底目的ヲ達成シ難シト思考スルニ付右事情御諒承ノ上大連税関長ノ実施期日告示方ハ之ヲ応諾セラルルコトト致度」と関東庁側の意見を却下していた。(24)しかし、国定税率の導入は東北の日本商にとって、国貨提倡運動・銀価の暴落にともなう中国側購買力の減少と海関金単位制導入に加え、新たな障害が増えたことを意味した。(25)このため、現地日本商、特に資本の小さいものは、売掛金の回収も不可能な状況に追込まれていったのである。

そして大連港でも新たな問題（大連二重課税問題）が起きていた。(26)
大連港では、中国側が国定税率の導入にあたって大連港を明確に中国港と位置づけ、戻税を廃止して大連経由の再輸出外国品および奥地向中国品、関東州内消費中国品に課税をおこなったため、中国通商港において納付済の外国品が大連港に移入される場合に既納輸入税の払戻を受けられないこととなった。さらに商品が大連港より奥地に再移入される場合、大連海関協定第五条により輸入税の納付が規定されているため二重に輸入税を中国に納付する必要が生じたのである。このことは、大連に輸入され租借地内で消費される内外品、大連より輸出される外国品および租借地内の生産品・製造品について無税と規定する「大連海関設置ニ関スル協定」（明治四十年〈一九〇七〉）に依拠してきた日本側特権を否定するものであった。つまり、日本側は、明確に中国港として扱おうとする中国側の対応により、大連港を「外国港」（＝日本港）とするならば経済的に中国各地との連係を断たれて孤立を余儀なくされ、「内国港」（＝中国港）と規定するならば、租借地としての関東州の意義を失うというジレンマに陥ることとなったのである（同じように大連海関内の福本海関長以下の日本人海関員も、メーズ総税務司の就任以降、海関員が中国官吏化しつつあるなか、日本側要求と総税務司からの命令との間で苦悩していた）。

日本側の対策としては、保税倉庫の利用（再輸出品等の数量を制限する）および猶予期間設定等が考えられたが、問題を根本的に解決するものでなかった。このため関東庁・満鉄側は、戻税制度の復活を要求した。しかし、外務省側は、日中関税協定第九条で中国側の戻税自主権を承認していたことから復活は困難と判断し、二月中旬より積出港でE・C・(27)を発給させることで二重課税問題の解決を試みた。外務省出先から打診を受けた総税務司側も三月十日付で大連海関長に対して四月一日以降、E・C・の発給を認めたが、国民政府財政部関務処は大連海関でのE・C・発給に反対。大連における二重課税は現実のものとなったのである。

このため四月中旬以降、大連では課税を嫌い滞貨となる貨物が問題となっていった。満鉄収入の減少を憂う関東庁は、「満鐵及大連ニ対シ一種ノ経済封鎖ヲ行フ魂胆ニ出テタルモノニアラスヤトノ懸念モ起ル訳合ニテ之カ対策ニ付テハ慎重ナル御考慮ヲ煩シ度」と意見具申。(28)関東庁・満鉄側は、この二重課税問題に対して〟大連海関協定は特別法であり、一般法たる日中関税協定に優先し、関税協定第九条の戻税廃止の効力は大連海関協定のある関東州まで及ばない〟として中国側の課税を強行突破する強制通関を辞さない姿勢をとりつつ戻税制度の存続を図った。さらに、中国中央銀行が税関金単位券の発券準備をおこなっているとの報が伝わるや、関東庁側は、大連海関で納税に使用されている鈔票（横浜正金銀行発行銀兌換券）を駆逐し、海関収入取扱銀行としての横浜正金銀行の地位を覆すものと解釈し、より危機感を強めていったのである。(29)

この間、国民政府では、輸入税に続き、輸出税に関する国定税率の制定も着々と進め、五月十二日付の海関告示で六月一日実施を明らかにしていた（これにより輸出附加税廃止）。そして、新輸出税率を外国輸出にのみ適用し、中国内諸港への移出については転口税として現行輸出税率で課税することを総税務司名で電訓したのであった。このような中国側の動きに対して、二重課税問題等により中国内国貿易が漸次営口経由となり、中継港としての大連の地位が脅かされつつあると認識する関東庁・満鉄側は、より態度を硬化させていき、五月二十四日、ついに滞貨貨物の強制通関を実行するに至った。

これに対し、重光は、強制通関がかえって中国側による「大連海関協定ヲ廃棄シ大連ニ対抗スル為営口、秦皇島、葫蘆島等ノ経営ニ努力スル時機ヲ早ムヘキハ勿論満洲以外ニ於テ我方ノ利益ヲ尊重セサル底意ヲ強カラシムル虞ナキニ非ス」とし、また、戻税および営口への振替等についても「本件ニ関シテハ前記我方条約上ノ立場ヲモ考ヘ余リ声ヲ大ニシテ徒ラニ中国側ノ神経ヲ刺戟スルヨリハ暫ク隠忍シテ」行動することを意見具申する。(30)しかし、外務省中央内部では、六月末段階で「大連ニ於テ実行シ居ル無封印通関ハ引続キ之ヲ行フコト然ルヘシ」との強硬意見も擡頭していた。(31)このため、幣原外務大臣は、七月二十二日、大連港を「中国港」と規定する転口税を特別規定と理解して承認するよう塚本清治関東長官にあてて訓令するとともに[32]、重光に対しては、大連において戻税制度を存続させるよう交渉に入ることを命じたのであった[33]。この訓令に基づき重光・宋子文間に交渉がもたれ、両者の間でこれ以上日中関係を悪化させないことが確認されたのち、九月八日、宋子文からE．C．制度の大連への即時導入により、関東庁と海関側が互譲的に妥協するよう提案がだされた。結果、二重課税問題をめぐり両国は急速に歩み寄り、九月十日に覚書が交換され、二重課税問題は、ひとまず解決をみることとなったのである。

この重光・宋子文間の諒解に基づき、現地の関東庁・海関間でも交渉が開始されたが、九月十八日の満州事変により、海関内に対日強硬論が擡頭、現地交渉は、九月二十八日の段階で一時延期となり、十一月十七日に中断されたまま、二重課税を払うことなく強制通関がおこなわれ、日本の「満州国」樹立の動きのなかで海関回収（＝「根本解決迄」[34]）が日程にのぼっていったのである。

三　裁釐課税

国民政府による国定税率の導入が、大連において二重課税問題を惹起したように、釐金および釐金類似の内地通過税廃止にともなう営業税、統税の導入（裁釐課税）も、治外法権下にある租界・租借地・鉄道附属地等内での施行が想定されただけに、新たな問題を起こしていった。以下では、この裁釐課税問題について、1営業税導入問題、2統税導入問題、について個々にみていくこととする。

1　営業税導入問題

裁釐による補償税として新設されることとなった営業税は、昭和六年（一九三一）一月十五日付公布の各省営業税徴収弁法大綱及同補充弁法に基づき、各省市が独自に営業税徴収条令を制定、財政部の認可を受けて実施されていった。だが営業税は地方税であるため、地域によって税率が異なっていた。このため各地で批判が続出することとなった。国民政府は、江蘇、浙江両省において改めて営業税を試行したうえで、四月十五日、営業税大綱および補充弁法を再決定した。右弁法を一括修正のうえ立法上の手続をおこない、六月十三日付政府令としての営業税法を公布しなおしたのであった。

この営業税の施行にあたって日本側が問題としたのは、内外商差別なく一律に営業税納付と営業登記を課し、帳簿の検査をおこなう点にあった。つまり、「内外商差別なく」ということは、中国側が治外法権人として対象外であった日本人に課税し、さらに租界や附属地内でも徴収することを含意していたからである。それゆえ、中国による治外法権の撤廃を認めていない日本は、営業税の課税を条約違反との理由で反対した。その際、外務省出先は、中国側の動きを租界回収運動と連関させて理解しつつ、関内では基本的に「此ノ種課税及邦商ノ営業調査ノ如キハ素ヨリ承認ノ限リニ非スト存セラルルニ付当分握リ潰シ置キ」として対応し[35]、東北地方では租借地・附属地行政権の明白な侵害であるとして強硬な姿勢で臨んだのであった。

一方、英米仏の三国もその導入に当初反対していたが、条約上の問題として絶対的に反対していた日仏に対して、英米両国（特に現地サイド）は、租界内での帳簿検査、登記強制および内外差別・過重負担には反対したものの、納税については黙認の姿勢をとっていった。

このような英米両国の宥和的な姿勢に対して、日本側も中国東北地域では「反対」の立場を貫いたものの、関内では租界内の中国商に対する営業税の課税を黙認していったのである（居留民団の財政と居住中国商の二重負担とならない限り、という有名無実の名目を付けて）。営業税への対応についても地域で日本側の対応に差異が生じたのであった。

以下では具体的に関内・中国東北各地方別ににおける営業税の実施状況と日本側対応について概観する。

〔天津〕　河北省・天津市合同の籌備委員会で営業税条令草案を作成、公布。七月一日、河北省営業税徴収処で徴税準備を開始した。営業税導入にあたっての問題は、租界内中国人に営業税課税を黙認した場合、民団において土地家屋課金を課している関係上、二重の負担を与えることであった。このため、在天津桑島主計総領事は「属地的ニ租界内中国人ニ対スル営業税ノ適用ヲ拒否スルト共ニ属人的ニ租界外本邦人ニ対スル営業税ヲモ拒否シ得ルコトトナラハ万事好都合ナルモ右ハ理論上無理アリ此ノ辺ノ利害ノ調和ニ付テハ慎重考慮ヲ要スル次第」と対応に苦慮していたが(36)、英国が黙認の姿勢をとったため、徴税の際は立合いをおこない、徴税額の上限を設定するまで譲歩を考えていった(37)。そして、九月十五日、中国街で徴税を開始されるなかで、現地側の妥協案を外務省中央も「過重ノ負担トナラサル限リ租界内中国人カ自発的ニ納税スルコトハ之ヲ黙認シ差支ナキ意向」と認めたのであった(38)。しかし、満州事変による避難民救済と軍費捻出もあり、河北省では営業税の徴税自体うまくいかず、十月八日、営業税徴収条令および同施行細則の修正公布をおこなっている。

〔上海〕　上海では、各種同業会が営業税徴収反対を国民政府等中央に陳情していた。一方、上海市政府は、市単位の営業税導入を中央に求めつつ、工部局（中国側）を通じて領事団側と打ち合わせることなく、大上海および外国租界内で営業税を徴収するため共同租界内に営業税籌備処を設置し、準備にとりかかった。これに対して市参事会（領事団のもとにある）および中国商側が反発、前者は三月五日付で事務所の閉鎖を申し入れた。しかし、市政府は七月一日より営業税の導入を決定。共同租界内での営業税徴収をめぐって市参事会が再び反発し、九月末日を期限として撤廃を市政府に申し入れている(39)。結局、この段階では導入されずに終わっている。

〔広東〕　広東省政府では、二月より営業税籌備委員会を設置し徴税の準備をおこなっていた。その際、現地の三井出張所長は、広東省范其務財政庁長に営業税率を純益の三分とすること、排日ボイコットを起こさないこと、科学工業利権および鉱山採掘権の三井への付与、の三条件を提出して営業税の納付承認を申しでている（結局、この提案は、広東省側の受け入れるところとならなかった(40)）。その後、広東国民政府の成立により六月再び準備に着手し、税法を改正して、広東省営業税徴収章程の実施を九月一日に予定していたが、中国商よりの営業申告が捗々しくなく、徴税開始を十二月初旬に延期している。

〔漢口〕　湖北省では、二月初旬導入を目途に湖北省営業税徴収暫行章程草案を作成したが、帳簿検査に中国商会が反発、日本側もこの動きに期待を寄せていた。しかし、湖北省政府および漢口市政府は、新聞等を利用して漢口租界内外国商にも帳簿検査と営業登記を迫った。日仏米の三国は厳重に抗議したが、ランプソン英国公使は、本国から営業税納税拒否の訓令を事実上無視し、在漢口英国総領事の強硬論を押さえて営業税の納税を黙認したのであった(41)。その際、租界外日本商の保護と租界内の中国商への対応が問題化したが、三月二十四日、在漢口・坂根準三総領事は、「理論ハ兎モ角」「民国側ノ申出ヲ飽迄拒絶スルハサラテタニ租界回収ノ声高キ此際トテ甚タ不得策」として「今後民国側ノ出様如何ニ依リテハ租界内民国人ニ之ヲ実施スルコトハ適当協力ヲ與フルコトトシ相当好意ヲ示ス一方邦人ニ対シテハ差当リ極力之ヲ拒絶スルノ態度ヲ執リ旁将来起ルヘキ実際問題ノ地方的交渉ニ便スルコト此際得策ナルヤニ考ヘラルル」と意見具申したのであった(42)。結局、営業税自体は、施行されたものの、湖北省では、日仏米の納税拒否および排日、漢口水害の影響により、徴税は順調に進まなかった。このため、省財政は悪化し、十二月段階で営業執照税、出産税、産銷税の徴収を再開している。

〔瀋陽（奉天）〕[43]五月一日より銷場税を撤廃して新たに遼寧省営業税条例、同施行細則、同罰則規定を公布して営業税の徴収をはじめた。その際、附属地内外および日本商・中国商では、対応に差異があった。

まず、附属地外中国商からは、営業税に対して税率が高く、徴税手続きも煩雑であるとの不満がでていた。このため遼寧省政府は、納税額を前年納入銷場税額の九割に相当する一七〇〇万元とし、徴税方法も商務会に委任、一括納入することとした。また、附属地内在住の中国商へは、四月十七日、省城税捐徴収局より附属地商務会に営業税納付が通達された。これに対して在奉天林総領事は、同通達が日本の附属地行政権侵犯にあたると抗議。五月六日の税捐徴収局による附属地商会長の出頭要求も黙殺した。このため中国側は、附属地境界に厳重な監視所を設置し、附属地搬出貨物に堵徴と称して従価二分の営業税を賦課し、さらに関東州内産出の中国品および移入品等、放行単が添付されていない外国貨物に対して一律従価三分の出産税を賦課徴収することとした。このため、附属地内中国商で奉天城内をはじめ附属地外との取引をおこなうものは営業不能の状態に陥り、内密に納税するものも生ずるに至った。同様に開原附属地でも五月十六日以降、堵徴をおこなったため、附属地内中国商は奥地との取引をするものはいなくなった。このため中国商たちは、協議して従来納入の包税額を標準として自発的寄付行為として納税することを七月五日、税捐局に報告することを余儀なくされている（同様に四平街附属地でも七月十三日包税として納付を決定している）。

一方、附属地内日本商の場合にも、城内搬入貨物に中国側税捐局が営業税の納付を附属地境界線で強制。六月六日、在奉天・林久治郎総領事は、外交部特派員に中止を求める抗議の公文を提出した。それでも税捐局側は、営業税を納付するよう日本商に対して個別に示達、日本商のなかにも果実商など、内密に納税しようとする者もでてきていた。また、中国街在住日本商へは、直接、中国税局から納税するよう要求された。これに対して、在奉天・林総領事から厳重に拒否するよう通達がなされたが[44]、中国街在住日本商にとって営業税拒否は、事実上取引停止を意味するため、彼らは七月二十三日、独自に税捐局と次の四点で妥協している。
イ　放行単の有効期間を発行後六ヵ月とすること。
ロ　納税名義は日本人とすること。
ハ　仕入帳、売上帳各一冊を備え毎日の納税額を記載の上、同帳簿を税局に留めることなく納税完了後携帯帰店すること。
ニ　納税期は前月分を翌月十日までとし日本人一斉に納付すること[45]。

〔安東〕　五月中旬より日本商に営業税納入が個別に要求されていた。しかし、日本商側に納入の気配がないため、五月二十九日、税捐局は財政庁の命令として釐金免除のための護照発給を停止した。これにより、奥地商人が日本商との取引を避けるに至り、営業上打撃をうけた日本商側は、七月十日、護照料を増額して税捐局側と妥協している。その後の税捐局側の態度は、「附属地内華商会並華商等ニ対シテモ負担ヲ強要スル意思ナク」「現下ノ場合ハ当地ニ於ケル従来ノ貴我双方ノ睦誼ニモ鑑ミ求メテ問題ヲ惹起スルカ如キコトヲ避ケ凡テハ大勢ノ推移ニ順応致度」との態度であったと報告されている[46]。

この間、基本的に納税を拒否する日本・外務省側に対して、六月六日付で外交部より納税希望の公文が重光臨時代理公使に手交されているが、外務省側の姿勢に変化がないままに満州事変を迎えることとなった。事変後、東北地域において日本商に対する営業税の課税は中止されたが、関内では、一九三二年（昭和七）十一月に入り、米国との協調を重視して外務省中央も営業税の導入を黙認するに至っている[47]。

2　統税導入問題

裁釐による財源補塡のため国民政府は、タバコ、麦粉に加え、綿糸、セメント、燐寸に対しても統税の設置を決定した。そして、一月二十八日には、綿糸、燐寸、セメント統税条令を公布し、二月一日より実施した[48]（なお、東北地方では、遼寧省で五月一日に銷場税を廃止し、綿糸、燐寸、セメントの三種統税を新設。黒龍江省でも七月十五日に三種統税を実施、吉林省では九月より準備をはじめている）。この統税は、全国統一的に年一回課税するもので、国内工場生産品に課税する点で出廠税にあたり、輸入品にも課税する点で関税の特徴も有していた。

この統税に対する各国の態度は、内外差別のない限り黙認するというものであり、日本側も綿糸統一税の成功に鑑み、同税が在中国邦人企業の私的契約の範囲内であれば（＝条約問題を惹起しなければ）黙認するつもりであった[49]。しかし、統税は、輸入品に賦課する場合、海関での徴収が経済的であり、また、「出廠税」として徴収するならば対象工場に統税署員を常駐させることとなっており、日本に関する限り、附属地内での徴収は必至となっていった（関東州では、満州紡績株式会社の工場が該当していた）。

それゆえ、附属地行政権を行使する関東庁側は、附属地内での統税徴収に絶対反対の旨を意見具申[50]、幣原外相も五月十六日、在奉天・林総領事に綿糸統税の納税を附属地外でおこなうことを命じた。これに対して在奉天・林総領事は、「奥地ニ於テハ事実上中国側ノ為スニ任スノ外ナキ結果ニ陥ルヘク」と、結局、内地税免除を条件として納入せざるをえない、と状況を報告[51]。これを受けて外務省中央も、綿糸以外の統税施行を黙認し、関東州内消費品への課税も認める方向で譲歩しつつ、附属地内徴税の排除の一点に絞って交渉するよう命じたのであった[52]。このような日本側の柔軟な姿勢への移行により、統税は附属地外で徴収されることで日中間に妥協が成立したのであった。施行をめぐる現地中国側と関東庁・満紡側間の現地交渉でも、中国統税署員の工場内常駐は阻止され、納税も満紡の申告による方式とされたのである。そして、六月二十六日には遼寧省財政庁と満紡との間で「満州紡績納税弁法」が調印され、七月十四日から実施されたのであった。

このように外務省中央が妥協的であった理由は、大連海関二重課税問題を解決するための反対給付として統税徴収を黙認したためであった(53)。しかし、統税の附属地外徴収は、税額で地域間に差異を生み、また、煩雑な手続きを必要としたため、英米煙草会社などは、輸入経路を大連から営口、そして天津へと変えて行き、「中継港」大連港の性格に変化をあたえていったのである。

以上のように統税問題は、附属地行政権、なかでも、日本の課税権を保持することを優先しつつ、「交渉」により解決した。この問題は、七月中旬より満州事変勃発まで問題とはならなかったものの、事変後に再燃することとなった。それは、満州事変直後、関東軍統治部により一旦廃止された統税課税が歳入不足から復活が図られ、現地日本商および外務省側による綿糸以外の統税課税反対(54)を排して、十二月一日より徴税をはじめたことにある。「満州」が日本領となるのでなく「満州国」となる過程での統税強要は、まさに「五族協和」の名のもとで満州事変を下支えした中小資本を中心とする「在満邦人」を切り捨てて行く序曲ともなったのである。

なお、東北各地における具体的な統税導入過程は、次のようなものであった。

〔大連〕 中国側は付属地内のみならず海関内にも統税局を設置できなかったため、統税徴収を貨物が附属地の外にでた時、中国商より徴収していた。その際、一月一日実施の輸入税則において統税を既に包含している巻煙草輸入税については、五分の一を海関で徴収、残りを統税局で銀単位で従価三割二分五厘の統税を徴収することとした。しかし、大連海関では輸入税を金単位で徴収するため、銀単位徴収の営口と税額で大きな差額が生じた。この結果、大連二重課税問題とも絡んで煙草の輸入経路は大連から営口に移っている。

〔営口〕　中国側が統税納付済後でなければ輸入許可を与えず、日本側も附属地行政権を保持するため附属地内での中国側課税権を認めなかったため、輸移入貨物は、一旦、陸揚げしたあと再びジャンクまたは馬車にて附属地外に搬出され、統税納付手続をおこなうこととなった。このように手続が煩雑であったため、大連での二重課税を避けて営口経由となっていた貨物の多くは、さらに天津経由に変更していった。

〔安東〕　安東でも、中国側が統税納付済後でなければ輸入許可を与えず、日本側も附属地行政権を保持するため付属地内での中国側課税権を認めなかった。このため、輸移入貨物は、附属地外の海関埠頭に陸揚げし統税納付および輸入手続をしたあと引込線にて安東駅に回送する方法をとった。なお、満州事変の勃発により税捐局長が十月二十五日付で統税徴収改正方を布告したため自然、煩雑な納付問題は解消されている。

大連二重課税問題は、中国中央交渉によって満州事変直前に一応解決しており、裁釐課税として新たに導入された営業税・統税等も関内では徴収黙認の方向にあり、中国東北地方でも統税については「交渉」によって、営業税についても部分的かつ地方的に、妥協が成立していた。このことは、国民政府が「革命外交」にみられる国権恢復の要求を抑制し、また、日本側も関東庁・満鉄や在「満州」日本商等の不満を押さえることで、「交渉」による妥協が可能であったことをしめすものであった。つまり、国家建設途上にあって安定した関税収入確保を図る国民政府と長江流域市場を重視する日本・外務省とは、(55)経済的共存を志向していたため妥協点を有していたのである。他方、外務省が推進した「交渉」による妥協に対し、関東庁・満鉄および在「満州」日本商等は、不満を募らせていた。

このような不満を蓄積しつつある在中国日本人居留民に対して、関内の外務省出先では、昭和六年四月四日から八日まで青島で開催された山東領事会議で、「基礎弱ク維持困難ナル」邦人企業に対して「之等企業ニ対スル保護ハ単ニ一時的効果アルノミニテ無意義ナルヲ以テ之レ等企業ニ対シテハ放置主義ヲ採リ低利資金ノ融通等モ可成為ササルヲ可トス」との答申を決定していた。関内の外務省出先は、経済的発展を遂げる方法として大資本の誘致を提案する一方、「官憲ニ対スル依頼心強ク」「実力ナク而モ射倖心旺盛ナル」在留邦人を切り捨てるつもりであった(56)。同様に東北地方でも、外務省側は、不満を蓄積しつつあるこれら在「満州」勢力のうち、撫順炭の二重課税問題のような満鉄の利益保護については解決に向けて努力していたものの、営業税・統税の導入問題で見られたように、現地日本商の利益を最後まで守るような交渉をおこなうことはなかった。それゆえ、外務省側に見捨てられたかたちの現地日本商は、満州事変後の関東軍による治安維持行動を積極的に支持し「満州国」建国への過程を実質的に下支えしていったのである(57)。

以上述べてきたように満州事変前において外務省の推進した「交渉」は、在「満州」勢力のめざす「満州」の領有化＝「根本的」解決の方向を圧倒していた。さらに、この「交渉」の方向性は、「満州事変」や「満州国」の成立によっても断たれなかった。例えば租借地および鉄道附属地内中小日本商の実質的な切り捨ては、満州事変後も「満州国」設立の過程で、あたかも伏流のごとくあり、結果として「満州国」発展の段階で実態化していった。その意味で、矛盾を蓄積させ、それゆえに先鋭化していかざるをえなかった在「満州」日本商等在留邦人は、「満州国」誕生以前から、すでに切られるべき存在であった。また、従来、「根本的」解決の結果としてのみ見られてきた「満州国」による海関の回収や、治外法権の撤廃等も、形式制度上「交渉」を必要とし、満州事変前の「交渉」の延長線上に存在していた。そして、「交渉」の方向性が満州事変の画期性を越えて「連続」して存在していたことが、この後の日本が中国への侵略を拡大していく過程で、傀儡政権下にあっても治外法権の撤廃等・不平等条約の改正を求めねばならない状況をつくっていったのである。

註

（1）この日中関税協定に関する先行研究としては、まず、久保亨氏による諸研究がある（「南京政府の関税政策とその歴史的意義」〈『土地制度史学』第二二巻第二号（通巻第八六号）、一九八〇年〉、「国民政府の財政と関税収入、一九二八—一九三七年」〈『中国史における社会と民衆』増淵竜夫先生退官記念論集刊行会編、汲古書院、一九八三年〉、「一九三〇年代中国の関税政策と資本家階級」〈『社会経済史学』第四七巻第一号、一九八一年〉、「国民政府による関税自主権の回復過程」〈『東洋文化研究所紀要』第九八冊、東京大学東洋文化研究所、一九八五年〉、「国民政府的政治体制和経済政策」〈『民国研究』第一輯、南京大学出版社、一九九四年〉、「日中関税協定的成立過程和三〇年関税」〈『中国海関史第三次国際学術研討会、一九九五年五月〉）。久保氏の研究は、関税政策から南京国民政府を歴史的に再評価するものであり、本章も中国側動向を含め多くの点を学んでいる。また、中国による不平等条約撤廃と『満州事変』改正への日本側（ブルジョワジーの）対応から、満州事変を導きだすものとして、副島昭一「中国の不平等条約撤廃と『満州事変』」（古屋哲夫編著『日中戦争史研究』吉川弘文館、一九八四年）が、また、日中間の「宥和」政策のなかで日中関税協定の意義を再評価しようとする酒井哲哉「『英米協調』と『日中提携』」（『協調政策の限界』年報近代日本研究十一号、山川出版社、一九八九年）がある。これら諸先行研究に対して、本章は、外務省を中心とする日本側対応に焦点を絞り、副島論文に「交渉」の可能性を対置し、酒井論文に対しては、当該期の日中関係が「堅実に行き詰る」（重光葵著『重光葵外交回想録』〈毎日新聞社、一九七八年〉八二頁）過程でないことを明らかにすることを目的としている（なお、日中関税協定交渉に関しては、史料紹介として拙稿「外務省記録と『重光葵関係文書』—日中関税協定関係史料を一例に—」〈『外交史料館報』第七号、一九九四年三月〉も参照されたい）。

（2）『日本外交文書』昭和期Ⅰ第一部第四巻（昭和五年、対中国関係）、外務省、一九九四年、三一一文書。以後、『外文』四、と略記。

（3）代表的な先行研究として、臼井勝美著『満州事変』（中公新書、一九七四年）、江口圭一著『日本帝国主義論』（青木書店、一九七五年）等がある。なお、この点に関して金子文夫氏は、満鉄の経営分析等を通じて、「満鉄の危機」が満鉄の国家資本性に基づくものであり、実態と乖離していることを明らかにしている（『対満州投資の研究』近藤出版社、一九九一年）。

（4）『日本外交文書』昭和期Ⅰ第一部第三巻（昭和四年、対中国関係）、外務省編、一九九三年、五三七文書。以後、『外文』三、と略記。なお、各地の対応の差異については、「『日本外交文書』解題『昭和期Ⅰ　第一部第三巻』」（『外交史料館報』第七号、一九九四年三月）をさしあたり参照。

（5） この関税の内外差別について宋子文財政部長は、高率の輸出附加税導入とともに考慮せずと言明していたが（昭和五年五月十日着在上海重光臨時代理公使より幣原外務大臣宛電報公第四八一号『各国関税並放棄関係雑件 中国ノ部』E.3.1.2.X1-C1）、大豆輸出附加税改訂準備が終わったとの張福運関務処長からの内話等もあり（昭和五年七月二十八日着在上海重光臨時代理公使より幣原外務大臣宛電報公第七四五号『各国関税並放棄関係雑件 中国ノ部』E.3.1.2.X1-C1）、常に急激な附加税導入の可能性が存在していたのである（『外文』四、三三七文書）。

（6） 昭和五年六月十四日発在安東森岡領事より幣原外務大臣宛電報第四〇号『外文』四、三三〇文書。

（7） 昭和五年六月十七日発在安東森岡領事より幣原外務大臣宛電報第四六号『外文』四、三三三文書。

（8） 昭和五年六月二十五日発在安東森岡領事より幣原外務大臣宛電報第五〇号『各国関税並放棄関係雑件 中国ノ部 陸境関税関係』第二巻（E.3.1.2.X1-C1-1）。なお、中国東北地方経済の地域性に関する史的研究としては、塚瀬進著『中国近代東北経済史研究』（東方書店、一九九三年）を参照されたい。

（9） しかし、この意見書に対して関東庁の河相達夫外事課長は、外務省通商局西春彦第一課長に、昭和五年（一九三〇）五月二十九日、

（前略）奉天到着ノ綿糸布ニ付テ上海品ト日本品トノ比較ヲ掲ケテ陸境関税廃止後ニ於ケル日本品輸入上ノ不利ノ立場ヲ強調シテ居リマスカ右ノ上海品ノ内ニハ日本「オリヂン」ノ品物在上海日本人製品カ多数占メテ居ルコトト思ハレマスカラ日本全体トシテハ此ノ例證ハ大シテ威力ノアルモノテハナイカト思ハレマスカ兎ニ角此ノ請願ニ対シ本省テモ一顧ヲ與ヘラレルコトトモ存シマスノテ右会議所トノ応対上貴方ノ御意 向篤ト承知シテ置クコトカ當方ニ取ツテ便宜テアリ且ツ必要ノコトト存シマスカラ本省ノ御意見ナリ又貴兄限リノ御私見ナリ早メニ御知セ願度存シマス（後略）

との意見を送っている（『各國関税並法規関係雑件 中国ノ部 陸境関税関係』第二巻〈E.3.1.2.X1-C1-1〉）。

（10） 昭和五年四月四日付通商局第二課「大阪川口商人引揚ノ原因ニ関スル件」『外文』四、三二四文書。

（11） 野添孝生（奉天商工会議所書記長）「支那人の窮状と其対策―憂目を見た大阪商人―」（『東洋貿易研究』第九巻第一号、昭和五年一月号）。なお、同じように上海の居留民からも在「満州」日本居留民は、「世界三大国の一など大きいことを云ふくせに、満鉄の大きい庇護なくしては存立し得ない民族のやうにも満州では見えてゐる」と批判されていた（後藤朝太郎「満洲に於ける日本」

〈『外交時報』六二二号、昭和五年十一月一日〉)。

(12) 税率問題中、日本側の関心は、まず、七種差等税として前年導入されていた輸入税にあった。それは、日本側が中国を市場として重視していたためだけでなく、中国国内で輸出税率の改正をめぐって政府と民間との間で意見の相違があるため輸入税率の改訂が優先される、との情報を得ていたからでもあった(昭和五年九月十三日発上海公使館付武官より参謀次長宛電報支七七号『各国関税並法規関係雑件　中国ノ部』〈E.3.1.2.X1-C1〉)。

(13) 昭和五年十二月三十日発上海駐在横竹商務参事官より幣原外務大臣宛電報商第七二号『各国関税並法規関係雑件　中国ノ部』第五巻(E.3.1.2.X1-C1)。このなかで横竹は、上海への影響について「当地邦商トシテハ綿布砂糖紙其ノ他先約定品ニ対シテハ増税買手持トナリ居ル為直接ノ損失ヲ蒙ルコトナカルヘク」と予想していた。

(14) 昭和五年五月一日付在奉天林総領事より幣原外務大臣宛公信機密公第三二五号「支那ニ於ケル厘金其他課金廃止方ノ件」『中国ニ於ケル租税及負担金関係雑件　厘金』第二巻(E.1.3.2.1-6)。

(15) 昭和五年六月十二日付第十二回満洲商工会議所聯合会長大連商工会議所会頭村井啓太郎より幣原外務大臣宛公信大発第五〇四号『中国ニ於ケル租税及負担金関係雑件　厘金関係』第一巻(E.1.3.2.1-6)。

(16) 『中国ニ於ケル租税及負担金関係雑件　厘金関係』第一巻(E.1.3.2.1-6)。

(17) 昭和五年七月十八日付田島商工次官より吉田外務次官宛五貿第一六〇号「支那ノ厘金並ニ類似ノ内國課金廃止ノ実行ニ関スル件」『中国ニ於ケル租税及負担金関係雑件　厘金関係』第一巻(E.1.3.2.1-6)。

(18) 昭和五年十二月十七日発在奉天林総領事より幣原外務大臣宛電報第五九九号『外文』四、五四三文書。

(19) 昭和五年十二月十四日付在南京上村領事より幣原外務大臣宛電報『中国ニ於ケル租税及負担金関係雑件　厘金関係』第三巻(E.1.3.2.1-6)。

(20) 昭和五年十二月二十四日発在上海重光臨時代理公使より幣原外務大臣宛電報公第一二六六号『外文』四、三五三文書。

(21) 『外文』四、三五一文書、三五四文書。

(22) 昭和六年二月六日発幣原外務大臣より在上海重光臨時代理公使宛電報公第五七号『中国ニ於ケル租税及負担金関係雑件　厘金関係』第三巻(E.1.3.2.1-6)。このような対中宥和的な姿勢の一方で外務省中央でも「列國側ニ於テ本件ニ関ハ左程熱意ナキハ蓋シ国民政府ノ所謂革命外交ニ圧倒セラレ往時ノ形式的抗議ガ今日実行ナキヲ予知スル結果此種不法行為ニ対シテハ努メテ実害ノ程度ヲ僅少ナラシムルノ賢明ナルニ如カズトノ風潮ニ従ヒ居ルガ為ナルヤニ思考セラルル處 此状勢ヲ以テセバ既ニ条約ニ違反シテ或程度迄無理ヲ押シ通シ来レル中国側ハ益々不法行為ヲ敢行スルニ至リ条約ノ権威ヲ傷クル事少カラザルベク斯クテハ結局国際間ノ信義ヲ破壊」するとの認識から「新設税ニ関スル条約関係ヲ先方ニ徹底セシムル様此上トモ御尽力アリタク」との案も、この第五七号訓令電報作成にあたって起案されていた（昭和六年二月五日付通商局第一課伊東隆治起案（廃案）『中国ニ於ケル租税及負担金関係雑件 厘金関係』第三巻（E.1.3.2.1-6））。

(23) 昭和五年十二月三十一日発太田関東長官より幣原外務大臣宛電報第七四号『各国関税並法規関係雑件 中国ノ部』第五巻（E.3.1.2.X1-C1）。

(24) 昭和六年一月二日発幣原外務大臣より太田関東長官宛電報第二号『日本外交文書』昭和期Ⅰ第一部第五巻（昭和六年、対中国関係）、外務省、一九九五年、四五二文書。以後『外文』五と略記。

(25) 当該期における在中国日本人居留民の動向については、柳沢遊氏の諸論文（「一九二〇年代「満洲」における日本人中小商人の動向」〈『土地制度史学』第二三巻四号（通巻第九二号）、一九八一年七月〉、「『満洲』商工移民の具体像」〈『歴史評論』第五一三号、一九九三年一月〉、「第5章 近代日本における「国際化」の検証—日露戦争後日本人の「満洲」進出と居留民社会論」〈尾関周二他編著『国際化時代に生きる日本人』青木書店、一九九三年〉、「第七章 大連商工会議所常議員の構成と活動」〈大石嘉一郎編『戦間期日本の対外経済関係』日本経済評論社、一九九二年〉）および村井幸恵「上海事変と日本人商工業者」（近代日本研究会編『年報近代日本研究六 政党内閣の成立と崩壊』山川出版社、一九八四年）等を参照。このうち柳沢諸論文は、居留民社会を俯瞰・類型化し、一九二〇年代に中小商人が没落し、大連財界で専門的経営者層が中心となったこと等を明らかにしている。そのうえで「満州事変」との関連からは、金子文夫氏の所論に、「一九二〇年代後半に大連財界の「満鉄依存」が人的・資金的・技術的側面で強められたことが恐慌下大連在住日本人の危機意識を増幅」し、また「居留民社会における大連商議の統合力の低下は、日本人諸階層の利害の分岐を顕在化させ、そのことが排外主義への旋回を加速させた」ことを付け加えている（「第七章 大連商工会議所常議員の構成と活動」三五八頁）。

(26) この国定税率導入の意義について在広東須磨総領事代理は、「一、中国ニ於ケル今次ノ関税改正ハ廿年前ノ政治革命ニモ匹敵スヘキ経済改革」と定義。内容についても「概シテ既成品ニ重ク原料品乃至産業用諸機械、交通用諸材料等ニ軽キニ見テ自国ノ産業ニ対スル保護的見地ヨリ出タルモノナルコト亦疑ノ余地無キ処ナリ」としたうえで、現状の関税率で他国品に比べて有利な日本品

の将来について、
四、孰レニスルモ中国自体ノ製造工業ハ今回ノ関税改正ヲ機ニ漸次勃興スヘキカ故ニ本邦ノ在華工場等ニハ思ハシカラサル影響ヲ及ホスヘク且今後ハ日華合弁等ノ形式ニ依ル在華企業ハ殆ト望ミ無キコト明ラカナルカ故ニ本邦トシテハ将来技術的若ハ原料輸入等ニ関スル日華共同組織（「コオペレーション」）ヲ主眼トシテ進ム一方中国物産ノ輸出殊ニ例ヘハ三井カ廣東生糸対米輸出ヲ行ヒ居ルカ如ク国際的「ブローカー」トシテノ事業ニ力ヲ傾倒スルコト最モ得策ナリヤニ思考セラル
と観察していた（昭和六年二月三日付在広東須磨総領事代理より幣原外務大臣宛機密公第二三九号公信『各国関税並法規関係雑件 中国ノ部』第六巻〈E.3.1.2.X1-C1〉）。一方、この国定税率の導入に対して、国内の「通商の自由」を主張する立場からは、大資本の進出等が提唱されるとともに、産業の高度化や日中両国産業の棲み分けが主張されている（新田直蔵「支那関税実施と日支の提携」〈『自由通商』第四巻第二号、昭和六年二月〉および「本邦対支貿易の不振とその対策」〈『東洋貿易研究』第十巻第七号、昭和六年七月〉）。
(27) このE．C．とは免重徴執照（Exemption Certificate）の略で仕向地において税金を支払ったことを証明する証書のことであり、E．C．制度といった場合、再輸出の場合、戻税を受けずに輸入港における輸入税を免除される制度を言う。これは、再輸出の際、戻税を受け、輸出港において更に輸入税を支払う戻税制度と結果として同様の効果をもつものである。
(28) 昭和六年四月十七日発塚本関東長官より幣原外務大臣宛電報第三一号『外文』五、四七二文書。
(29) 昭和六年四月二十九日着塚本関東長官より幣原外務大臣宛電報第三五号『各国関税並法規関係雑件 中国ノ部』第七巻（E.3.1.2.X1-C1）。なお、この文書には、本省で「金単位券ヲ唯一ノ税関通貨トスルモ我方トシテ反対シ得ル法律上ノ根拠ナシ」との欄外記入がなされており、横浜正金銀行に対し、関東庁と外務省間に微妙な認識が存在していたことを伺わせる。
(30) 昭和六年六月二十二日発在上海重光臨時代理公使より幣原外務大臣宛電報第五六四号『外文』五、五二四文書。
(31) 昭和六年六月二十九日付亜細亜局第一課起案「支那通商港仕出大連向再輸出外国貨ニ対スル戻税廃止ニ関スル件」『各国関税並法規関係雑件 中国ノ部』第八巻（E.3.1.2.X1-C1）。
(32) 昭和六年七月二十二日発幣原外務大臣より塚本関東長官宛電報第五〇号『外文』五、五五二文書。
(33) 昭和六年七月二十二日発幣原外務大臣より在上海重光臨時代理公使宛電報第二四九号『外文』五、五五一文書。
(34) 昭和六年十一月十七日発塚本関東長官より幣原外務大臣宛電報第一三三号『外文』五、五六六文書。

(35)　昭和六年三月五日付在芝罘内田領事より幣原外務大臣宛電報第一五号『中国ニ於ケル租税及負担金関係雑件　営業税関係』第四巻（E.1.3.2.1-10）。
(36)　昭和六年三月二十六日発在天津桑島総領事より幣原外務大臣宛電報第九六号『外文』五、四六九文書。
(37)　昭和六年八月二十六日付在天津田尻総領事代理より幣原外務大臣宛機密第八三六号公信『中国ニ於ケル租税及負担金関係雑件　営業税関 c係』第四巻（E.1.3.2.1-10）。
(38)　昭和六年十月六日発幣原外務大臣より在天津田尻総領事代理宛電報第七三号『外文』五、五六四文書。
(39)　昭和六年九月十九日付在上海村井総領事より幣原外務大臣宛公信第一一五九号「共同租界内ニ於ケル中国側ノ営業税徴収問題ニ関スル件」『中国ニ於ケル租税及負担金関係雑件　営業税関係』第二巻（E.1.3.2.1-10）。
(40)　昭和六年五月一日付在広東須磨総領事代理より幣原外務大臣宛機密公第六一〇号公信「中国側ノ営業税籌備状況ニ関スル件」『中国ニ於ケル租税及負担金関係雑件　営業税関係』第四巻（E.1.3.2.1-10）。
(41)　昭和六年三月六日発在漢口坂根総領事より幣原外務大臣宛電報第一九〇号『中国ニ於ケル租税及負担金関係雑件　営業税関係』第三巻（E.1.3.2.1-10）。
(42)　昭和六年三月二十四日発在漢口坂根総領事より幣原外務大臣宛電報第二二六号『外文』五、四六八文書。
(43)　昭和六年八月十四日付満鉄調査課情報係「綜合情報　六第二五号　営業税問題ノ現状」『中国ニ於ケル租税及負担金関係雑件　営業税関係』第一巻（E.1.3.2.1-10）。
(44)　昭和六年五月十四日発在奉天林総領事より幣原外務大臣宛電報第三〇八号『外文』五、四八二文書。
(45)　ハルビンでも五月に入り、税捐局が傅家甸居住日本商に対して六月一日までの営業税納付を通告し、日本商が拒絶すると各商店舗を監視、営業妨害の挙にでた。このため五月二十一日、公文をもって抗議したが、日本商側は税捐局通告額の十分の一以下の税額で妥協、六月四日に四・五・六の三ヵ月分を納税して本問題を解決している。
(46)　昭和六年九月十日付在安東米沢領事より幣原外務大臣宛機密第五〇六号公信『中国ニ於ケル租税及負担金関係雑件　営業税関係』第六巻（E.1.3.2.1-10）。
(47)　昭和七年十一月二日発内田外務大臣より在北平矢野参事官宛電報第二五七号『中国ニ於ケル租税及負担金関係雑件　営業税関係』第二巻（E.1.3.2.1-10）。

(48) 綿糸に対する統税（綿糸統一税）については、富澤芳亜「綿紗統税の導入をめぐる日中紡織資本」（『史学研究』第一九三号、広島史学研究会、一九九一年六月）を参照されたい。
(49) 昭和六年二月十二日発幣原外務大臣より在青島川越総領事宛電報第一一号『中国ニ於ケル租税及負担金関係雑件　統税関係』第一巻（E.1.3.2.1-9）。
(50) 昭和六年五月一日発塚本関東長官より幣原外務大臣宛電報第三八号『外文』五、四七六文書。
(51) 昭和六年五月十七日発在奉天林総領事より幣原外務大臣宛電報第三一三号『外文』五、四八七文書。
(52) 昭和六年六月三日発幣原外務大臣より在奉天林総領事宛電報第一二三号『外文』五、五〇四文書。
(53) 昭和六年六月三日発幣原外務大臣より在安東米沢領事宛電報第四一号『外文』五、五〇五文書。
(54) 昭和六年十一月二十八日発幣原外務大臣より在奉天森島総領事代理宛電報第三三七号『外文』五、五六八文書。
(55) 当該期の外交官による対中国認識については、本書第一章参照。
(56) 昭和六年四月二十三日付在青島川越総領事より幣原外務大臣宛機密第二〇一号公信「在山東領事会議ニ関スル件」『外文』五、八三六文書。
(57) 前註（25）柳沢論文参照。

第七章　経済提携の蹉跌

——満州事変前の債務整理問題をめぐって——

満州事変直前の昭和六年（一九三一）九月十一日、日中「双方ノ協調可能ナルモノモ多々アレハ出来得ル限リ空気ノ緩和ニ努メ協調気分ノ醸成ヲ計」るため宋子文国民政府財政部長は、重光葵駐中国公使に自らの大連行きを提案した。(1)しかし、実行される直前の九月十八日、関東軍の謀略による満州事変が勃発した。

それでも重光と宋子文間の関係は、すぐには崩れなかった。翌十九日午前、宋子文は、重光との会談上、和平のため共同委員会設置を提案したのである。(2)結局、二十二日、共同委員会案は実を結ぶことなく放棄されたものの、後の日中直接交渉の原型となった。(3)

ここで重要なことは、従来、済南事件解決における宋子文の親日的行動や、(4)日中関税協定の成立等が知られている、(5)宋子文と重光の提携関係が満州事変直後まで継続していたことにある。そこで本稿では、日中関税協定成立から満州事変勃発前後における重光—宋子文関係＝日中間の「提携」を具体化するものの一つとして、債務整理問題にともなう経済提携案について明らかにすることとしたい。(6)

しかし、問題は債務整理である。貸手である日本と借手である中国との間には、埋めがたい溝が存在していた。不況下にある日本は、巨額な対中国債権が償還されれば経済・財政を好転させるカンフル剤になるものと考えていた（それゆえ、統一政権・南京国民政府の登場は、債務の償還能力と責任を有する政権の誕生を意味していた）。一方、国民政府にとって対日債務の多くは、西原借款に代表される無担保不確実債務であり、一部は北京政府の兵器借款であった（表4）[7]。国民政府は、自らの生命を奪うために使われたかもしれないこの債務を公に認めるわけにいかなかった。それゆえ王正廷外交部長等は西原借款の存在自体を否定し、対日「宥和」的な宋子文財政部長ですら西原借款の名を冠した日本側債務の償還をそのまま認められなかったのである。

だが、以下で明らかにするように、財政難の南京国民政府は、外資の導入を必要としていた。そのためには、対外信用の回復、具体的には累積債務の整理が求められていた。ここに、日中間で債務整理交渉が生起する理由があった。ただ、経済提携にあたって日本は単独で中国に資金を供給できず、アメリカ金融資本を前提にしなければならなかった。そして、両国間には、前述の西原借款問題があった。債務整理問題が日中経済提携策に転化するには、未だ多くの問題が日中両国の間に横たわっていたのである。

一　南京国民政府の成立と日本の債務整理対策

南京を首都に定めた国民政府は、中国を統一したものの、慢性的な財政難に喘いでいた。そこで、国民政府は、確実な収入源である関税・北京特別関税会議（大正十四年〈一九二五〉十月二十六日〜大正十五年四月十日）で列国の同意をえていた七種差等税（輸入税）と二分五厘輸出附加税の導入を図った[8]。問題は、前者の七種差等税の場合、導入に際して中国側債務の整理促進と釐金（内地通過税）の廃止が条件づけられていたことである。しかし、条件を云々する以前に、英米両国が中国の関税自主権回復を認めたため、差等税導入は時間の問題となっていた（国民政府は、昭和四年〈一九二九〉二月一日の導入をめざしていた）。このため日本側は、七種差等税導入問題を難航していた日中通商航

表４　日本政府関係対中国不確実借款一覧表

	元金現存額	利子延滞額	計
1．預金部関係債権			
(ｲ)直接債権			
青島公有財産及製塩業補償国庫証券	9,775,560円59	3,252,090円05	13,027,650円64
(ﾛ)間接債権			
九六公債	2,638,200円	831,467円52	3,469,667円52
交通銀行借款	20,000,000円	12,768,403円22	32,768,403円22
第二次有線電信借款	2,500,000円	498,750円	2,998,750円
合　　計	25,138,200円	14,098,620円74	39,236,820円74
2．一般会計関係債権			
(ｲ)直接債権			
○兵器代借款	32,081,548円02	12,832,619円20	44,914,167円22
○同利払借款	16,470,113円93	6,588,045円55	23,058,159円48
○参戦借款	20,000,000円	8,000,000円	28,000,000円
○同利払借款	10,267,655円27	4,107,062円10	14,374,717円47
合　　計	78,819,317円32	31,527,726円85	110,347,044円17
(ﾛ)「政府ニ於テ元利金ノ納付ヲ受クヘキ特約ヲ有スル借款			
○吉会鉄道借款前貸	10,000,000円	3,750,000円	13,750,000円
○満蒙四鉄道借款前貸	20,000,000円	8,800,000円	28,800,000円
○山東二鉄道借款前貸	20,000,000円	8,800,000円	28,800,000円
○吉会、満蒙、諸鉄道借款前貸利払借款			
第二次	7,997,081円80	4,178,475円18	12,175,556円98
第三次	5,286,820円51	2,511,239円70	7,798,060円21
第四次	5,300,000円	2,571,500円	7,817,500円
○有線電信借款	20,000,000円	9,000,000円	29,000,000円
○黒吉両省林鉱借款	30,000,000円	11,250,000円	41,250,000円
○電信林鉱利払借款			
第三次	1,125,000円	810,000円	1,935,000円
第五次	7,608,226円54	5,477,923円10	13,086,149円64
第六次	2,659,923円08	1,915,144円60	4,575,067円68
第七次	9,118,766円77	6,565,512円	15,684,278円77
合　　計	139,095,818円70	65,575,794円58	204,671,613円28
3．対中国文化事業特別会計関係債権			
青島公有財産及製塩業補償国庫証券	3,500,000円	1,142,626円24	4,642,626円24
総　　計	256,328,896円61	115,596,858円46	371,925,755円07

註１　○印は所謂西原借款（合計　347,787,060円67）.
　２　預金部間接債権中標記した第二次有線電信借款2,500,000円は，東亜興業名義15,000,000円借款の一部を構成するものである．

「秘　本邦政府関係対支不確実借款一覧表」『不確実及無担保債権整理方交渉関係雑件』（E.1.6.0.J5）から作成．

海条約改訂交渉から分離し、債務整理の促進を条件に承認しようとした。[9] 交渉は、上海で矢田七太郎総領事と宋子文財政部長との間でおこなわれ、七種差等税の導入と債務整理促進のため関税より五〇〇万元を積み立てることで同意が成立した。しかし、最終段階で宋に代わって交渉にあたった王正廷外交部長が済南事件の解決もあわせるよう求めたため、交渉がこじれた。そこで外務省中央は、済南事件解決交渉を再開することで差等税・債務整理に関する公文交換問題の分離を訓令。[10] 施行予定日直前の一月二十一日、日中間の同意が成立。枢密院本会議の可決と天皇裁可の見通しがついた三十日、日本側回答が発送され、ギリギリの段階で公文交換となった。[11]だが、関税増収中から五〇〇万元の償還財源を確保しえたと考える日本側に対して、一月二十九日の国民政府行政院会議では、上記の五〇〇万元を専ら内国債整理に充当されることが決議されていた。[12] そもそも北京特別関税会議でも整理対象の債務における内外債の分配比率については、継続案件として残っていたのである。

債務整理の内容について不明確さが加わるなか、昭和四年四月二日に大蔵・外務両省係官会議が開催された（参加者・大蔵省側…富田勇太郎理財局長、公森太郎事務官、青木一男国庫課長。外務省側…有田八郎亜細亜局長、谷正之第一課長、田中義造事務官）。会議では、次の諸点が合意された。まず、第一に民間対中国債権者を網羅する債権者組合を組織することとなった（これは、対中国債権の統一的整理をめざしたものであり、「場合ニ依リテハ対支非公式交渉ニモ利用シ得ヘク」と考えられ、将来的に借款整理組合・対中国投資組合ともなりうると考えられていた）。第二に債権者会議開催前、非公式に中国側と意見交換をおこなうことで大蔵・外務両省間で合意した。また、「国民政府ノ財政状況ヲ詳知シ且債務整理ノ具体案作成」のため、公森大蔵事務官を上海に出張させることともなった。そして、第三に、五〇〇万元の債務整理資金を横浜正金銀行（あるいは正金・香上両銀行）に積立保管させることとした。その上で大蔵省側から実際の債務整理交渉の手順について整理範囲を限定し、総額をある程度まで減少させるべきであるとの意見がだされている

（大蔵省側としては、対中国債権の政府肩代わりは考慮していなかった）[13]。

さらに、同年六月二十六日、在上海重光総領事の帰朝を期に、亜細亜局長室で第二回目の大蔵・外務両省打合会議が開かれた（参加者・大蔵省側…冨田理財局長、青木国庫課長。外務省側…在上海重光総領事、谷第一課長、田中事務官）。席上、九六および山東国庫証券の確保はむずかしいこと。債権代表会議も開催時期は不明であり、五〇〇万元の月割額積立も中国側にとっては「関税協定上ノ義務ニモアラス」ために強制できず、「カクノ如キ末節枝葉ノ問題ニ付相争フヨリモ寧ロ国民政府宛ノ公文ヲ以テ関税協定ニ『レファー』シ債権代表会議開催方ヲ正面ヨリ堂々ト督促スルコト一奏有効ナルヘシト述ヘ一同異議ナシ」と決められたのであった[14]。

以上の四点が日本の債務整理要求の原型となった。そして、債務整理資金の五〇〇万元が絶えることなく積み立てられるなか、宋子文は「日支ノ空気ヲ一層良好ニスルコトニ努力シタク日本カ関税自主権承認等ノ如ク関税問題ニ付談合一段落モ着カハ」債務整理交渉を始めるとのべるにいたった[15]。

だが、反蔣介石運動のなか、債務整理（西原借款問題）も「段祺瑞スラ責ヲ負ヒテ整理セシニ蔣介石ハ一己ノ私利ノ為ニ一朝ニシテ之ヲ承認セリ」と非難の材料となっていた[16]。このため王正廷外交部長は、十月四日、記者団に対して、西原借款不承認を声明したのであった。

二　債務整理交渉の開始

1　債務整理交渉の開始――日中関税協定と債務整理――

債務整理問題に解決の兆しが見えないなか、昭和四年（一九二九）末から在上海重光総領事（佐分利貞男公使の死後、臨時代理公使）と宋子文財政部長との間で水面下で進んでいた関税協定交渉が翌五年に入り表面化しつつあった。同交渉でも債務整理問題は推進されるべき日本側の要求であった。しかし、谷亜細亜局第一課長は、対中国債権者組合幹事の内田勝司に「絶対条件トシテ債務整理ヲ強要シ之カタメ通商条約交渉ヲ犠牲ニスルカ如キコトハ避ケサルヘカラサル」とのべていた。(17)また、債権者側には、「中央政府ノ借款ハ一括シテ此内外債整理委員会ニテ整理セントスル方針」が維持され、「重光代理公使ニヨリ条約改訂問題ガ順次進捗スレバ之レト相俟ツテ債務整理問題モ進展スベク」とする楽観論もあった。(18)このため、債務整理問題は、日中関税協定交渉の条件として浮上しなかった。

とはいえ外務省中央からは、関税協定交渉中も債務整理促進のため債権者会議を開催させるよう命じられていた。(19)これをうけて重光は、昭和五年一月二十五日、「一、債権会議ノ至急開催」「二、債務償還基金年額ノ増加」「三、前記年額中相当部分ヲ日本側銀行ニ保管セシムルコト」の三点を宋財政部長に要求した。(20)だが、財政難の中国側にとって債権者会議開催日の決定や、債務整理に関する往復公文の修正提議等は、簡単に受けいれられるものでなかった。このため、重光としても一旦、十月一日以前に開催することで合意した債権者会議を、日中関税協定交渉「全般ノ妥結上不利」であるため、「将来適当ノ機会ヲ求メテ提議」することとした。(21)そして、この過程を踏まえて、重光は外務省中央に債権者代表の選定等（暗に自分をさしている）を要求していったのである。(22)

一方、日本国内では、横浜正金銀行・三井物産および東亜興業より、日中関税協定に際して「一、支那政府ヲシテ速ニ債権者会議ヲ招請セシムルコト」「二、債務整理基金年額五百萬元ヲ本年度ハ相当巨額ニ増加セシムルコト」「三、塩余借款日本分整理資金年額三百数十萬元積立案ヲ実現セシムルコト」の三点の要求とともに、「整理方法ノ確定実行セラルルニ至ル迄一切事項ヲ進行セシメサルコトニ支那当局ト御取極メ置被下度」との強硬な請願がなされていた。(23)大蔵省側よりも、日中関税協定交渉が峠を越えて締結をまつばかりとなっていた三月四日に（締結は十二日）、「差別的ニ整理スヘシトノ案モ有之ヤニ聞及候処斯ノ如キハ支那側ニ於テ其ノ対内政策上主張スルコトアリトスルモ本邦トシテハ如何ナル点ヨリスルモ之ヲ承認スル能ハサル次第ニ付キ」と西原借款を除外視しないよう三銀行からの要望がつたえられていた(24)。さらに、正金等債権者と大蔵省は、「債務整理基金五百万元ヲ本年度ハ相当巨額ニ増加セシムルコト」を求めていた(25)。これをうけて四月九日、西原借款についても、外務省中央より重光に、

（前略）所謂西原借款ニ関シ国民政府ニ於テハ之ヲ除外シ又ハ差別的ニ取扱ハントスルノ態度アルヤニ認メラルルモ此際苟モ右支那側ノ態度ヲ容認スルカ如キハ面白カラス且ツ債務整理問題ノ将来ニ及ホス影響重大ナルヘキノミナラス本件借款ニ関シテハ客年一月債務整理ニ関スル日支交換公文ニ依リ支那側ハ関税会議ノ討議（債務無差別整理方針ヲ含ム）ニ対シ正当ナル考慮ヲ払フコトトナリ居ル次第モアルニ付此際貴官又ハ三井大村等ニ於テ債務整理問題ニ関シ支那側ト接触セラルル場合ニハ西原借款ノ除外又ハ差別的整理等ニ関シ何等「コミット」セラレサル様致度ク其他我方民間債権者等ニ於テモ本件借款ニ関シ無責任ノ言動無キ様厳ニ御注意アリタシ（後略）

との訓令が発せられた(26)。外務省中央では、西原借款の存在を重要視したのである。これに対して、重光は、国民政府の財政難を理由に「此ノ際日本債権者側ニ於テ北京関税会議ニ於ケル討議ヲ考慮ニ入ルルコトヲ楯ニシテ西原借款ノ承認方ヲ露骨ニ高調セラルルコトハ却テ債務整理ノ目的ノ達成ヲ困難ナラシム」ものとして反論する(27)。このような反論の背景には、実際、国民政府財政部が「（一）本年度ヨリ毎年政府ニ於テ五百萬元ヲ支出シ債務整理ノ準備ヲ為スコト」「（二）外債ハ小口ノモノヲ大口ニ纏メル方法ニ依リ国権及財政伴ニ損失ナキヲ期(29)」しており、誠実であるとの認識があった(28)。一方、幣原・外務省中央は、枢密院精査委員会で債務整理の促進を約束し、関税協定の第四議定書として明文化させられていた。外務省中央・幣原としては、整理を実態化させる必要があったのである。

2　債務一括整理方針

そこで重光は、四月十八日、宋子文の政治的立場を擁護しつつ、「事実上支那ノ債務整理ニ歩ヲ進ムルニアラスムハ支那ノ最必要トスル『信用』ヲ得ルコト能ハス従テ実際建設的事業ニ踏出シ得サル結果トナルヘシトノ議論ヲ以テ説得ニ努メ裏面ヨリ支那政府ハ西原借款トカ何借款トカ債務ノ性質ノ論議ニ触レス『ランプサム』トシテ最大限ノ財源ヲ提供シ債権者ニ於テ適宜之ヲ按分スルノ大体案ヲ以テ進ムコトトセハ政治的ノ故障ヲ避ケ得ヘキ」との方針を打ちだした。[30] そして、曾宗鑑をして国民政府が債務整理に支出できる最大限額を内示させ、交渉の目標をこの最大限度額にいかに近づけるかに設定したのである。

債務一括整理方針にそって宋子文財政部長は、西原借款問題を浮上させずに債務整理資金の分配をおこない、一九六〇年償還を目途とする案をたてつつあった。そして、出先・現地における債務一括整理方針での一致は、日中関税協定の締結ともあいまって日中間の「宥和」を促進させた。宋子文をして井上準之助大蔵大臣に国民政府財政顧問の派遣を要請するまでになっていたのである。[31]

この国民政府財政部作成の「債務整理大綱案」を、日本側は、次のように理解していた。

「支那側債務整理大綱案ノ骨子及之ニ対スル批評」

一、整理大綱案ノ骨子

支那側債務整理大綱案ノ骨子ハ（一）或種債務ノ承認問題乃至利息問題等ノ障礙ヲ避クルタメ先ツ支那カ関税収入中ヨリ毎年支出シ得ヘキ整理基金ヲ決定シ（関税剰餘ノ大部分ヲ之ニ充当スルコト）之カ各国債権額ニ対スル分配率ハ鉄道交通関係債務ニ対シテハ鉄道復旧迄少クモ整理資金ノ四分ノ一ヲ充当シ（鉄道関係債務ハ鉄道復

旧後ハ鉄道収入ヲ以テ整理スル立前ナルモ交通関係債務ハ鉄道復旧後モ関税収入ヲ以テ整理セントスルモノノ如シ）他ノ四分ノ三ハ内債ニ対スル分ヲ差引キ各国間ノ決定ニ一任スルモ関税収入中ヨリ支出スヘキ支払年額ヲ決定スルニ当リテハ先以テ関税収入中ヨリ毎年千五百万元ノ建設資金支出ヲ認ムヘシトナシ（二）全体ノ整理期間ヲ一九六〇年迄トシ（三）整理スヘキ債務ノ範囲ハ鉄道部財政部其他中央政府又ハ其ノ機関カ負担シ若クハ保証スル一切ノ債務務並ニ損害賠償金ヲ包含セントスルモノナリ(32)

これを重光は「債務整理ヲ具体的ニ進捗セシメントスル誠意カ充分ニ見エ居ルノミナラス良好ニナリツツアル日本トノ関係ヲ利用シテ将来貨幣制度ノ改革ニ迄日本側ノ援助ヲ期待スルニ至リタルハ相当意味伸長ナル次第ナルカ債務整理ノ問題ニ付テハ西原借款ニ対スル輿論ノ囂シキニ鑑ミテ右宋子文ノ大綱案ニ依ルノ外解決ノ途ナカルヘク」と理解して同案を至急同意するよう請訓する。(33)重光は、同案が北京特別関税会議での各国債権額按分率を採用し、銀相場関係で利益をえている中国債権者（銀行家）も利用できると期待していた。

そして、重光は、六月五日、債務整理を「第一ハ債務ノ承認問題なかんずく或種ノ債務ヲ承認スルヤ否ヤノ問題、第二ハ利息問題即チ過去ノ利息ヲ如何ニスルヤ又将来ノ利息ヲ如何ニ定ムルヤノ問題、第三ハ債務支払ノ為支那ノ支払フ年額及支払年限ノ問題」と三段階に分けて考える宋子文に「西原借款ノ整理ハ其ノ条件ハ兎モ角全部之ヲ一併整理スルコトハ単ニ財政経済上ノ点ヨリ日支双方ニ必要」「日本ハ債務整理ノ結果支払ヲ受クヘキ金額ノ中ヨリ適宜支那ニ援助ヲ与フル意味ニテ資金ヲ供給スルノ途ヲ研究シ得ラレサル理ナシト考フ」そして、「大体債権者側ト債務者タル支那政府トノ間ノ取極ニシテ之ヲ以テ国際條約トシテ立法院等ニ附議スル必要アルカ如キ形式ノモノトセサル様ノ方法ヲ考案サレレル必要アルヘシ」と、これまでの債務一括整理方針を一歩踏みだし、経済援助による提携を提唱したのであった。(34)これは、五月十九日の対中国債権者組合総会で谷正之亜細亜局第一課長が「今次ノ債務整理ハ支那ノ対外信用ヲ高ムル所以ニシテ右整理実現ノ暁ハ債権者ニ於テ新タナル投資ニ喜ンテ応スヘキコトヲ支那側ニ印象セシムルコト可然」と、のべていたところでもあった[35]。

一方、外務省中央でも、重光の稟請に対して「近時銀価ノ暴落ハ当分恢復ノ見込ナキヤニ伝ヘラレ従テ将来支那ノ貿易ハ減少シ関税収入モ実質上減少スルヤニ認メラルル処右ハ当面ノ債務整理財源問題ニ重大ナル関係アルニ付本年一月以来ノ関税収入並ニ将来ノ関税収入予想案御取調ノ上回電アリタシ」と銀価動向の調査を訓令[36]。上海入りする対中国債権者組合の面々については、「債権者等ハ自己ノ利益ノ擁護ニ遺漏ナキヲ期スル餘リ不知不識ノ間時宜ニ適セサル態度ニ陥ルノ虞ナシトセス」ため、充分注意しつつ、解決へと導くよう命ずる[37]。そして、債権者代表として重光の地位を再確認した上で、幣原は、(a)中国側増額範囲の調査、(b)債権配分率承認、(c)整理年額の保管制度確認、(d)幣制顧問派遣については考慮中、との四点を六月十六日に伝えたのであった（十八日、大蔵省側の同意もえた）。しかし、この訓令は、(a)の点で宋子文の債務整理案に対して「西原借款等ヲ事実踏ミ倒シタル数字ヲ提出シ来ル虞モアルニ付本件大綱案ニ主義上ノ賛同ノ意ヲ表シ従テ年額等ニ関シ非公式協議ニ入ル以前ニ右解除額ノ所謂大部分カ如何ナル程度割合ノモノナルカ又五百万元自身モ多少宛ニテモ逐年増額ノ餘地アルモノナリヤ否ヤニ付支那側ノ腹ヲ問ヒ質スコト必要ナリト」との不信感を内包したものであった[38]。さらに、中国側整理資金は、海関金単位制の導入により銀価下落の影響は小さく、関税の自然増収分と合わせて増額可能と見積もっていた。

現地側では、このような対中国不信感に満ちた訓令を、「支那側提案ニ依リ毎年幾許ノ資金ヲ提供シ得ルヤヲ確ムルガ如キハ正シク支那側当局ノ誠意ニ対スル不信任ノ意思表示ノ如ク折角有利ニ進捗シツ、アル支那側計画ノ出鼻ヲ挫クコトトナリ本件進捗ノ全局ヨリ見テ面白カラズト」と批判したのであった[39]。

昭和五年五月からの中原大戦中も重光は、西原借款を中国側が不承認なのは党部および政府の確定議であり、「蔣介石及宋子文ノ如キ実際的見地ニ立ツ分子ヲ動カシ不満足ナリシモ西原借款ヲ含ム対支借款ノ全部ニ付整理案ヲ成立セシメ以テ日支間ニ横タハル最大ナル故障ヲ除去スルコトヲ得策トスル信念ヨリ凡ユル機会ヲ利用シテ」最大限、年支払額増加等の成果をえるべきだ、とのべていた。また、重光は、無担保借款を「完全ニ整理セシムルコトハ不可能」であるため「債務整理ノ交渉ハ外務、大蔵両省限リニテ相談シ支払年額ノ如キニ付必スシモ一般債権者ニハ逐一協議スルノ要ナカルヘク又之ニ依リ新聞種トナルコトヲ防キ得ヘシト思考ス」として外務省中央を批判する。(40) 重光は、中原大戦のさなかにあっても国民政府を唯一の政権として信頼していたのである。これに対して、外務省中央は、重光を抑えるべく谷亜細亜局第一課長を上海に派遣した。

3　「提携」と「整理」の間

重光と会談した谷は、「(一) 政府ニ於テモ宋子文ノ大綱案ヲ主義上認ムルコトトナリタルニ付同代理公使ニ於テ債権者代表ノ資格デ交渉ニ当ルコト」「(四) 支那側ハ将来ノ財政建直シヲ重要視シ居ル模様ナルカ日本ハ整理ニ依リ得タル資金ヲ全部支那ヨリ持去ル次第ニアラス」としながらも、「(二) 整理資金ノ分配比率ハ大体関税会議ノ比率ニ依ルコト適当ナルモ右比率ノ算出ニアタリテハ為替相場等ヲ考慮スル要アリ (三) 支那側整理案ニ於テハ保管銀行問題ヲ考慮シ居ラサル処右ハ支那ノ政情ニ鑑ミ極メテ重大ナル問題ナルニ付成ルヘク早目ニ支那側ノ意向ヲ突止ムルコト」と外務省中央の要望をつたえていた。さらに、「大蔵省ハ従来ヨリ支那ノ金本位問題ニ同情ヲ有シ居ルモ顧問ノ関係ニ付テハ未ダ議確定シ居ラズ等ノ趣旨ニテ支那ノ支払金額ヲ突止メラレタリ尚東京ニ於テ作成セルモノナレハ充分正金側ト聯絡ヲ執ラルルコト然ルヘキ旨」とのべていた。つまり、重光は、大蔵省のバック・アップについて確約がえられなかったのである。さらに、「英国『イングラム』モ曾宗鑑等ヨリ本件日支間ノ交渉ヲ聞キ居ル趣ナルニ付外国側トノ『ヒッチ』ハ起ラサルヘク従テ整理資金ヲ決定スルニモ外国側ト連絡ヲ執ルコト必要ナルヘシ」との対外関係および「債権者会議ヲ開催シ整理資金ノ奪取ヲスルハ不適当ナルニ付先以テ非公式交渉ニ於テ整理資金ヲ大体決定スルコト必要ナリ」との国内関係からする二点の条件がつけられた。そして、外務省中央からは、「尚重光代理公使カ交渉ニ当ルトスルモ右ハ債権者代表ニアラス政府トシテ斡旋スル形ナリ、更ニ債権者会議開催延期ニ付テハ公文交換等ノ形式ヲ執ルコト必要」との条件も付け加えられたのである。これに対して、重光は、「此際之ヲ支那側ニ持出スハ先方ニ緩ミヲ与ヘ面白カラサルニ付其ノ時期ハ同代理公使ニ一任セラレタシ」として執行過程における主導権を主張。谷も「債権者会議ノ関係カ有耶無耶ニナラサル様留意ノ上然ルヘク措置セラレ差支ナキ」とこれをみとめたのであった(41)。

結局、八月二十六日、外務省中央は、重光の交渉方針を追認した形で交渉再開を指令(42)。重光も中原大戦が済南陥落を機に国民政府側に有利に進行する過程を捉えて国民政府との交渉を再開した。そして、宋子文から、九月六日、中原大戦後に対外信用拡大のため政府および党部の根本的大改革をおこなう予定であり、米国資本家の財政援助とともに日本の援助を期待している、とつたえられた。これに対して重光は、世界恐慌のなか「米国側ト雖モ今日ノ状況ニ於テ支那ニ資本ヲ融通スルカ如キコトハ無論困難ナルヘク」と見ていた(43)。日本側としては、二月の段階で、アメリカ資本は「余剰資本ノ蓄積シ居ル現況ニモアリ今後支那ノ国情改善如何ニヨリ（中略）漸次対支投資ヲ試ミルニ至ルヘキハアリ得ヘキコト」とはしながらも、現状では「当方予想以上ニ支那時局最近ノ推移殊ニ其ノ財政状態ニ愛想ヲ附カシ居リ将来ハ兎モ角現下ノ情勢ニ在リテハ到底米国トシテ支那ノ借款ニ応スルカ如キコト之レナカルヘキ」との情報をえていたからである(44)。

一方、幣原にとっては、枢密院精査委員会で約束した債権者会議の開催日、十月一日が近づいていた。このため、幣原は、九月十六日、重光に非公式会談の開始を訓令。同月二十六日には「十月一日モ間近カトナレル処期間内ニ債権者会議ヲ開キ得ズトセバ枢府トノ関係ニ於テ面倒ヲ醸ス惧モアルニ付」と、体裁だけでも整えるように命じた。(45)これを受けて重光は、「大体我方ノ理想案ヲ包含セシメテ立案シタルモノニシテ之ヲ基礎トシテ討議ヲ開キ出来得ル丈ケ有利ノ地位ニ立ツ様立案」した債務整理覚書を宋財政部長に提出。(46)十月一日の債務者会議開催までに宋子文との間で債務整理の非公式交渉の進捗方を曾宗鑑に申し入れるとともに、「戦勝ノ結果近ク財政建直シノ計画ヲ実行スル運トナリタルコトヲ列国ニ公表シテ政府ノ対外信用ヲ高ムルト共ニ他面債務整理実行ニ対スル国論ヲ指導」のため国民政府による債権者会議の開催を要求したのであった。(47)そして、重光は、宋財政部長との間で債権者会議延期の交換公文案を作成、債務整理問題の解決を非公式会談でおこなうことを主張した。だが、ロンドン海軍軍縮会議後の統帥権干犯問題において枢密院と対立していた外務省中央・幣原は、この上、交換公文の是非をめぐって新たな火種をつくることを好まなかった。それゆえ、幣原は、九月二十九日の宋財政部長との会談を形式上第一回債権者会議として、交換公文の取り止めを命じた。この「大臣タッテノ御注文」(48)に対して、重光は、九月二十九日の宋財政部長との会談を以て第一回債権者会議とすることに同意したものの、交換公文は交渉促進のために必要であるとして再考を促す。それは「枢密院等対内関係ヲ彌縫シ得ル程度ニ於テ支那側ニ対スル我方立場ヲ弱カラシメサル様ニ苦心セル積リナリ」と対中国交渉力の減退を憂慮してのものであった。(49)だが、幣原は、あくまで交換公文については反対し、非公式会談の継続についても「宋子文等ノ態度相当真面目ナルモノアルカ如キハ私ニ幸トシ居ル所ナリ」「交換公文ノ正面解釈ヨリスレハ始期ヲ定メタルモノニシテ従テ同会議ハ第一回以後債務整理ノ完成ニ至ルマテ継続スヘキモノニシテ単ニ一回ノ会合ヲ以テ支那側ノ義務解釈トナルトハ解釈シ得サル処ナリ」との楽観的姿勢をもって対処した。(50)中央の楽観論に対して重光は「支那側ニ於テ常例トスル遷延策ノ口実トナリ又義務軽減ノ気持ヲ起サシムル原因トナラサルナキヤ貴電第一項ノ宋子文ノ誠意ト雖諸種ノ反対空気（胡漢民又ハ王正廷方面ノ如キ）ヲ押切ルノ必要アル際我方カ支那側ヲ鞭撻スル重要ナル一手段ヲ喪失スルニ至ルナキヤヲ虞レタル次第ナリ」と反駁する。(51)

結局、日中間の交換公文発送は寸前で中止された。しかし、日中間で第一回の債権者会議が開かれたことは、債務整理交渉の実態を列国に知らせることとなったのである。

三 「提携」の蹉跌

日中間の債務整理交渉の進捗は、列国の注目を集めることとなった。なかでもイギリスは、北京特別関税会議から確実な鉄道債権の償還を優先するよう主張していたため、高い関心をもった。一方で、イギリスも義和団賠償金（確実債務）をめぐって中国との債務整理交渉にはいっていた（同交渉でイギリスは鉄道材料等自国製品の売り込みを、中国側は同賠償金の実業部門への再投資を望んでいた）。中国側の要望にイギリスが応じるかたちで交渉は、昭和四年九月、実態化していた。(52) そして、翌昭和五年九月、英中間で交換公文が調印されたとの情報が日本にももたらされた。それは、教育財団に賠償金全額を交付し、同財団より貸与の形式で元本を中国政府に貸与して鉄道建設資金とし、財団への利子を教育資金に充当するものであった。イギリスはすでに義和団賠償金の中国への再投資に踏み出していたのである。これに対して日本も、国民政府から義和団賠償金の返還が求められていた。しかし、日本では義和団賠償金を東方文化事業特別会計として議会を通過させており、議会の承認を必要とする補償内容の変更は難しかった。(53) 外務省文化事業部としては、漸進的な解決方法を模索したものの、議会の存在がネックとなっていた。義和団賠償金でも有

効な手を日本側は、打てなくなったのである。(54)

一方、重光が日中関係好転の鍵として推進した債務整理資金の中国再投資案は、昭和六年に入っても大蔵省側の承認をえられなかった。重光の目からみた大蔵省は、「餘リニ窮屈ナル法律論ニ囚ハレ居ル」と写っていた。(55)このようななか、外務省中央・幣原から重光に、一月二十日、西原借款中の一億円借款は貸付金に該当しないため政府の指揮監督権を行使できないとの回答が寄せられた。このなかで、曾宗鑑と堀内干城の間でおこなわれていた専門家会議についても、幣原は、同会議の解釈に政府が責任をもつことは困難であるとし、「政府トシテハ西原借款ニ付差別的整理ヲ認メタルコトトナラハ議会又ハ枢密院等ニ対スル関係ニ於テ困難ナル立場ニ立ツヤモ計ラレサルニ顧ミ民間債権ヲ含ム我方対支不確実債権全部ニ亘リ一律ニ関税会議以後ノ利息ヲ免除スル」ことは不可能である。「(約一億九五〇〇万円)形式ノ整理案ノ如キハ考慮ノ価値アル」程度であるとした。(56)これにより、債務整理資金の中国への再投資案は実行困難となった。それでも現地・外務省出先は、重光を筆頭に銀価の暴落による南京国民政府の債務整理資金の減少という事実を踏まえ、

(前略)全体ノ建前トシテハ西原借款ノミノ減額トセス対華債権元利合計全部ノ中ヨリ或ル程度ノ減額トスル方右額(二億元程度)ノ点ヨリスルモ便利ニシテ且又中国側ニ於テ他ノ債権国ト交渉シ同様ノ譲歩ヲ為サシムル上ニ便利ト考フ(後略)

との考えを意見具申するとともに、(57)中国の財政状況逼迫を伝え、国民政府部内で対米借款が必至との認識が広まるなか、日本人財政顧問の登用を強く薦めたのであった。とはいえ、現地にいる中華匯業銀行丁士源理事の目からも、重光・宋子文間の直接交渉により「宋氏ハ少シ困ルヤモ知ル可カラス」と、宋子文の整理案は各国からの批判もあり、行政院で否決される可能性が高いと見られていた。債務整理について「日本ノミ先ツ単独ニ決定スルコトハ困難ナル

形勢ナリト」観察されていたのである。[58]
この間、アメリカによる銀借款問題およびイギリスの対中国借款計画、国際聯盟による対中国経済援助が喧伝されつつあった。前者の銀借款問題は日本国内の各新聞でも大きく取り上げられていたが、外務省部内では実現性の乏しいものと判断されていた。[59]

問題は、後者の二問題であった。イギリスの対中国「宥和」的姿勢は、前述の義和団賠償金の鉄道借款への変更にもみられ、また、治外法権撤廃問題および内河航行権問題に関して中国との間で実質的な交渉をおこなっている事実に照しても明らかであった。このような、イギリスの対中国政策の背景には、中国における経済権益の維持・拡大が意図されていると考えられており、英中間の借款説も現実味をもって報告されていた。

蔣介石の招請によるソルター聯盟経済部長およびハース聯盟交通部長が中国を訪れたのは、このような時期であった。日本側としては、昭和五年の段階で、イギリス公使館のイングラム参事官が債務整理問題に関して聯盟による中立委員会の設置を提唱していたことから、聯盟による対中国経済援助問題がイギリスの示唆によるものと警戒していた。重光は、イギリスが「自己ノ債権ハ主トシテ鉄道債権ナルヲ以テ鉄道ノ建設及改善ニ依リテ其ノ債権ヲ確保センコトヲ計リ」「中国ノ現状ヲ利用シ不景気ノ打開ノ為ニ対華貿易上ニ有利ノ地歩ヲ占メン」としている、と見ており、「本問題ニ関シ我方トハ大分立場ヲ異ニスルモノアリ」と認識していた。[60] 重光ら、現地外務省側にとって国際聯盟の対中国経済援助の具体化は、日本の債務整理計画を阻害するものと認識されていたのである。

さらに、外務省中央・幣原は、宋子文がこれまで全く機能していなかった四国借款団に借款を要求したとの情報を、新規借款の前提条件として旧債整理を進める好機と捉らえた。[61] 四国借款団事務局長アディスの「政治的大借款問題ヲ取扱フニ当リ主要列國間ノ態度一致ヲ欠キ又ハ民国政情現実ノ大勢ヲ顧ミスシテ軽率ニ行動スルカ如キコトアラムカ国民政府ノ対外態度殊ニ法権問題其ノ他ニ及ホス影響計測リ知ルヘカラサルモノアルヘシ」との意見をうけて、孫科等「理想派」による大借款計画を批判。外務省中央は、日本の旧債整理→中国の国際信用の回復→日本の仲介による外債の導入というシナリオを実現するべく、中国内部の「現実派」との提携に、四国借款団を利用して英米を勧誘しようと考えたのである。(62) このアディスの提案に対して重光は、借款申し入れの事実なし、との宋子文の談話を伝え、四国借款団の実効性に否定的な見解をしめした。しかし、外務省中央では、何らかの可能性があるとして、期待を繋いだのであった。

このような外務省中央の「列国協調」政策への傾斜は、対中国認識で重光に意見が近いとされていた亜細亜局内部にも変化を与えた。二月十七日、「債務整理ニ関スル件」として、

（前略）債務整理問題ノ如キ重大問題ニ関シ各国間ノ歩調一致ヲ缺クトキハ到底其ノ成功覚束ナカルヘキヲ以テ此ノ際トシテハ是等関係国ノ態度ヲ調和セシムルコト肝要ニシテ之カ為ニハ先ツ我方ノ無差別平等整理ノ方針ヲ多少緩和シ鉄道関係債権ノ如キ多少確実ナル担保ヲ有スル実業借款ハ西原借款ノ如キ無担保政治借款ニ比シ多少有利ナル条件ヲ以テ整理セラルルコトヲ認メ其ノ為ニ現存鉄道復旧等ノ目的ヲ以テ或程度ノ借款ヲ支那ニ与ヘ

（後略）

と、「列国協調」のための妥協もやむなしとの意見が亜細亜局内部でも持たれるにいたった。重光の経済提携策は、外務省内で孤立していったのである。(63)

だが、重光は、まさにアディスの提案が義和団賠償金放棄額をもって担保に充当し、鉄道債務の整理、鉄道建設・改良に資する点で、鉄道借款を一般借款より優越させるものと問題視していた。さらに、三月七日、重光は、中英間で治外法権交渉が進捗するなかで「中国側ハ日本トノ関係ニ対シテ急速ニ冷淡トナリ来リツツアリ」と報じた。この

背景を、重光は、

(前略)我議会ニ於ケル状況ヨリ判断シ現政府ノ基礎不確実ニシテ到底中国問題ニ対シ確乎タル友誼的ノ政策ノ運用ヲ期待シ得ストノ疑惑ヲ集ヒ更ニ又満洲鉄道交渉牽制ノ為及満洲ニ於ケル各種ノ問題提起ノ為張學良系各方面ノ関係者ノ策動モ混リ漸次日本ニ対スル空気ヲ険悪ニ向ハシムル原因トナリツツアリ(後略)

と見ていた。さらに、

(前略)「ソルター」等(中略)滞在シ居リ宋子文ノ重キヲ置ク対米借款等財政ヨリ見タル中国ノ英米関係カ餘ノ日本ノ協力ヲ要セサル形勢漸次明白ト成ルニ於テハ宋子文ノ良好ナル対日態度モ果シテ何時迄続クヤ不明ニ思ハル(後略)

と注意を喚起し、「中国ノ政況及他重要国ノ態度ヲモ参照シ根本的ノ考慮ヲ払ハレ然ルヘキ時期カト愚考ス」と意見を具申した。(64) それでも外務省中央では、国民政府財政顧問ソコルスキーの来日にあたって鉄道債権の優越を認めつつも、旧債整理を前提とするシナリオを堅持したのであった。

結局、国際聯盟による対中国経済援助問題が具体化するなかで、債務整理交渉は、萬寳山事件および日中間の治外法権交渉停滞のあおりをうけ四月に入ると事実上中断する。そして、四月十日付の「支那借款問題」と題する大臣サインのあるメモにおいて、

(前略)英国が国際政策を行ふに当り聯盟を利用せむと決したるは既に数年以来のことに属し此点に付ては保守党も自由党も又労働党も意見に相違あるなし(中略)英蘭銀行に於ては目下鋭意対支借款問題の準備研究の歩を進めつつあるがソルターの帰英迄は何等具体的決定を為然ざること、コンソルシュームに依る借款は最早時代遅れとなりたれば之を断念すること、米国の協力を得聯盟に依る借款成立を期することの三点に付ては内部の議殆ん

ど一決せるものの如し（後略）

とのイギリス側対応が明らかとなり、さらに、中国問題についても「聯盟の活動に一の新天地を開きたる」なか、日本が「西原借款の整理、満洲に於ける我特殊的地位の擁護等を盾にとり難癖を付け聯盟の活動阻止に力むるが如きは大勢に逆行し我立場を孤立に陥るるものと信ず」とのドラモント等聯盟首脳からの聞込みが伝えられるに至り、幣原の「列国協調」政策も機能不全となっていった。(65)

それでも重光は、日中関係が悪化しつつあった八月二十日の段階でも、宋子文による債務整理の意欲を信じていた。重光にとって一縷の望は、国民政府への日本人財政顧問の登用による「経済提携」の維持であった。それゆえ、四月段階より、これまで以上に財政顧問の派遣を強く意見具申したが、津島寿一財務官の派遣が内定したのは六月末であった。(66)だが、その就任も満州事変により流れることとなったのである。

以上のように、政府レベル・中央交渉を中心とする債務整理交渉は、満州事変によって事実上、終止符を打つこととなった。満州事変後、債権者達は、次のように要求している。

一、東四省新政権確立ノ場合ハ該政権ヲシテ支那国債ノ一部ヲ分担セシメ其ノ整理ニ要スル相当ノ資金ヲ将来其関税及塩税収入中ヨリ継続醸出セシムル様交渉セラレ度キコト

二、聯盟支那調査委員来東ノ場合ハ支那ノ債務不履行ノ事実ヲ説明シ之ヲ調査事項ノ一項目トシテ取扱ハンコトヲ請求セラレ度キコト

三、満洲事件及日支懸案解決ニ関シ交渉ノ場合ハ支那政府ヲシテ債務整理案ヲ確定セシムル様御尽力相仰キ度キコト(67)

このような債権者側の要求は、「東四省新政権」(「満洲国」)自体を否定する国民政府の受けいれるところとならなかったことはいうまでもない。

しかし、その後、債務整理は全く進捗しなかったわけではない。昭和八年(一九三三)にはいり、日本側で再度「宥和」的政策が採られた時、債務整理は進捗したのであった。

ここで債務整理が進んだのは、西原借款のような中央の大借款ではなく、民間を中心とする中小の債務であった。そして、このような満州事変以後の債務整理方式は、まさしく満州事変前における「地方的」解決を原型としていたのであった。(68)

その後、文頭の重光―宋子文による日中直接交渉による満州事変解決が不可能となり、両者は、別々の道を――しかし同じ手法で――歩むこととなった。宋子文は、経済提携をより直接的にえるためにアメリカに渡り、棉麦借款および対日戦争遂行のための借款成立に奔走することとなる。宋子文の立場は、親日派から日本にとって国民政府内親英米派の巨魁として変身したのである。一方、重光は、昭和七年、上海事変停戦祝賀会の席上、爆弾を投げつけられ片足をうしなった。しかし、廣田弘毅外務大臣のもとで外務次官として復活し、彼もまた同じ手法、つまり国民政府内の有力者・汪兆銘との間で経済提携をおこなわんとしたのであった。しかし、国民政府内における汪兆銘の立場は、満州事変前の宋子文と比較にならないほど脆弱なものであった。さらに、重光―汪兆銘の提携は、華北での経済侵略が継続されているなかでのことであったのである。

註

(1) 昭和六年九月十一日発在中国重光公使より幣原外務大臣宛電報第九一二号『日本外交文書』昭和期Ⅰ第一部第五巻(昭和六年、対中国関係)、一〇三文書。これには、内田康哉満鉄総裁も賛成していた。以下、『外文』五と略記。

（2）昭和六年九月十九日発在上海重光公使より幣原外務大臣宛電報第九八四号『日本外交文書』満州事変第一巻第二冊（外務省編、一九七七年）二九一〜二九二頁。
（3）昭和六年九月二十二日発在上海重光公使より幣原外務大臣宛電報第一〇一二号『日本外交文書』満州事変第一巻第二冊（外務省編、一九七七年）三〇八頁。
（4）呉景平著『宋子文評伝』（福建人民出版社、一九九二年）。
（5）さしあたり酒井哲哉「『英米協調』と『日中提携』」（『協調政策の限界』年報近代日本研究十一、山川出版社、一九八九年）を参照。
（6）本書第六章および第八章参照。なお、本章のもととなった一九九六年十月二十六日の広島史学研究会シンポジウムにおける口頭発表後、本章と対象を同じくする服部龍二「中国外債整理交渉における幣原外相と重光駐華臨時代理公使」（『国際政治』第一一三号、一九九六年十二月）がでている。
（7）西原借款については、能地清・大森とく子「第二章　第一次大戦期の日本の対中国借款」（国家資本輸出研究会編『日本の資本輸出―対中国借款の研究―』多賀出版、一九八六年）を参照。なお、日本の対中国政府不確実債務は、当該期、日本政府歳入額の約三四％に相当する巨額なものであった。
（8）北京関税特別関税会議に関しては、馬場伸也「北京関税特別会議にのぞむ日本の政策決定過程」（細谷千博・綿貫譲治編『対外政策決定過程の日米比較』東京大学出版会、一九七七年）。
（9）昭和三年十月十九日発田中外務大臣より在上海矢田総領事宛電報第二八七号『日本外交文書』昭和期Ⅰ第一部第二巻（昭和三年、対中国関係）、六三九文書。
（10）昭和四年一月八日発田中外務大臣より在上海矢田総領事宛電報第七号『日本外交文書』昭和期Ⅰ第一部第三巻（昭和四年、対中国関係）三一五文書。以下『外文』三と略記。
（11）昭和四年一月三十日田中外務大臣より在上海矢田総領事宛電報第二七号、『外文』三、五一二文書。
（12）昭和四年一月三十日付在南京岡本領事より田中外務大臣宛電報第九三号『不確実及無担保債権整理方交渉関係雑件』（E.1.6.0.J5）。編遣費捻出のためには、二五〇〇万元の公債発行が必要であった。
（13）昭和四年四月二日付「無担保及深不確実担保ノ対支借款整理問題ニ関スル外務大蔵省係官会議要領」『外文』三、五九三文書。

(14) 昭和四年六月二十四日「債務整理問題等ニ関スル外務大蔵両省打合会議事要領」『外文』三、六三〇文書。
(15) 昭和四年九月二十三日発在上海重光総領事より幣原外務大臣宛電報第一一四〇号『不確実及無担保債権整理方交渉関係雑件』(E.1.6.0.J5)。
(16) 昭和四年九月二十七日着在上海重光総領事より幣原外務大臣宛電報第一一五六号『西原借款関係雑件』(E.1.6.0.J3)。
(17) 昭和五年一月十四日付東亜興業株式会社内田勝司より谷亜細亜局第一課長宛「陳情書」『日本外交文書』昭和期I第一部第四巻(昭和五年、対中国関係)、三八〇文書。以下、『外文』四と略記。
(18) 作成年月日不明 在上海高木睦郎「内外債務整理関係ニ就キテ」同前文書付記。
(19) 昭和五年一月二十日発幣原外務大臣より在中国重光臨時代理公使宛電報公第二号『外文』四、二五四文書。
(20) 昭和五年一月二十五日発在上海重光臨時代理公使より幣原外務大臣宛電報公第六三号『外文』四、三八一文書。その際、重光は、裏面での対宋子文交渉に三井洋行の大村得太郎を指名することで交渉継続の意志をしめしていた。
(21) 昭和五年一月三十日発在上海重光臨時代理公使より幣原外務大臣宛電報公第一一六号『不確実及無担保債権整理方交渉関係雑件』(E.1.6.0.J5)。
(22) 昭和五年二月十八日発在上海重光臨時代理公使より幣原外務大臣宛電報公第二二八号『外文』四、三八六文書。
(23) 昭和五年二月十八日、横浜正金銀行副頭取武内金平・三井物産常務取締役安川雄之助・東亜興業株式会社常務取締役小貫慶治等持参(亜細亜局長へ提出)、昭和五年二月十三日付「対支債権整理ニ関シ請願ノ件」『不確実及無担保債権整理方交渉関係雑件』(E.1.6.0.J5)。
(24) 昭和五年三月四日付河田烈大蔵次官より吉田外務次官宛官房秘丙第二八号「寺内内閣時代成立ニ係ル対支借款ニ関スル件」『外文』四、三八七文書。
(25) 同前註(23)。
(26) 昭和五年四月九日発幣原外務大臣より在上海重光臨時代理公使宛電報公第一九八号『外文』四、三九〇文書。
(27) 昭和五年四月十三日発在上海重光臨時代理公使より幣原外務大臣宛電報公第三九五号『外文』四、三九一文書。
(28) 昭和五年三月四日発在南京上村領事より幣原外務大臣宛電報第二二七号『不確実及無担保債権整理方交渉関係雑件』(E.1.6.0.J5)。
(29) 昭和五年四月十六日付有田亜細亜局長より在上海重光臨時代理公使公信亜一第三五号『不確実及無担保債権整理方交渉関係雑

件』(E.1.6.0.J5)。
(30) 昭和五年四月十七日発在上海重光臨時代理公使より幣原外務大臣宛電報公第四〇二号『外文』四、三九二文書。
(31) 昭和五年六月一日着在上海重光臨時代理公使より幣原外務大臣宛電報公第五五三号『外文』四、三九八文書。このような、宋子文側の要求は、中国の金本位制導入を示唆するものであり、銀価に連動した不安定な為替相場に翻弄されることの多かった中国市場の安定に寄与するものであった。重光は、日中「経済」提携を促進させる上での格好の機会として、その促進を要望していたのである（昭和五年六月三日着在上海重光臨時代理公使より幣原外務大臣宛電報公第五六〇号『不確実及無担保債権整理方交渉関係雑件』〈E.1.6.0.J5〉）。
(32) 昭和五年五月二十六日付在上海重光臨時代理公使より幣原外務大臣宛機密公第九一号公信「支那側ノ債務整理大綱案内報ノ件」『不確実及無担保債権整理方交渉関係雑件』(E.1.6.0.J5)。
(33) 昭和五年六月四日発在上海重光臨時代理公使より幣原外務大臣宛電報公第五七三号『外文』四、三九九文書。
(34) 昭和五年六月五日付在上海重光臨時代理公使より幣原外務大臣宛機密公第一〇九号公信「債務整理問題ニ付宋部長トノ会談ニ関スル件」『外文』四、四〇〇文書。
(35) 昭和五年五月十九日付「対支債権者組合総会議事要領」『不確実及無担保債権整理方交渉関係雑件』(E.1.6.0.J5)。
(36) 昭和五年六月十二日発幣原外務大臣より在上海重光臨時代理公使宛電報公第二六四号『外文』四、四〇一文書。
(37) 昭和五年六月十三日発幣原外務大臣より在上海重光臨時代理公使宛電報公第二六五号『不確実及無担保債権整理方交渉関係雑件』(E.1.6.0.J5)。
(38) 昭和五年六月十八日付幣原外務大臣より在上海重光臨時代理公使宛公信亜一機密第五八号『外文』四、四〇四文書。
(39) 昭和五年六月三十日付在中国堀内書記官より谷亜細亜局第一課長宛書簡『不確実及無担保債権整理方交渉関係雑件』(E.1.6.0.J5)。
(40) 昭和五年八月一日発在上海重光臨時代理公使より幣原外務大臣宛電報公第七六〇号『外文』四、四〇七文書。
(41) 「債務整理問題ニ関スル谷課長ノ帰朝報告」同前註四〇九文書。
(42) 昭和五年八月二十六日付幣原外務大臣より在上海重光臨時代理公使宛公信亜一機密第七八号『外文』四、四〇八文書。なお、「何れにせよ軍事必すしも蔣側ニ有利ならず一方北方側は北方人特有の執拗さを以って着々政治的勝利の地歩を進め来る十日頃には愈々地方政府正式樹立の運びとなるやに伝へられ右北方政府の成立は国民一般に対する大なる宣伝にして蔣介石の不人気と相俟ち南方政府部内よりも之に共鳴するもの輩出することなきを保せず世上或は北方諸派の結束を疑ひ寄合世帯何程の事があらむと蔑視するもの存きに非すと謂も右は実情に通せざる観測なるが如く当方面に於ては北方諸派は倒蒋の実を挙ぐるに至る迄は如何なる事あるも分裂することなかるべしと観測し居る模様に候」と、中原大戦に対して北方政府（閻錫山等）を高く評価する者も外務省内にいた（特に北平公使館勤務者、大橋忠一参事官等〈昭和五年九月七日付川村事務官より谷亜細亜局第一課長宛「中国政局ニ関スル報告」川村茂久事務官旧蔵資料『満洲事変　事変ニ対スル川村事務官ノ意見集』〉）。そして、北方政府側の戦況が不利となった九月にはいっても川村は、「一般論として日本目下の対支外交の馬鹿正直なると非難する向多く日本人側は外務省特に上海方面責任者が南京政府のブラフ外交に引っ掛り管只王正廷宋子文輩の鼻息をうかがふに吸々として此時局変転の好機に際しながら何等施すに策なき無能振りを慨歎し」として外務省中央の方針を批難していた（昭和五年九月十一日付在天津丸川村事務官より谷亜細亜局第一課長宛「中国政局ニ関スル報告」同前）。

(43)　昭和五年九月六日発在上海重光臨時代理公使より幣原外務大臣宛電報公第八七八号『外文』四、四一二文書。

(44)　昭和五年二月十四日付在ニューヨーク沢田総領事より幣原外務大臣宛公信機密第六五号『外国ノ対中国借款及投資関係雑件　米国ノ部』（E.1.6.0.X1-U1）。

(45)　昭和五年九月二十六日発幣原外務大臣より在上海重光臨時代理公使宛電報公第三六八号『外文』四、四一七文書。

(46)　昭和五年九月十六日発在上海重光臨時代理公使より幣原外務大臣宛電報公第九〇〇号『外文』四、四一五文書。

(47)　昭和五年九月二十二日発在上海重光臨時代理公使より幣原外務大臣宛電報公第九二七号『不確実及無担保債権整理方交渉関係雑件』（E.1.6.0.J5）。

(48)　昭和五年九月三十日発幣原外務大臣より在上海重光臨時代理公使宛電報無号『不確実及無担保債権整理方交渉関係雑件』（E.1.6.0.J5）。

(49)　昭和五年十月一日発在上海重光臨時代理公使より幣原外務大臣宛電報公第九五一号、同前註（48）。

(50)　昭和五年九月二十六日発幣原外務大臣より在上海重光臨時代理公使宛電報公第三七六号『外文』四、四二二文書。

(51)　昭和五年十月三日発在上海重光臨時代理公使より幣原外務大臣宛電報公第九五八号『外文』四、四二三文書。

(52)　実際、駐中国ランプソン英国公使は、「使用ノ目的ヲ定メテ賠償金ヲ全部返還スル方針ナリト」と王正廷外交部長に語っていた（昭和四年九月八日着在北平堀内臨時代理公使より幣原外務大臣宛電報第一〇二七号『各国の団匪賠償金処分関係雑件　英国の態度』第二巻〈H.2.2.0.2-3〉)。なお、本問題の概略については馬場明「第六章　日支文化事業協定改廃問題」(『日中関係と外政機構の研究』原書房、一九八三年）参照。

(53)　義和団賠償金の返還を要求する汪中国公使に対して幣原外務大臣も「一部国民ハ日本ハ支那ニ対シ如何ナルモノヲモ殆ト無制限ニ譲歩セムトシツツアリトノ感想ヲ抱キ居ル際ナルヲ以テ団匪賠償金返還を議会ニ提案スルモ之ヲ納得セシムルコト殆ト不可能ナリ」とのべている（昭和五年五月九日付「幣原大臣汪支那公使会談要旨」『外文』四、八五〇文書)。

(54)　満州事変直前、中華匯業銀行救済への流用（昭和六年七月十五日付日本興業銀行理事公森太郎より谷亜細亜局長宛公信外事第一五八号「義和団事変賠償金並匯銀救済資金ニ関スル件」『各国の団匪賠償金処分関係雑件　日本の態度』〈H.2.2.0.2-4〉）や、鉄道資金への充当が提案されていたが、満州事変前の段階では受け入れられなかった（昭和六年七月二十日付日本鉄道弁事処金井清より坪上文化事業部長宛公信上海鉄弁第四四七号「団匪賠償金の返還と鉄道投資の件」送付について『各国の団匪賠償金処分関係雑件日本の態度』〈H.2.2.0.2-4〉)。しかし、後者の点が、一九三七年三月三十日公布された法律第一二号・対支文化事業特別会計法中改正法律へと繋がり、義和団賠償金は、膠済鉄道の日本権益維持に流用されている。

(55)　昭和六年一月十日付在上海重光臨時代理公使より谷亜細亜局長宛機密公第一四号公信「債務整理ニ関スル件」『外文』四、六〇五文書。

(56)　昭和六年一月二十日発幣原外務大臣より在上海重光臨時代理公使宛電報第二十号『外文』五、六一三文書。

(57)　昭和六年二月五日発在上海重光臨時代理公使より幣原外務大臣宛電報第一一〇号『外文』五、六二一文書。

(58)　昭和六年一月十二日付在天津田尻総領事代理より幣原外務大臣宛機密第四四号公信「内外債整理問題ニ関シ丁士源ノ帰来談報告ノ件」『不確実及無担保債権整理方交渉関係雑件』〈E.1.6.0.J5〉。

(59)　昭和六年一月十五日着在ニューヨーク堀内総領事より幣原外務大臣宛電報第四号『外国ノ対中国借款及投資関係雑件　米国の部銀借款関係』〈E.1.6.0.X1-U1-2〉。

(60)　昭和六年二月十四日発在上海重光臨時代理公使より幣原外務大臣宛電報第一四七号『外文』五、六二六文書。

(61)　昭和六年一月十三日付「対支借款ニ関スル幣原大臣在本邦佛国大使会談要領」『外文』五、六〇六文書。

(62)　昭和六年二月四日発幣原外務大臣発在英国松平・在米国出淵大使宛電報合第八四号および同合第八五号『外文』五、六一八文書および同文書別電。

(63)『不確実及無担保債権整理方交渉関係雑件』(E.1.6.0.J5)。赤塚正助(前特命全権公使)は、「我国としては此の特殊の関係を考慮し、列国と協調して其の成行を利導するの用意と経論を以て臨まなければならぬ」にもかかわらず、「幣原外相は国際協調をモットーとしながら対支外交に限り此の精神を無視し、独自単独の意図を以て進んだといふことは、取りも直さず自らその外交の基調を紊した遣り方であり、国際協調の趨勢に反した方策であつたと云はなければならぬ」と批判している(「幣原外交と満洲の行詰」『外交時報』六二三号、昭和五年十一月十五日号)。

(64) 昭和六年三月七日着在上海重光臨時代理公使より幣原外務大臣宛電報第二三九号『外文』五、六三八文書。

(65)『外国ノ対中国借款及投資関係雑件　英国ノ部』(E.1.6.0.X7)。

(66) 昭和六年七月六日発幣原外務大臣より在上海重光臨時代理公使宛第三八一号電報『中国ニ於テ本邦人雇用関係雑件』(K.4.1.0.2)。なお、津島自身は、六月十五日、井上蔵相から要請され、「のっぴきならぬ立場においこまれ」た結果、六月二十六日に引き受けている。その際、津島は、財務官としての地位の保持、大蔵省・正金からの随伴者の選任、中国政府の待遇等で条件を提示し、受けいれられている(津島寿一著『芳塘随想　第十一集　先輩・友人・人あれこれ　巻三〈森賢吾さんのこと(上・概描)〉』昭和三十八年、一五三頁)。

(67) 昭和七年二月十一日付「対支債権者組合ノ希望事項」『不確実及無担保債権整理方交渉関係雑件』(E.1.6.0.J5)。

(68) 疋田康行「一九三〇年代前半の日本の対中国経済政策の一側面―債務整理問題を中心に―」(野沢豊編『中国の幣制改革と国際関係』東京大学出版会、一九八一年)参照。

第八章　「治外法権の撤廃」と「治安維持」

――満州事変前後の「連続性」に関する一考察――

「治外法権の撤廃」と「治安維持」、似て非なる二つの言葉に共通することは、満州事変前後、「連続」して存在したことである。

前者の「治外法権の撤廃」は、北京政府にひきつづき南京国民政府においても求められ、満州事変後、日本人の手によって「満州国」で一部実現された。一方、後者の「治安維持」は、事変前に国民政府の治外法権撤廃を否定する論理として、事変直後からは「満州国」の版土を拡大する口実として日本側に利用された。

この治外法権に代表される不平等条約の改正は、南京国民政府の国家的目標であった。北伐・易幟による中国統一後、動きは加速、昭和六年（一九三一）年三月の日中関税協定の成立により、不平等条約の一半である関税自主権は回復していた。残るは不平等条約を最も象徴する治外法権のみとなっていたのである。

この治外法権について日本は、ワシントン会議後の北京特別関税会議で中国に内地雑居の付帯条件をつけつつ、原則的に撤廃を認めていた(1)。しかし、治外法権問題をめぐる日中間の合意は、満州事変前の段階でえられなかった。日本は「漸進主義」をもって交渉にあたったが、中国側からすればその速度はあまりに遅いものであったためである。このように日中間で意見が相違した理由は、第一に日本が自らの経験から、条約改正＝近代化（西洋化）と考えており、この点で中国の条約改正を時機尚早と認識していたためである。第二に、日本が英米両国にくらべ、経済・在中国居留民の面で、治外法権に依拠する部分を多く有していたことがあげられよう。そして、第三に日本が不平等条約改正にあたって治外法権問題と関税自主権問題を併置して考えていたことがあげられる。このため日本の内部でも次の三つの異なった考え方が生じた。まず、（1）として、対中国政策上「漸進」的撤廃に積極的で国民政府と直接交渉によって現状における「満州」日本権益の確保を図る重光葵駐中国臨時代理公使（昭和六年八月に公使）の立場があげられる。（2）としては、英米との協調を重視、「満州」権益の維持を前提に中国の治外法権撤廃に消極的な幣原喜重郎外務大臣が、そして（3）としては、朝鮮統治への波及を恐れ「治安維持」をもって中国側と対峙する朝鮮総督府等の立場があげられ、この三者間で齟齬が生じることとなった。結果、治外法権交渉の場所も、重光・王正廷外交部長との間でおこなわれた中国中央での交渉と、地方、特に間島における朝鮮人の帰属問題を軸とする交渉との二局面をもつこととなったのである。

そこで本章では、「治外法権の撤廃」と「治安維持」を手掛かりに、治外法権撤廃交渉のなか、外務省側対応に着目しつつ、満州事変前後の「連続性」について考察することとしたい。

一　治外法権撤廃交渉における「中央」と「地方」

1　中国中央での展開

昭和二年初頭の段階で南京国民政府は、不平等条約の改正を現行通商条約の改訂をもっておこなうこととした。同方針は、改訂期が近づきつつあった日中通商航海条約にも適用されたものの、中国側の即時撤廃要求と日本側の内地開放問題が正面から衝突、なんら成果をもたらさなかった。このため国民政府では、昭和三年（一九二八）七月七日、期限満了の不平等条約を破棄し（日中通商航海条約も含まれていた）、新条約締結までの過渡的な臨時弁法の適用を宣言したのであった。さらに、昭和四年四月二十七日には、国民政府側・王正廷外交部長より、条約未到来国と失効国を区別、列国間の分断を図りつつ前者の条約期限未到来国に対して治外法権交渉の開始が申しだされた。

この間、イギリスは、五・三〇事件以降、昭和二年一月二十七日の対中覚書および同二十九日のチェンバレン外相の演説により、領事裁判権の改正、関税自主権問題、租界の返還等について対中宥和的政策に転換することを宣言。実際、同年二月十九日に漢口、三月二日には九江の租界返還協定を中国との間に締結していた。アメリカも治外法権問題について中国との間で単独でも交渉する用意があると宣言していた。中国に利権を有しないベルギー、チリ、ポルトガル等の国々は、中国との間で昭和四年中に新たな通商条約を締結、治外法権の撤廃に同意していった。日本側も対中国「宥和」政策への転換が図られ、昭和四年九月、佐分利貞男が新駐中国公使に任命された[2]。しかし、幣原喜重郎外相は、治外法権問題に対して来日中の張継（国民政府司法院副院長）との会談で、司法制度の整備と安定的な中央国家を要求、一方で「満州」権益の返還に絶対反対の意をしめしていた[3]。幣原に代表される対中国認識が外務省をしめるなか、中国に着任した佐分利は、現地の在上海重光総領事等の「日本は支那本土に於て列国に率先して支那の要望を容れ、支那は満州について日本と妥協すべきであると云ふ議論を建て」「一般問題について日支の関係を改善し、而して後、満州問題の妥協に移るよう」との意見に賛同し[4]、十月十四・十五日の両日、王正廷外交部長と治外法権問題について会談をおこなった。席上、王は改めて対華二十一ヵ条を否定し、中東鉄道紛争解決後に満鉄附属地の鉄道守備隊撤退を要求した。さらに内地開放問題については、中国東北地域の特殊地域化を否定、農地を開放の対象から除く意見をのべた。反面、治外法権撤廃に対する保障に関しては、「攻究中」とのみ語り、具体的な提言をなさなかったのである。

佐分利は、この会談で国民政府が「列国中日本ノミヲ『シングルアウト』スルノ措置ニ出ツルカ如キコトモ万々之ナシトハ保シ難キ」との感想を持った。(5) 佐分利の懸念は、上海臨時法院問題で日本が条約満期国として扱われて「シングルアウト」されていただけにに現実味を有していた。そして、佐分利の動きより早く国民政府は、昭和五年一月一日を期して一方的な治外法権回収を具体化しつつあった。

早速、佐分利公使は帰国し、治外法権問題について本省首脳と検討に入った。(6) しかし、佐分利の帰国した外務省では、翌年一月に予定されているロンドン海軍軍縮会議の準備に忙殺されており、中国問題は二次的なものされていた。孤独癖のある佐分利は、昭和四年十一月二十九日、箱根の富士屋ホテルで謎の死を遂げたのであった。(7)

佐分利の死は、治外法権問題への日本側対応を鈍いものとした。とはいえ、重光は、宋子文との間で昭和五年三月に結実する関税協定交渉を進めており、列国側の対応も漸進主義を再確認するもので、王正廷が期待していたものではなかった。このようななか、イギリスは、昭和四年十二月二十日、ヘンダーソン外相が駐英国施肇基中国公使に「エード、メモワール」を手交、大晦日の三十一日に公表した。(8) 同覚書は、二十八日の、国民政府による治外法権撤廃令に対応して、英国が、(イ)漸進主義、(ロ)民事のみ討議、(ハ)撤廃後の保障として外国人参与、(ニ)英国公使と王部長との間では原則問題のみ、専門的事項については法律家に、(ホ)仲裁規定を重視、の五点を骨子とする新たな治外法権交渉方針を決定したことを意味するものであった。そして、日本側も昭和四年十一月二十六日に佐分利公使を入れて作成し、十二月一日に「抽象的且保守的ニ改メタル」(9)、治外法権問題に対する根本方針を、昭和五年一月二十日、閣議承認をへて定めたのであった。(10)

この日本の治外法権根本方針は、漸進主義を採用、民事・刑事とも段階的撤廃を主張するものであった。しかし、治外法権実施の対象より共同租界と鉄道附属地を除外し、民事に関する治外法権撤廃に対し内地の居住営業権を、また、刑事の撤廃の代わりに土地利用権を代償に求めている点に特徴があった。また、本根本方針は、大正十四年(一九二五)十一月に閣議決定された「治外法権委員会ニ対スル一般方針」にくらべても、具体的ではあるが共同租界および鉄道附属地について「一般方針」が「一般ノ事例ヲ以テ之ヲ律スルコトヲ得ス当分ノ内大体現制ヲ維持シテ之カ解決ハ他日ノ考慮ニ譲ルノ外ナク」あるいは「我国民的感情ノ極メテ鋭敏ナルモノアリ直ニ其ノ現制ノ変更ヲ許ササルハ已ムヲ得サル所ナリ」と将来の含みを残していたのとくらべ、表現において厳しい表現をもちいていた。[11]

日本は、この根本方針を二月四日から六日にかけて英米仏の各国政府に手交した。これより前、アメリカ国務省極東部長ホーンベックよりも駐米国伍朝枢中国大使に対して治外法権撤廃条約案が提示されており、日英米主要三国の治外法権案が出揃った(表5参照)。

だが、日本側は、この案で中国側と交渉を開始しなかった。理由は、関税協定交渉を開始しており、同交渉への王正廷外交部長の容喙を好まなかったからである。[12]また、日本側には、治外法権撤廃の方式をめぐって、イギリスの事項別とアメリカの地域別方式とが、アメリカのみが交渉地をワシントンに置いていたこともあり、[13]激しく対立しているように映っていたのである。

しかし、現地中国では、本国政府から治外法権問題でフリーハンドを得ていたランプソン英国公使がアメリカ公使館側と治外法権案の作成に取りかかっていた。日本側が英米間でこの公使館共同案の作成をおこなっている事実を内示されたのは、三月二十六日のことであった。本省側は、このような英米間での協調姿勢に対して三月三十一日、在北平矢野真参事官に宛て「今後トモ関係国ノ間ニ聯絡ヲ保持シ少クトモ解決案ノ基本的大綱丈ケハ日英米等両関係国ノ内意見ヲ纏メテ支那ニ当ルコト相互ニ肝要ナル」とし、(イ)漸進的撤廃(民事→刑事)、(ロ)特別区域除外、(ハ)撤廃に際しての保障(外国人裁判官等)、(ニ)内地開放を具体化、の四点についてイギリス側に打診するよう訓令して

表5　治外法権撤廃各国案比較表

事　　項	日本案（5.2.3）	米国案（5.1.25）	英国案（4.12.31）	中国対案
撤廃速度	漸進的	漸進的	漸進的	即時撤廃
撤廃方法	事項・地域別	地域別	事項別	事項別
民事	条件付撤廃	撤廃	保障付撤廃	即時撤廃
刑事	条件付撤廃	撤廃	――	即時撤廃
特別法廷設置	――	設置	設置	設置
外国人判事登用	可	――	可	不可
外国人法律顧問	可	可	――	条件付可
内地開放				
居住・営業	必要	可	必要	可
土地所有権	必要	難色	可	不可
対象地域除外	租界及び鉄道附属地	租界	共同租界	不可
移審権	――	必要	――	不可

昭和5年4月『（極秘）条約局調書（第58回帝国議会参考資料）』（条約局第2課，外交史料館所蔵）等より作成.

いた。[14] 本省側では、英米間の協調は、アメリカの突出を抑止するものと（希望的に）認識していたのである。しかし、この幣原訓令が発せられたのと同じ日、ランプソン公使より在北平矢野参事官に内示された英米公使館共同案は、民刑事同時放棄（人事を除外）、代わりに外国人判事と同様の法律顧問を設置して移審権を規定し、外国租界および居留地を対象地域外としたものであった。日本が最大の関心をしめしていた内地開放問題については、ランプソン英国公使が矢野に「第十三条内地開放ニ関シ土地所有権ノ点ニ付テハ加奈陀モ米国ト同様ノ立場ニアルノミナラス法権撤廃ニ関シ特別区域除外ヲ主張スル限リ支那側ニテ土地所有ノ点迄譲歩スルヤ疑アリ」と内話していたように、日本側に悲観的な内容となっていた。[15] 一方、日本側治外法権に関する根本方針は、フランス公使から支持され、「内地開放ノ如キモ当然此ノ際之ヲ主張スルヲ要ス」「英米ノ態度ハ餘リニ『リベール』ニ傾キ居ル」との回答が寄せられていた。[16] つまり、治外法権問題をめぐり内地開放問題を中心に英米と日仏との間で意見の相違が明らかとなっていたのである。

そして、この英米公使館共同案は、米国務省での修正をへて六月四日、「国民政府カ本協定ノ条件ヲ支那全土ニ亘リ有効ニ実施スル能力ヲ示シタルトキ」および「批准ノ日ヨリ五年以上ヲ経過シタル後且支那側裁判殊ニ司法権独立ノ実況ヲ見タル上民事以外ノ移管ヲ考慮スヘキ旨ヲ規定セル点及刑事事件中十弗以下ノ罰金ニ当ル微罪ノ移管ヲ認ムル点」をイギリス側が付け加え、[17]中原大戦最中の九月十一日、王正廷外交部長に提出された。

この提出の時期設定についてランプソン英国公使は、九月十六日、重光との会談で「支那政府不安定ノ事態ヲ利用シ行ク方寧ロ有利ナリトノ意向」との状況判断をしめしていた。一方、重光は南京国民政府の勝利を前提にしつつも、「法権問題ノ如キ根本問題ハ短時日ノ間ニ交渉ヲ纏ムルコトハ不可能ナルヘシト」として、「ラデイカル」な王正廷外交部長を忌避し、[18]当該期進行していた債務整理交渉に期待をかけ、「穏健」な勢力たる宋子文財政部長等の勢力が国民政府部内で優勢を占めるまで治外法権交渉を遅延させることとしていた。それゆえ、九月十八日の王正廷からの治外法権交渉開始の打診に対して重光は、日本国内の統帥権問題を引き合いに出し遅延を正当化していたのである。

しかし、日本側の遅延策に余裕は与えられなかった。十二月一日、王正廷外交部長は、ランプソン英国公使に即時全廃を主義とする対案をしめした。さらに、王正廷、王寵恵提案による事実上の領事裁判権撤廃を意味する外僑訴訟実施弁法を採択。同月十七日には、英米仏蘭諾伯の六ヵ国に対して覚書を提出、昭和六年（一九三一）二月末という期限を付けて治外法権の撤廃を迫ったのである。列国は、王覚書を一方的かつ脅迫的なものと認識したものの、歩調は不揃いなものであった。仏は強硬な姿勢をとりつつあったが、蘭は事実上屈伏、英米両国は宥和の方向に進んでいった。特にランプソン英国公使は、「中国ノ本件ニ関スル決心ノ強固ナルコトヲ察シ」「本国政府ニ対シ法権問題ニ関シ従来ノ態度緩和方ニ付請訓」していた。イギリスは、より宥和的な姿勢を明らかにしていったのである。[19]状況は、遅延策をとる日本に不利に展開しつつあった。

2　中国・地方での進展

中央での交渉にくらべて中国各地方では、交渉員制度の廃止もあり[20]、昭和五年一月一日を期して国民政府より公布された治外法権撤廃令が徐々に浸透していった。

天津では、昭和五年二月、中国人を被告とする民事訴訟に対して訴訟費納入が請求され[21]、「華洋上訴案件」についても、事実上、中国の普通法令で受理されることに改訂されていった。このような民事における領事裁判権のなし崩し的な撤廃に対し、雲南の高等法院でも、同年八月一日以降、中国人と外国人との訴訟を受理する旨の通知があった[22]。本省側としても、七月十七日、中国人が被告の場合は、これを受けいれる様訓令を発していたのである[23]。以下では、中国法廷を舞台とする日本人が関与した三つのケースについてみることとしたい。

ケース1　三井洋行商標登記問題[24]

昭和五年五月中旬、上海三井洋行支店は、中国人買弁とその連帯保証人、取引先を相手に買弁の不信行為に対する損害賠償請求を特別区法院に提訴した。その際、被告弁護側は、六月十八日の公判で三井が外国法人として登記をおこなっておらず原告としての資格がない、との意見を提出した。これを判事も認め、三井に対し法人あるいは支店長個人名義で登記をおこなうことを命じた。そして、中国側は、この問題に合わせるように六月二十七日、外国人登記に関する弁法八ヵ条を発布した。中国国内で会社登記をしていない外国法人による訴訟は、中国裁判所で受理されないこととなったのである。中国側の対応は、日本を条約満期国と看做して治外法権を事実上無視するものであった。このため、在上海重光総領事は、訴訟自体とは別個に、イ国際法上の原則、ロ日本の条約効力継続との立場、ハ日本人の最恵国待遇、の三点をもって七月上旬、国民政府に抗議すべく本省に稟申したのであった。一方、裏面で重光は、守屋和郎書記官をして江蘇高等第二分院長徐惟震と内密に懇談を重ねさせ、事件自体は名義の変更と三井の会社登記をおこなうこととによって穏便にすまそうとしたのであった。結果、裁判自体は、和解が進行し、また、一部訴訟についても三井側の勝訴となったのである。

ケース2　ロシア人を原告として東洋拓殖（株）を被告とする不動産登記抹消問題

この問題は、大正十年（一九二一）六月、ハルビンにおいてロシア人コムクリッチが東洋拓殖株式会社（以後、東拓と略記）より資金融通をうけた所有不動産をロシア人ラリーナに売却したものの（抵当権も継承された）、同不動産中の建物建築費を中国人建築請負業者に支払っていなかったことに始まる。このため、中国人建設請負業者は、問題となったラリーナ所有の建物を差押えた。これを不服とするラリーナは、大正十四年（一九二五）九月、差押解除の訴訟を中国法院に提訴したのであった。結果は、ラリーナ側の敗訴であった。このため、コムクリッチは、中国法院が当該不動産を自らの所有権にあるかの如き判断を下したことを奇貨として、昭和四年十二月、東拓に抵当権抹消、ラリーナには所有権確認の訴訟を地方法院に提訴したのであった。地方法院では、在ハルビン八木元八総領事の説明を聞き入れ、東拓を被告とする裁判に対する管轄権を持たないとして、コムクリッチの提訴を却下した。しかし、コムクリッチは、地方法院の判決を不服として高等法院に上訴。ハルビンの高等法院は、当該訴訟の取扱について指示を南京司法院に仰ぎ、南京司法院より「不動産登記ニ関スル訴訟ハ中国法律ニ準拠シ中国ノ登記公署ニ登記セルモノナル以上登記人ハ中国法院ノ管轄ニ属スルト否トヲ問ハス中国法院ニテ受理スヘシ」[25]との指令を受け、審理を地方法院に差し戻した。これに対して八木総領事は、日中通商条約第二十条、第二十一条より日本人の裁判管轄に抵触すると、九月四日、抗議した。だが、この裁判管轄をめぐって外務省内部でも意見の対立が生じていた。

条約局では、立作太郎博士（東京大学教授、国際行政法専攻、外務省顧問、条約局産みの親の一人）の賛成、山田三良東京大学教授の同意を背景として八木総領事同様、裁判管轄権を行政作用である不動産登記より実体法上の問題として優先。本問題についても領事裁判所の管轄下にあるとの意見を持っていた(26)。これに対して、亜細亜局側は、日本人は商埠地において不動産所有できず、抵当権等についても中国裁判所に登記する以外にないとして、既に東拓が不動産登記を中国側にしていることを理由に、「本件ノ如キ権利ヲ獲得スル為ニ任意ニ支那ノ法権ニ服セル場合ハ之ヲ黙認スヘキモノナリト思考ス」との認識をしめしていた(27)。結果、九月八日付で条約局で起案された「本件ハ被告ノ所属国タル本邦裁判所ノ管轄ニ属スベキモノニシテ支那裁判所ノ管轄ニ属スベキニ在ラズ南京政府ノ指令ハ此ノ当然ノ事理ヲ無視セルモノト云フベク貴官ハ之ガ取消方至急政府当局へ申入レラレ度シ」との訓令案の発送は見送りとなった(28)。その後、国民政府外交部命令により今後提起される華洋裁判は地方法院で受理するよう通達された。この中国側通知に対して本省側では、「我方ニ於テハ支那法院ニ於テ華洋訴訟事件ヲ管轄スルコトニ付正式ノ承認ヲ与ヘタル次第ニ非サルニ付管轄変更ニ関スル支那側来翰ニ対シテハ何等回答ヲ発セス其儘放置セラレ度」と訓令していた(29)。一方、高等法院側としても日本側の批判に対応できず、十一月十一日、国民政府に抗議するよう求めていた。このため、八木総領事は本省に国民政府への抗議を要求し、重光臨時代理公使による交渉となった。しかし、重光は、「手続上ノ問題トシテ本件処理方ヲ考究スルニ中国法ニ依ル中国法院ニ於ケル登記ノ記載ハ中国法院ニ非サレハ之ヲ為スコトヲ得サルモノナルカ故ニ登記簿上ノ記載ニ関スル限リ常ニ中国側ノ権限ヲ承認セサルヘカラス」と意見具申(30)、亜細亜局に近い、むしろ一歩先んじ民事の領事裁判権撤廃を容認するが如き見解をしめしたのであった。その後も、同問題は、膠着状態を続け、満州事変を迎え、あやふやのうちに事件も忘れさられていったのである。

ケース3　東拓対済南電話公司訴訟事件

本問題は、大正十年（一九二一）三月および七月に東拓が済南電話公司事業拡張資金として当時同公司総理馬官和

（馬は張宗昌山東督弁時代の財政庁長）を主たる債務者、公司を連帯保証人兼担保提供者として大正十年三月と七月に合計四十二万円の資金を貸付したことに端を発する。この貸付金に対して馬および公司は、大正十三年上半期までは利息の支払を継続していたものの、翌大正十四年初頭より中国政局流動による財政難を理由に延滞状態となっていた。このため、東拓側は償還期限が過ぎたこともあり、馬・公司側に逐次弁済請求をおこなっていたが、公司側の回答は、債務自体を否認するものであった。困った東拓側は、昭和二年に済南、天津両総領事館を通じて外交交渉により解決を計ったが埒が明かず事態の進展もなかった。結局、東拓側は、当時の藤田榮介総領事の公正な裁判も期待できる、との助言もあり、馬と公司を相手に、昭和五年一月七日、貸金元金およびその利息（元利合計約八十万円）の請求訴訟を済南地方法院に起こしたのであった。

この裁判、昭和五年十月三日の地方法院における第一審判決は、日本側が勝訴した。日本側・東拓側としては、相手（済南電話公司）が公的機関であり、また、電話工会等の反日攻撃が熾烈をきわめるなか、在済南西田畊一総領事の助言もあり、示談での解決をめざしていた。だが、債権確保のための仮執行は、工会等の反日宣伝および実力による執行妨害もあってできず、十一月十五日には、高等法院より地方法院での仮執行自体が取り消されることとなった。このような高等法院の態度は工会等の反日宣伝に影響されたものであるとして、日本側は、陳済南市長、山東省政府等に反日言動の取締等を依頼。一方で、東拓側は、高等法院での審議を考慮に入れつつ、電話公司との和解の道を摸索しつづけた。しかし、電話公司と東拓との示談が成立しないまま、審議の場は、十二月二十四日の公司側の上訴により、高等法院へ移ることとなった。

しかし、反日言動の取締は進まず、また、高等法院での審理も楽観を許さないものであった。このため、昭和六年一月上旬の段階で主管の条約局第二課（担当官北澤直吉）では、中国中央での交渉も考慮に入れていた（亜細亜局の守島吾郎第一課長は第二審の結果をみてからとしていた）。また、東拓の菅原通敏総裁からは谷亜細亜局長に宛て中央政府への厳重なる交渉の依頼があり、東拓の監督官庁たる拓務省からも、「本件ノ推移如何ハ同社ノ此ノ種係争事件ニ及ボス影響等モ不尠カラズ延テハ中国ニ於ケル邦人権益ノ確保ニ一大暗影ヲ投ズルノ虞有之」との意見が寄せられていた[31]。そして、迎えた六月二十二日の高等法院での判決は、東拓側の全面敗訴であった。高等法院側の判断としては、主債権者としての馬官和の責任を重視し、済南電話公司に対する連帯保障能力に消極的な態度をとった結果であった。東拓としては、自体の経営不振および馬官和自体が行方不明なため、さらに南京最高法院に上訴したものの、結局、昭和七年八月三十一日の第三審も東拓側の敗訴となり、判決は確定した。その後は、馬官和との示談交渉に移行し、結局、東拓約八十万元の債権は、十五万元に減額（内八万七〇〇〇元が即金支払）されて昭和九年一月に入り事件は解決したのであった。

以上の三つのケースからいえることは、現地の日本人および日本法人が治外法権に関し、少なくとも民事訴訟で中国人を相手とする場合、中国法廷に提訴していることである。これは、領事裁判権の一部を実質的に機能しないものとしていくことであった[32]。このような行動に対して在吉林石射猪太郎総領事は「目前ノ小利ノ為メ大局上更ニ一歩ヲ譲ルノ結果トナルヘキハ明カニシテ」として、中央での強硬姿勢による交渉を意見具申していた[33]。つまり、民事については現地日本人および日本法人は、中国法廷（法院）の存在を承認し、民事訴訟についてはこれを利用するようになっていたのである。しかし、昭和五年の段階で日本人が民事被告となることについては、上海特別区法院での邦商田岡洋行訴訟受理問題の例が存在するが、上海総領事館側から法院長に訴訟進行の延期と、今後、当事者に訴訟提起を差し控えるよう指導するよう合意を内密に求めたように、現行日中通商条約の有効性をめぐる論議（日本は有効。中国側は無効、日本を条約満期国、日本人を非治外法権国人として扱う）に発展しないように穏便に処理されていった[34]。また、刑事事件に対して日本は、明確に条約違反であると抗議していったのである。[35]

一方、このような動きに対して本省内部では、あくまで通商条約の有効性に依拠し原則的な対応をおこなう条約局（第二課）と現地動向に順応する亜細亜局との間で差異が生じていた。また、同じ中国でも地域差があり、台湾対岸の厦門等では、在留邦人が殆ど台湾籍であることから中国の領事裁判権撤廃に宥和的姿勢をしめしており、[36]上海も亜細亜局に近い対応をしていた（ケース1）。一方、中国東北地方でも、当初、現地日本側の対応は条約局に近いものであったが、徐々に対中国宥和的になりつつある（ならざるをえない）状況に向かっていった。このように治外法権撤廃問題は、当初から行き詰まる問題としてではなく、困難な問題を多く含みながらも「漸進的」に解決しうる素地も有していたのである。

二 治安維持へ

1 中国・中央交渉の頓挫

昭和六年に入り、アメリカ、イギリスが治外法権撤廃に対して宥和的な姿勢を明確にしていく一方で、日本と中国の間では、中国東北地方の日本権益の存在が障害としてクローズ・アップされていった。日本側としては、急進的な中国・国民政府の撤廃要求を減速させ、日本が妥協しえる「漸進」的撤廃の範囲に留めさせる必要があった。このため英米との協調が必要であるとの意見具申が在北平矢野参事官よりなされたが、[37]在中国重光臨時代理公使は、矢野の意見具申に同意しつつ、「悲観無用な里　本年ハ更ニ打ちひらけたる将来を期すべく候」と、谷亜細亜局長宛の私信のなかで治外法権問題等の解決に自信をしめしていた。[38]

このようななか王正廷外交部長は租界回収の意欲を表明。三月五日、重光にも租界の回収について語り、三月十二日と十九日に王―重光間で会談がもたれた。しかし、同会談について連合通信は、「最後ノ一国トナルモ辞セス」と中国に対して強硬な姿勢で臨んだと報じた。このような対中国強硬論に重光は、「外務省ノ意向ヲ汲ミタルモノニシテ主トシテ対内的ノ関係ニ出テタルモノナルヘキハ最近ノ議会ノ空気及国内ノ所謂対外硬論ナルモノニ徴シ首肯セラルル次第」ではあるが、中国側の宣伝とあいまって「右ハ極メテ拙策ニシテ」「斯ノ如キ宣伝ハ両国ノ関係特ニ幾多ノ懸案解決ニ対シ重大ナル破壊的影響ヲ及ホスモノト云フヘシ」と批難したのであった。さらに、重光は、

（前略）日華両国ハ法権問題ニ依リ直ニ暗礁ニ乗上ケ待チ構ヘタル軍部系統ノ策動ノ乗スル所トナルヘク茲ニ複雑ナル列国トノ関係及世界ノ輿論ノ前ニ於テ日本ハ何等ノ用意ナクシテ日華両国間ノ最終的場面ヲ招来スルニ至ラン而モ中国ノ反抗ニ遭ヒ世界輿論ノ積極的支持ヲモ受ケサルコト明カトナルニ及ヒテ我国ノ強硬論ナルモノモ対華経済関係モ自然ニ崩壊ヲ余儀ナクセラレ日本ハ遂ニ済南事件ノ後始末乃至ハ関税自主権ノ後始末ノ如キ措置ヲナササルヘカラサル破目ニ陥ルナヤ《キ欠カ》ヲ虞ル（後略）

とし、「満洲問題ニ付テハ日華両国ノ関係ハ如何ニスルモ遠カラス行詰リトナルノ外無シ而シテ右行詰リニ当リテ如何ニ日本ニ有利ナル事態ヲ展開シ此ノ死活問題ヲ満足ニ解決シ得ル地歩ヲ築クヤハ日本ノ将来ノ分岐点トナルヘシ」として、国際輿論を味方につけ不用な租界等を早急に返還するべきであると主張した(39)。

だが、治外法権問題に対する王外交部長の回答は、旅順・大連の回収を求め、中国への不平等関係を「其第一ハ既ニ解決セシ関税自主権ノ問題第二ハ法権問題第三ハ租借地及租界ノ回収ノ問題第四ハ中国ニ於ケル外国陸海軍全部ノ撤退問題第五ハ『カボタージ《サカ》』ノ問題ナリ」と整理したうえで「之等問題ノ解決シタル暁始メテ中国ハ外国ト平等関係ニ立ツモノニテ其際ハ外人ヲシテ中国ニ於テ国際上ノ通則タル総テノ権利ヲ享有セシムルニ異存ナシ」と無条件撤

廃を要求したのであった。[40] このため中央交渉は行き詰まることとなったのである。

そして、中国側は租界の調査を開始し、また租界内での営業税徴収、[41] 国民政府度量衡の適用等を通じて租界回収の準備を始めていった。一方、外務省中央では、治外法権撤廃の前提としての「近代化」を検証するため、各地領事館に中国裁判所、監獄および警察の現状調査を訓令し、[42] 治外法権の即時撤廃が時機尚早との日本側見解の実証を試みていったのである。

その後、治外法権問題における日中間の齟齬は増大していき、七月に入ると中国側(宋子文)から日本が日中間の諸懸案について遷延策を講じていると批難され、治外法権問題についても重光をして「今日トナリテハ急速ニ発展ヲ見得ス内地開放及満洲問題等ニ絡ミ極メテ重大ナル局面ニ押詰メラレ之等ノ問題ヲ中心トシテ幾多附帯的事件モ手伝ヒ日下ノ處日支両国ノ関係ハ漸次悪化シ行クモノトノ覚悟ヲ要」すと認識されていったのである。[43]

2 朝鮮人二重国籍問題

日中間の治外法権問題は、固有の問題として、間島を中心に在住している朝鮮人の帰属問題があった。日韓併合後、間島の朝鮮人は、戸籍もなく依然「朝鮮人」として朝鮮総督府の管轄下にありながら、その一方で形式的に在外日本帝国臣民として外務省の管轄もうけることとなっていた。それゆえ治外法権の間島朝鮮人への適用は、日本にとって間島の支配を正当化する根拠となった。間島朝鮮人の帰属は、間島の支配をめぐる日中間の懸案となり、その根幹に治外法権問題が位置することとなったのである。

その際、日本側が根拠としたのは、大正四年(一九一五)年の南満東蒙条約に基づく間島朝鮮人を日本帝国臣民とする治外法権の適用であった。これに対して中国側は、間島朝鮮人の帰化政策をすすめた。結果、間島では、属地的に中国、属人的には日本に帰属する朝鮮人を生みだしたのであった。この間、西間島は朝鮮独立運動の根拠地となり、治安維持の観点から日中間で大正十四年（一九二五）年六月、「不逞鮮人ノ取締方ニ関スル朝鮮総督府奉天省間ノ協定」（三矢協定）が結ばれた。日本は西間島朝鮮人の管轄権を中国側に委譲することによって朝鮮人民族運動に対する取締手段を得、一方で中国側は日本の越境による侵略を阻止するという、日中間の協調体制が成立した。反面、間島で朝鮮人の治外法権を主張しながら、西間島で朝鮮人の治外法権を放棄することは、日本の対朝鮮人政策の矛盾を明らかにするものであった。

だが、間島朝鮮人に対する日中間の協調も、間島朝鮮人の多くが中国人地主の小作人であったことから、朝鮮人と中国人との対立が、階級的対立に絡んだ民族的・政治的対立へと発展し、共産主義の浸透を容易にしていった。このため、昭和五年（一九三〇）の間島「五・三〇事件」で幣原外務大臣をして間島の特殊地域化を前提とする「協調による間島治安維持」を、また朝鮮総督府・朝鮮軍からは朝鮮への波及に対する危機感として強硬な「治安維持」の必要性を認識させたのであった。その後、幣原の方向性は、張作霖爆殺後の張学良政権が国民党へ傾斜し、国民党の不平等条約改正・治外法権の撤廃に基づいて朝鮮人への統制を強化するなか同政権との対立点を明らかにしていった。同時に政策と対峙し、国民政府と提携するため治外法権において特殊地域の設定を基本的に認めない重光との対立もひき起していったのである。(44)

昭和六年に入ると、朝鮮人に対する中国側の態度は「頓ニ厳重トナリ共匪討伐ノ下愈圧迫的トナリツツアルヤニ観察セラレ其ノ窮（究カ）極ノ目的ハ鮮人ノ奥地発展カ我経済侵略ノ先駆トナルヲ惧レ之ヲ妨ケントスルニ在ルモノノ如シ」と日本側に認識されていた。このため在奉天林久治郎総領事は、中国側が「所謂墾民ト帰化人トヲ混交シ」ていることを問題としつつも、中国側に圧迫の原因と口実を与えないため「内外ノ事態ヲ未タ極端化セサル間」に中国への帰化を希望するものに脱籍を許可するよう求めたのであった[45]。また、重光からも間島の特殊地域化を否定、治外法権維持は困難との認識から「満州」で一律治外法権撤廃の方針確定を求めていた[46]。重光も林も間島を特殊地域化したままで、日本の領事裁判権を残すことは一般的治外法権交渉の障害になると考えていたのである。

これに対して外務省中央では、間島における治外法権の撤廃を、①中国の現状は治外法権を撤廃しえる状態にない、②脱籍を許可すれば中国は朝鮮人に帰化を強要する、③帰化を強制された朝鮮人は悲惨な状況下に置かれる、の三点から反対する。また間島を特殊地域とする理由については、(イ)朝鮮人自身間島を特殊地域としているにもかかわらず治外法権の撤廃となれば、「若シ之ヲ全然裏切ルカ如キ結果ヲ見ルニ於テハ間島内朝鮮人ノ動揺ハ勿論朝鮮内朝鮮人ノ思想ニ及ホスヘキ影響ハ極メテ重大ニシテ憂慮スヘキモノアルヘシト想察セラル」、(ロ)朝鮮人の人口増大のはけ口として必要である、の二点に求めた。そのうえで間島を治外法権の特例とするために、外務省中央では、内地開放・土地利用権の獲得と間島協約の完全履行を求め[47]、間島の特殊性を重視する訓令を発した[48]。外務省中央は、治外法権交渉から間島での交渉を個別交渉（地方交渉）として分離、対共産軍対策として日中間協調の再構築を試みたのである。そして、吉会鉄道の完成までという期限を限定して警察権の維持と朝鮮人に制限的帰化権を付与して治外法権の「漸進」的撤廃をおこなおうとしたのであった。これは中国・中央での治外法権交渉停滞のなかで地方的解決により一般治外法権交渉の促進を図るものでもあった[49]。だが、朝鮮人への帰化強制は、間島朝鮮人の朝鮮内への帰還を激増させ、朝鮮国内の治安維持問題ともなっていた。そして、帰還理由を経済不況に求める外務省側に対し、朝鮮総督府は原因を中国側の朝鮮人対策に求めて、帰化権の付与および警察権の暫定的解消に反対していたのである。

一方、現地からは、「満州」における治外法権撤廃を時機尚早とする請願がなされ[50]、間島や局子街からは商埠地内で中国側が法権行使したことが報告されていた。重光からは間島朝鮮人の土地所有に関する法的根拠が薄弱であるとの意見も具申されていた。[51] 幣原は、中国側に間島協約の完全履行を求める代わりに中国の朝鮮人に対する法権行使を認めることで妥協をめざした。朝鮮人問題が日本の朝鮮統治に直結するため、中国側に朝鮮人の保護と治安維持能力の向上を求め、朝鮮人民会の社交集会化、朝鮮人教育権の中国への委譲、日本人による土地集積の禁止等をおこなうことで中国人と朝鮮人の融和を図ろうとしたのである。[52] しかし中国側による朝鮮人統制が厳しさをますなか、九月十八日、満州事変・柳条湖事件が勃発した。

柳条湖事件後、東北では居留民の現地保護が問題となっていった。東北各軍は無抵抗主義をとり、中国側地方官憲も治安維持に協力的であったが、租借地、満鉄附属地外に住んでいた日本人・朝鮮人には脅威感が募っていった。特に、中国人との感情的対立を惹起させていた朝鮮人のなかには、日本軍支配地域の奉天、安東等で中国人に対して強圧的な態度をとるものもあると報告されていた反面、[53] 附属地外の朝鮮人農民は敗残兵や匪賊、一般の中国人からの圧迫にさらされることとなった。このため、租借地へ避難し、あるいは朝鮮へ帰還する朝鮮人の数はさらに増えていったのである。だが不拡大方針をとる外務省は、これら奥地朝鮮人農民を現地で保護できなかった。不拡大方針のもとで現地保護は、関東庁・朝鮮総督府の警察官に頼るしかなかったが、それも租借地・附属地内が限界であった。さらに避難してきた朝鮮人の保護も問題となっていった。朝鮮内部への波及を恐れ朝鮮総督府は、次の三点を外務省に申し入れた。

一、奥地在住朝鮮人ノ保護ニ関シ至急適切ナル措置ヲ講セラレタキコト
二、今回ノ事変ニ依ル鮮人ノ被害者、避難民等ノ救済救護ニ関シテハ内地人側ト同様ニ取扱ハルルコト
三、内地人、鮮人ノ区別ナク何レモ同様ニ保護救済スベキ趣旨ヲ機会アルコトニ宣明セラレタキコト[54]

そして朝鮮人の問題は、関東庁から反日思想を培養する契機ともなるとも認識されていた。[55] 一方、朝鮮人の保護に

あたる外務省出先からは日本人と朝鮮人を差別しているという不満を回避するため、救済費の支出を外務省中央に求める声が高まっていった。(56) 結局、中央で朝鮮総督府と外務省との間で協議し、救護費を外務省が立て替え支出することとなった。(57) だが経理上、多額の支出は困難であり、外務省中央からは節約が各公館に求められた。このため、奉天林総領事より朝鮮人救済について「半永久的ノ方策」として、(イ)避難朝鮮人に対する土地の確保、(ロ)「寛大ナル条件方法ヲ以テ農耕資金ノ貸付」、さらには「在満鮮人自作農ノ創定ニ主力ヲ用ヒ以テ在満鮮人問題ノ根本的解決ニ進ムコト緊要」との意見具申がなされたものの、(58) 外務省中央は対応できないばかりか、救護費の支出が困難であるため、「郷土旧境ノ間ニ在リテ生産的ニ経過セシメ同時ニ鮮府ノ文化的善政ノ実情ヲ体験謳歌セシムルコト相互ノ為」と、朝鮮人の送還を朝鮮総督府と協議して促進するよう求める始末であった。(59)

このような外務省中央の姿勢に対して米澤菊二領事は、

（前略）元来在満鮮人ハ殆ト其ノ全部カ郷里ニ於テ衣食ヲ得ルノ途ナキカ為渡満シタルモノニシテ今日無一物ニテ満洲ヲ追ハレ鮮内ヘ帰ルモ古ク郷里ヲ去リタルモノハ固ヨリ然ラサル者モ郷里トハ名ノミニシテ何等寄ル辺モナキモノ大半ナルノミナラス鮮内自体ニ三十数萬ノ失業者ヲ有スル今日此等避難民カ郷土旧境ノ間ニ在リテ生産的ニ経過シ又ハ鮮府ノ文化的善政ノ実情ヲ体験謳歌シ得ヘシトハ想像ノ外ニ有之候（後略）

と批難した。(60) 外務省中央は救護費支出を通じて朝鮮人の不満・恐怖を吸収しえないばかりか、外務省出先からの信頼も失っていった。また、外務省は警察官の増員をできず不拡大方針のもと現地保護をなしえなかった。この間にも「今次ノ時局ハ支那人等ヲシテ其推移ヲ懸念セシメ鮮人ニ対スル金品ノ貸与ハ之ヲ拒絶サルルニ至リ鮮農ノ生活上極度ノ脅威ヲ」与えられていったのである。(61)

重光臨時代理公使（昭和六年八月より公使）による中国中央での交渉は、満州事変の勃発により失敗に終った。国民政府との治外法権撤廃交渉が頓挫したまま、満州事変を迎えることとなったのである。重光は、満州事変開始直後にも事件の解決を宋子文財政部長との中国中央交渉によって図ったが、状況がそれを許さなかった。重光は、満州事変の火の粉が関内に移らんとするなか、自らの手で推進した対中国「宥和」政策を自らの手で否定しなければならなかったのである。[62]

一方、地方での交渉・朝鮮人二重国籍問題は、満州事変前、領事裁判権を中国側が実質的に回収しつつある現状を踏まえて、交渉が展開された。しかし、事変後、不拡大方針を標榜しつつも、現地での保護手段をもたない外務省は有効な朝鮮人対策がとれなかった。この間、関東軍は錦州を爆撃し、またチチハルに侵攻していった。奥地朝鮮人農民の現地保護を名目として関東軍は、占領地の版図を広げ「満州国」を作っていった。[63]関東軍は、昭和六年十二月八日付の関東軍参謀部第三課「満蒙開発方策案」で「鮮人移民に対しては特種の保護を加へて深く満蒙奥地に移住せしむ」と、侵略の先兵としての利用も考えていたのである。[64]結局、朝鮮人保護を日本（関東軍・満州国）は、武力による「治安維持」の方向でしかなしえなかった。奥地をも対象とした治安維持能力をもたない外務省出先の発言力が相対的に低下していくなか、[65]武力による治安維持は、「匪賊」による奥地朝鮮人農民の被害を恒常化させ、かえって治外法権人としての朝鮮人を「満州国」統治の安定に対する阻害要因とさせていった。それゆえ、かさむ治安維持コストの削減＝朝鮮人の切り捨てのためにも、五族協和の理念に粉飾された治外法権の撤廃が必要となっていったのである。[66]結果として「満州国」成立後の治外法権撤廃は、「満州」全域を対象とする点で満州事変前における国民政府の治外法権撤廃方針と同一のものであった。形式的にも治安維持を「満州国」に負担させることは、従来、外務省が主張してきたものであった。そして依然として「満州」パルチザンの活動により、朝鮮統治への悪影響が懸念されるなかでのことでもあった。にもかかわらず治外法権の撤廃が志向されたのは、「支配の深化」[67]、というより、武力的な「治安維持」の限界をしめすものであり、「在満」朝鮮人を切り捨てることで統治の安定を表面的に確保するためであった。「満州国」における治外法権の撤廃は、昭和十二年十二月一日に実行された。そして、このような治外法権の撤廃の動きは、アジア・太平洋戦争下での汪兆銘政権のもとでも再現されることとなるのである。

註

（1）馬場伸也「北京関税会議と日本」（『対外政策決定過程の日米比較』東京大学出版会、一九七七年）参照。なお、治外法権問題に関する先行研究としては、副島昭一「中国における治外法権撤廃問題」（『和歌山大学教育学部紀要』第二九号、一九八〇年三月）、同「中国の不平等条約撤廃と『満州事変』」（『日中戦争史研究』吉川弘文館、一九八四年）、同「第四章　「満洲国」統治と治外法権撤廃」（山本有造編『「満洲国」の研究』京都大学人文科学研究所、一九九三年）および酒井哲哉「『英米協調』と『日中提携』」（近代日本研究会編『近代日本研究十一　協調政策の限界』山川出版社、一九八九年）等が存在する。このうち副島氏の一連の研究は、外務省、日本ブルジョワジーの対中国認識・政策、「満州国」による治外法権撤廃と、おのおの違う対象からアプローチをおこなったものである。その意味で包括的な研究であるが、副島氏の諸研究は、満州事変前後を通観していない。また、第三論文「第四章『満洲国』統治と治外法権撤廃」において「満州国」による治外法権の撤廃を関東軍による「支配の深化」と結論づけておられるが、汪兆銘政権下における治外法権撤廃とも併せて考える時、この結論に疑問を持たざるをえない。本書は、拙いながらもこの疑問に対する一つの答えと考えている。また、酒井論文は、本章と同じく満州事変前後の「連続性」を研究の主たるテーマとしているが、満州事変評価について具体的な考察を捨象している。

（2）佐分利は、中国を日本の商品市場として重視し、このために両国の親善が必要であると考えており、この点、「経済外交」を推進する幣原と同様の考え方をしていた（昭和四年十一月二十八日付佐分利貞男より南京首都国民廃除不平等条約促進会宛書簡写『日本外交文書』昭和期Ⅰ第一部第三巻、六六二文書付記。以下『外文』三と略記）。

（3）昭和四年九月五日於外務大臣私邸「幣原外務大臣張継会談要領」『外文』三、六四九文書。

（4）渡邊行男解題（重光葵「佐分利公使の死」『中国研究月報』第四八九号、一九八八年十一月）。

（5）昭和四年十月二十日着在上海重光総領事より幣原外務大臣宛電報第一二一九号『外文』三、六五五文書。

（6）十一月二十四日には、重光から王正廷の治外法権撤廃をめざす不平等条約改正が最終的に「満州」権益に及ぶことが明らかとなっていた（昭和四年十月二十日着在上海重光総領事より幣原外務大臣宛電報第一三五号『外文』三、六七一文書）。

（7）しかし、この佐分利の死がそのまま中国問題での行き詰まりを象徴するものではない。確かに、十一月二十四日外務省着の重光電報は「租借地及満鉄等ノ問題ニ付テハ差当リ条約問題ニ関聯シテ之ヲ討議セントノ意嚮ナキカ如キ」ものであったが、あくまでも「将来」の問題であった（昭和四年十月二十日着在上海重光総領事より幣原外務大臣宛電報第一三五二号『外文』三、六七一文書）。実際には、重光のもと日中関税協定として結実する下交渉が着々と進行していた（この点を重光が佐分利に報告していたかは確認できない）。さらに、翌年一月一日の中国側宣言を列国がそのまま受け入れられるとも思われなかった。それゆえ、中国問題で本省サイドが取合わず、佐分利が自殺したとの重光の想定にも疑問が残る（同前註（4）渡邊行男解題）。

（8）日本側には「支那側ノ治外法権撤廃声明ハ何レニスルモ免カレ得サルモノナルコト明白ニ付出来得ル限リ之ヲ無害ノモノトスル為」に出されたと知らされた（昭和五年四月『（極秘）条約局調書（第五十八回帝国議会参考資料）』条約局第二課、五九頁、外交史料館所蔵）。

（9）昭和五年十二月『（極秘）条約局調書（第五十九回帝国議会参考資料）』条約局第二課、一九～二〇頁、外交史料館所蔵。

（10）同前註（8）一五四～一五六頁。

（11）大正十四年十二月十五日発幣原外務大臣より在北京日置治外法権委員宛第七三六号電報『日本外交文書』大正十五年第二冊下巻、七九五文書付記五。

（12）昭和五年一月十六日、三十日および二月二日とそれぞれ、王外交部長、徐謨欧米司長が関税協定への法権関係事項の挿入を要求していた。しかし、現地日本側は、関税協定成立を第一に、二月三日、関税協定後に法権問題について交渉を開始し、逐次解決をしていくことで王を説得している。

（13）ウェルズレー英国外務次官は、米国の態度を非協調的と松平駐英国大使に語っている（同前註（8）九二～九三頁）。

（14）同前註（8）一三八～一四一頁。

（15）アメリカは、土地所有権の獲得に反対、借用権の設定を主張していた（同前註（9）一三八～一四一頁）。

（16）同前註（8）一四五頁。

(17)　同前註（9）六五〜六六頁。
(18)　同前註（9）七八〜八一頁。
(19)　同前註（9）一六頁。
(20)　昭和四年（一九二九）六月二十日の国民政府令によって廃止が決定された交渉員制度は、国民政府による外交権の統一を意味し、日本にとっては「領事裁判権ヲ有スル外国及外国人ノ便益ヲ奪ヒ以テ治外法権撤廃ノ実現ヲ促進セムトスル」（昭和四年九月三日調「国民政府交渉員撤廃問題」『国民政府ノ交渉員制度撤廃問題一件』〈A.2.1.0.C3〉）ものと認識された。外務省側は、この国民政府令を無視し、領事権限に何等変更を加えぬ方針を訓令していた。結局、十二月三十一日、外交部特派交渉員公署は廃止され、外交事務は中央へ移管されるとともに、通商貿易および土地関係事務等の外国人保護取扱関係事務は地方政府に移されたのであった。その際、日本側が最も関心を持っていたのは、張学良政権の動向であった。もし張学良政権が交渉員の廃止を受けいれたならば、それは東北の国民政府化を意味し、反対に受けいれなかったならば日本が密かに期待する保境安民政策を実行する意思表示であると考えていたからである。しかし、中ソ紛争や馮玉祥との関係から、特派交渉署は暫定的に存続することとなり、昭和五年一月、遼寧交渉署および哈爾賓交渉署は、それぞれ外交部特派員瀋垣弁事処、同哈爾賓弁事処と改称、各省単位で設置されることとなった。しかし、日本側は、領事による交渉が困難になりつつあり、交渉案件の外交部直轄が実現されると予想していったのである。
(21)　昭和五年二月二十二日付在天津岡本総領事より幣原外務大臣宛公信機密第一六〇号「支那裁判所ニ於テ訴訟費徴収関係一件」『支那裁判所ニ於ケル訴訟費徴収関係一件』（D.1.1.3.3）外交史料館所蔵。
(22)　昭和五年七月十二日着在雲南橋丸（大吉）事務代理より幣原外務大臣宛電報第九号『日本外交文書』昭和期Ⅰ第一部第四巻、七九三文書。以下『外文』四と略記。
(23)　昭和五年七月十七日発幣原外務大臣より在雲南橋丸事務代理宛電報第三号『外文』四、七九五文書。
(24)　同前註（9）二四二〜二五三頁。なお、当該問題に関する「外務省記録」は消失している。
(25)　「不動産登記ニ関スル訴訟ノ管轄ニ関スル件」西村（印）［条約局側意見］『支那裁判所ニ於ケル各国人関係裁判事件雑件　東拓ヲ被告トスル抵当権抹消申請訴訟関係』（D.1.1.3.2-3）外交史料館所蔵。
(26)　同前註（9）二四七頁。
(27)　同前註（25）。

(28) 同前註(25)。
(29) 同前註(25)。
(30) 昭和五年十月十七日発幣原外務大臣より在局子街田中副領事宛条二機密第三五号電報『支那司法制度関係雑件　華洋訴訟取扱変更関係』第一巻(D.1.1.2.1-1)外交史料館所蔵。
(31) 昭和五年十一月二十八日付在中国重光臨時代理公使より幣原外務大臣宛公第三〇八号公信「東省特別区法院ニ於テ東拓ヲ被告トスル抵当権抹消申請ニ関スル訴訟事件ヲ受理シタルコトニ関スル件」『外文』四、八〇九文書。
(32) 済南からは、地方法院への提訴が増えつつあると報告されている(昭和五年十一月二十五日付在済南西田総領事より幣原外務大臣宛　機密第五四三号公信「華洋訴訟事件ニ対スル改正弁法規定ニ関スル件」『外文』四、八〇八文書。
(33) 昭和五年十二月十六日付在吉林石射総領事より幣原外務大臣宛機密公第八五六号公信「華洋裁判取扱変更ニ関スル件」『外文』四、八一〇文書。
(34) 昭和五年五月二十八日付在上海重光総領事より幣原外務大臣宛機密第七五四号公信「上海特区地方法院ニ於テ邦人ヲ被告トスル訴訟受理ニ関シ報告ノ件」『外文』四、七九一文書。
(35) 昭和五年十月十五日付在上海重光総領事より幣原外務大臣宛第一三九一号公信『支那裁判所ニ於ケル各国人関係裁判事件雑件』(D.1.1.3.2)外交史料館所蔵。
(36) 昭和五年九月二十五日付在厦門寺嶋領事より幣原外務大臣宛機密第四四四号公信『在支帝国領事裁判関係雑件(在満洲国ヲ含ム)』第一巻(D.1.2.0.2)外交史料館所蔵。
(37) 昭和六年一月七日着在北平矢野参事官より幣原外務大臣宛電報第五号『外文』五、三五七文書。以下『外文』五と略記。
(38) 昭和六年一月在中国重光臨時代理公使より谷正之亜細亜局長宛私信『外文』五、三五八文書付記。
(39) 昭和六年三月二十三日発在中国重光臨時代理公使より幣原外務大臣宛電報第三〇九号『外文』五、三七八文書。
(40) 昭和六年三月二十八日発在中国重光臨時代理公使より幣原外務大臣宛電報第三三五号『外文』五、三八一文書。
(41) 本書第六章参照。
(42) 昭和六年四月十七日発幣原外務大臣より在中国各公館長宛電報合第二三九号『外文』五、三八七文書。
(43) 昭和六年七月七日着在中国重光臨時代理公使より幣原外務大臣宛電報第六〇七号『外文』五、三九八文書。

(44) 間島問題全般については、李盛煥著『近代東アジアの政治力学―間島をめぐる日中朝関係の史的展開―』(錦正社、一九九一年)参照。
(45) 昭和六年三月六日着奉天林総領事より幣原外務大臣宛電報第一六〇号『外文』五、三七三文書。
(46) 昭和六年三月十三日着在中国重光臨時代理公使より幣原外務大臣宛電報第二七七号『外文』五、三七六文書。
(47) 昭和六年三月二十三日付 亜細亜局第一課「(極秘)治外法権撤廃ニ際シ間島ニ関シテ特例ヲ設クルノ必要及其内容(未定稿)」『支那治外法権撤廃問題一件 満州並間島ニ関スル特殊関係』(B.4.0.0.C/X1-13) 外交史料館所蔵。
(48) 昭和六年三月二十七日発幣原外務大臣より在中国重光臨時代理公使宛電報第一〇九号『外文』五、三八〇文書。
(49) 昭和六年四月十三日付「間島問題ニ関スル外務、拓務、朝鮮総督府第六回協議会、議事録」『外文』五、三八六文書。
(50) 昭和六年四月二日付哈爾賓日本商工会議所会頭加藤昭より武富外務省通商局長宛哈商発第一二三七号書信「満州ニ於ケル治外法権撤廃問題ニ関スル要望ノ件」同前註(49)。
(51) 昭和六年五月五日発在中国重光臨時代理公使より幣原外務大臣宛電報第四二六号『外文』五、三九二文書。
(52) 昭和六年五月十三日発幣原外務大臣より在中国重光臨時代理公使宛電報第一六七号『外文』五、三九三文書。
(53) 昭和六年九月二十一日発在奉天林総領事より幣原外務大臣宛電報第六七八号『日本外交文書』満州事変第一巻第一冊、事項1、八六文書。
(54) 昭和六年十月五日付堀切善二郎拓務次官より松井外務次官宛朝一第三〇八一号公信「満洲事変ニ起因スル奥地在住朝鮮人ノ被害防止ニ関スル件」『満洲事変 在留邦人保護、引揚、避難及被害関係 保護、引揚及避難関係』(満洲ノ一) 第九巻(A.1.1.0.21-1-1) 外交史料館所蔵。
(55) 昭和六年十月九日付関東庁警務局長より堀切拓務次官・松井外務次官等宛関機高鮮第四四六〇号公信『満洲事変 在留邦人保護引揚避難及被害関係 保護引揚及避難関係 在留民救済関係(満洲ノ三)』第六巻(A.1.1.0.21-1-1-1) 外交史料館所蔵。
(56) 昭和六年十月十七日発在奉天林総領事より幣原外務大臣宛電報第一〇一五号『外文』五、四三〇文書。
(57) 昭和六年十月二十日付「高裁案」『外文』五、四三一文書付記。
(58) 昭和六年十一月五日在奉天林総領事より幣原外務大臣宛電報第一一九八号『外文』五、四三七文書。
(59) 昭和六年十一月二十九日付三浦亜細亜局第二課長より在安東米沢領事宛半公信『外文』五、四四四文書。

(60) 昭和六年十二月八日付在安東米沢領事より三浦亜細亜局第二課長宛半公信『外文』五、四四七文書。

(61) 昭和六年十一月十三日付関東庁警務局長より拓務次官・外務次官等宛関機高鮮第五〇四八ノ二号公信『満洲事変 在留邦人保護、引揚、避難及被害関係』(満洲ノ二) 第十巻 (A.1.1.0.21-1-1) 外交史料館所蔵。

(62) 『支那ノ対外政策関係雑纂 「革命外交」(重光駐支公使報告書)』(昭和七年一月、国際聯盟支那調査外務省準備委員会、外交史料館所蔵) という調書になっている。このように重光が自らの対中宥和政策を否定しなければならなかったことは、重光が公使となり関内各総領事館に対する指導権が確立されただけに皮肉なことであった (昭和六年九月二十七日発幣原外務大臣より在中国重光公使宛電報第三八八号『日本外交文書』満州事変第一巻第二冊、事項7、六九文書)。

(63) 満州事変の主導者である関東軍にとって「満州」侵略・領有計画は、自らの謀略による出兵と、それを補助する間島への出兵という二つの方向性を有していた。展開兵力の点からは、朝鮮軍との連携が必要であった。このため、「謀略」としては後者が選択される可能性も存在していた (板垣征四郎「軍事上より観たる満蒙に就て」・神田正種「鴨緑江」〈『現代史資料7 満州事変』みすず書房、一九六四年〉)。実際、満州事変開始後の間島では、「間島方面ニ於テハ朝来奉天附近ニテ交戦ノ情況ヲ知ルト共ニ支那軍隊及民心激昂通信機関ノ一部ヲ破壊シ内鮮人ノ行動ヲ圧迫監視シ又ハ国境附近ニ於テ鮮人ノ射撃セラルルモノアル等不安其極ニ達シ何時事件ノ突発アルヤモ計リ難キ情勢ニアリ」として間島保障占領の必要性が意見具申されており (昭和六年九月十九日発林朝鮮軍司令官より二宮治重参謀次長宛電報朝参報第二八号『満洲事変』第一巻 (昭和六年九月十七日~同七年四月) (A.1.1.0.21) 外交史料館所蔵)、また、「間島琿春内鮮人十八個所連合民会」名で保障占領の要請もだされていた (昭和六年九月十九日発「間島琿春内鮮人十八個所連合民会」より幣原外務大臣宛電報『日本外交文書』満州事変第一巻第一冊、事項2、三文書)。その後も電話線の切断事件や、朝鮮軍の示唆による襲撃等があり朝鮮軍の間島保障占領への策動は断続的に続いたのである (この間の経緯は、林銑十郎著『満洲事変日誌』〈みすず書房、一九九六年〉参照)。しかし、満州事変という謀略は、鉄道附属地内でおこなわれた。これは、中村震太郎大尉事件を主任していた片倉衷関東軍参謀が「外交官の軟弱なる如何程折衝するも前途明なく共同調査已むを得されは実利よく調査の用意を以て断然支那軍憲に最後通牒的に威嚇するを以て捷径と確信満洲の事情は関東軍に委して可なりと信し候」「情況有利に進展せは正々堂々満蒙問題解決の導火線なり」と国内に書き送っていた「謀略」の延長線上に存在していた (六日付 (八月ヵ) 片倉衷より川上清志他宛書簡写『片倉衷文書』国立国会図書館憲政資料室所蔵)。関東軍は、自らが主としておこなう「謀略」・柳条湖事件を選択したのである。

(64) 片倉衷「満州事変機密政略日誌 其三」(『現代史資料7 満州事変』みすず書房、一九六四年、二九二頁)。

(65) 錦州攻撃により国際聯盟における英米との協調方針が崩壊するなか、亜細亜局内でも「錦州攻撃カ大成功ニ終リ英、米、仏等モ其手際ニ唖然タル有様 サテコレカラ愈々満蒙経略ノ時期トナッタ。早クモ満洲統治機関ノ統一カ伝ヘラレル。其際イツモ毛嫌サレルノカ外務省奉天総領事廃止説サヘアル始末。外務省ハ何ントカセネバナラヌ。国民ノ声ヲ聴ケ、国民ト共ニ生キル。要ハ只夫レダケダ」との動きを生むのである(『川村茂久日記』昭七年一月七日の条、外交史料館所蔵)。

(66) この点について、宇垣一成朝鮮総督は、次のように昭和七年六月二十六日、日記に記している。

最近満洲に在る内地人間に朝鮮人の増長我慢を云為して厄介視するの傾向が増進しつつある。元々在満官吏を始め在留民は鮮人を厄介視し居たのである。従て支人は使ふても鮮人は使ふことを慨して嫌ふて居たのである。夫れも無理からぬ事にて移住鮮人は元々日本に反抗気分を有するものか極低級の輩が多かりし故である。然るに満洲事変勃発後には出師の名分を正す必要より鮮人虐遇が主要名目となり、延ひては厚遇もすれば厚意を有する様に進展したのである。然るに今や名分上より鮮人圧迫を強調するの必要もなくなり又時日の経過に伴ひ追々と還元せんとする所へ、鮮人は自制を欠き増長行為多くなり、満洲人は内地移民よりも朝鮮移住民を競争相手として恐怖するの余り、之を阻止するの必要より過度に鮮人の増長暴慢を宣伝し非難し排斥の態度を示して居る。此の如き声は元々より鮮人を厄介視し居る連中の耳には最も入り易いのである。還元して再び厄介視せられんとするは何等の不思議もなく当然の帰結である。然るに此考は大局上頗る誤りたる者にして打破し覚醒を促して行かねばならぬ。此辺の理解覚醒調和宜しきを得ることが満洲の経営、朝鮮の統治上に重要なる曲を演ずるものとす!(角田順校訂『宇垣一成日記』第二巻、みすず書房、一九七〇年、八五七頁)。

(67) 前掲註(1)副島昭一「第四章『満洲国』統治と治外法権撤廃」一三二頁。

第九章　情報の歪曲・宥和の障害

――満州事変前、対日ボイコットと日本新聞――

満州事変が勃発した昭和六年（一九三一）の一月二十二日、第五十九回帝国議会において幣原喜重郎外務大臣は、中国・南京国民政府を評価し、次のようにのべた。

（前略）国民政府ハ今ヤ内乱ノ終局ト共ニ、政治ノ現実ナル建設的核心ニ依ツテ国家ノ基礎ヲ樹立シ、之ニ依ツテ列國ノ間ニ其当然ノ地位ヲ確保セムトスル方針ノ実行ニ歩ヲ進ムルニ至ツタモノト推測シ得ラレルノテアリマス。果シテ然ラハ此方ハ我國カ嘗テ国際的不平等ノ地位ヨリ躍進シタルト同様ノ径路ヲ履ムモノテアリマシテ、我々ハ衷心ヨリ斯カル努力ノ成功ヲ祝福セサルヲ得マサヌ。（中略）民国カ真面目ニ国内政治ノ建設ニ努メ、殊ニ内外人ノ生命財産並ニ正当ナル経済的活動ニ対シテ有効適切ナル保護ヲ與へ、又列國トノ関係ニ於テモ民国ノ負担スル義務カ円満ニ履行セラルルニ至リマスナラハ、所謂列國トノ不平等條約ハ自然ニ其存在ノ理由ヲ失ヒ、何レノ国モ欣然之カ撤廃ニ同意スルコトハ一点ノ疑ヲ容レマセヌ。（後略）(1)

この発言に対して、翌一月二十三日、中国側は、「歴代ノ外交家ノ外交的辞令トハ大ニ精神ヲ異ニシテ居ル、之レカ其ノ演説ヲ一読シテ満足ヲ禁シ得ナイトコロテアル」と報道したものの、(2)翌日二十四日の『東京朝日新聞』は、社説「誤れる対支認識　幣原外相の外交演説」のなかで「民国側の企画しつゝある計略が、満鐵を死地に陥れる真意と感情から着々なされつゝあることは目をおほはざる限り、余りにも顕著な事実である。今や、対満交渉の開始されんとする好機会に、外相は何か故に、この事実を率直に指摘し、日本国民の名において、民国側の反省を促すと、もに、外相のいはゆる適当にこれを調整するの態度決意を示さなかつたのであるか」と批判したのであった。

このような日本新聞側認識の背景には、昭和恐慌のなかでの閉塞感とともに、断続的に続く中国における対日ボイコット運動と、日本の「満蒙権益」が侵食されるという危機感があった。(3)不平等条約改正を視野に入れ対中国「宥和」政策を進めようとする外務省に対して、『東京朝日新聞』は閉塞感と危機感の捌け口を中国に向けたのであった。(4)

当該期の新聞研究は、「大正デモクラシー」を支持してきた新聞の「転向」に焦点が集められている。(5)それは、「転向」によって、「言論」から「宣伝」へと移行した新聞が「天皇制ファシズム」への転回を推し進めたことを証明し、その「責任」を問うものであった。確かに、満州事変にあたって日本の新聞報道は、「謀略」であった真実を伝えず、中国側の満蒙権益侵害、中国軍による満鉄爆破、関東軍による自衛権の発動というシナリオを繰り返し、「世論」を形成したのであった。(6)

そこで本章では、これまであまり触れられることのなかった満州事変前の報道とその生成過程、外務省と新聞との認識の差異を昭和六年（一九三一）の対日ボイコット運動を事例として分析する。(7)

そして、この「認識の差異」を「責任論」からではなく、当該期の日本新聞報道に内在する問題点を通じ、結果として重光葵中国臨時代理公使・公使が進めていた対中国「宥和」政策の障害となったことを明らかにしたい。(8)

一　現地認識と報道――昭和六年前半の対日ボイコット――

昭和四年（一九二九）段階の対日ボイコットは、国民党部の指導下に組織的におこなわれたことに特徴があった。

その後ボイコットは、国民政府により政治的側面においては廃約促進会等の治外法権撤廃運動へ、経済的側面で国貨提倡等による国産奨励運動へと転化していった。一面、ボイコット自体は教育等を通じて深化していったのである。

昭和六年に入ると、中国東北で外交協会等による対日ボイコットが顕在化してゆき、中国関内でも国貨提倡運動が起こっていった。

このようななか、七月七日、萬寳山事件に刺激された朝鮮民衆により平壌で華僑が撲殺されたことから、中国人対朝鮮人、朝鮮を支配する日本対中国の問題となり、中国人の目は、「満州」へと向けられることとなった。それは、「晨報」が七月七日、萬寳山事件と平壌問題を個別の事件としながらも、原因を日本の植民政策に求め、「東三省ニ於ケル鮮農ハ日本政府ノ後援ヲ頼ミ遂ニ今次ノ萬寳山事件ヲ惹起シ又朝鮮ニ於ケル鮮人ハ由来華僑ヲ嫉視シ（中略）華僑駆逐ノ目的ヲ達シタル」としていることでも明瞭であった(9)。

この朝鮮事件により、直接的には、排日色を強めた中国側の矛先が日本経済侵略の先兵とされる奥地鮮農に向くことが憂慮された(10)。しかし東三省政権は、朝鮮人の活動を調査、制限するよう訓令するなど冷静に対処し、日本の介入を慎重に阻止しようと試みていた(11)。一方、「排日」の影響をボイコットという形で影響をうける上海を中心とする関内では、国貨提倡運動とともに日貨排斥の動きが顕在化しつつあった。現地、外務省出先はこの動きを警戒して、朝鮮事件に遺憾の意をしめして鎮静化を図りつつ、報復的な排日貨運動が発生しないよう中国側に取締を申し入れたのであった(12)。結果、七月十三日、反日大会が開催され、日貨排斥が決議されたものの、有力団体の参加も少なく、十四日の市場にも影響はでなかった。新聞も当初、「結局排日貨は大したことなきを市場は示してゐる」と観察していた(13)。

しかし、『東京朝日新聞』では、七月十七日夕刊「日本品輸入に厳罰　上海排日団警告」と一面で比較的大きく報道したのに対し、翌十八日朝刊で上海省政府主席何成濬が排外運動は関税収入と共産党に機会を与えるため厳禁としたことは、同じ一面ながら小さく報じるなど、紙面上、微妙な違いをみせつつあり、七月二十三日には、「各地の排日猛烈」とも報道したのであった。(14)

昭和六年の対日ボイコットを横竹平太郎上海駐在商務参事官は、組織化の進行とともに奥地で漸次排貨が深刻化する傾向にあるとし、今回の排日運動に対して中国商が「党部学生労働者等商人以外ノ排日家ヲ敬遠シ事態ノ推移ヲ見適当ニ工業原料燃料及必需品ニ付何等カ融通ノ途ヲ講シ損害ヲ軽減シ奢侈品乃至競争関係品ニ対シ永久的不買ヲ実行セント」しつつあると観察していた。(15)一方、重光臨時代理公使は王正廷外交部長および宋子文財政部長等に排日運動の取締を要請したが、宋子文からはかえって陳友仁等広東政府要人の日本訪問を批難され、「陳友仁渡日ノ問題ハ我方ニ於テ的確ニ態度ヲ表示セラレサレハ排日運動ニ悪辣ニ利用セラルル模様ナリ」といった始末であった。(16)排日貨運動について重光は、排日運動の現況と今後の見通しについて「前回ノ如キ熱ナキハ事実ナリ」として突発事件がない限りこれ以上拡大しないとみていた。しかし、重光の脳裏には済南事件後の対日ボイコットが過ったのであろう、「朝鮮事件ニ対シ何等関係ナキ排日貨運動ヲ起シ尚機会アル毎ニ之ヲ以テ政治的ノ対抗策ト為シ居ル現状ニ於テ之ヲ黙過スルハ将来必要ナル外交交渉ノ都度同様ノ事態ヲ繰返シ我方ニ於テハ常ニ其圧迫ヲ感セサルヲ得サル不利益ノ地位ニ置カサルヘシ」とし、かつ「将来満洲問題ノ擡頭ノ場合ヲモ考慮シ」て対日ボイコットを国民政府の責任で取り締まることを要求したのであった。(17)

このような対日ボイコットの発生に、現地在留日本人団体の関心は、軍事力による懸案の一挙解決の方向に移りつつあった。(18)

八月一日、上海商工会議所では強硬論が強くなり、排日行為、排日団体の解散を国民政府に要求することを政府に請願することを決議した。しかし、現地の強硬論が伝えられる一方で、国民政府側が対日ボイコット運動を抑制しており、中国商も熱心でなく、『東京朝日新聞』でも「日貨排斥　下火の兆　反日会の行動は自殺的」と、全体的に低調であることが報じられていた[19]。

しかし、現地・上海では、反日会による日貨の抑留等が顕在化していった。これに現地海軍・第一遣外艦隊が過敏に反応した[20]。八月三日付の機密第一遣外艦隊命令第十八号で塩澤幸一司令官は、陸戦隊および警泊艦に反日会検査隊の不法行為阻止を命令した。その際、塩澤は在上海村井倉松総領事との間で事前協議をおこなっていなかった。同命令の第四条では、部隊発動の時機を「領事館ヨリ依頼アリタル場合又ハ被害関係者ヨリ直接依頼アリ必要ト認メタル場合」としていたにもかかわらず[21]、塩澤は村井に同命令第四条を「只軍艦碇泊地附近ニ於テ日貨抑留行為アリ之ヲ目撃シナカラ彼等ノ暴行ニ委スルカ如キハ我カ権威ニ関スルニ付斯ル際必要ト認メタルトキ始メテ不法行為阻止ノ挙ニ出スルヲ意味スル」と述べていた[22]。このため中央の外務省、海軍間で会議がもたれ、八月十三日、上記第四条は「諸般ノ関係上甚タ面白カラスト思考スル」ものであるが、海軍が「実力ニ依ル自衛措置ニ出ツルコトハ我方カ日貨排斥運動ニ対シ強硬ナル態度ヲ示シ以テ支那側ノ取締勵行方ヲ刺戟スル上ニモ一方法ト思考スル」との訓令が発せられた。要するに排日運動の阻止について現地外務省と海軍間で協議し、中国側に乗ずる余地がないよう命令したのである[23]。現地でも反日会の抑制を求めた張群上海市長等への申し入れも、国民政府中央よりの明確な訓令がないため効果が上がっていなかった。外務省中央は八月二十四日、「支那側ノ取締徹底セサル現状ニモ顧ミ止ムヲ得サル所ナルヘク」として場合によって海軍陸戦隊の武力行使も認めたのである[24]。

この過程で『東京朝日新聞』は、村井上海総領事と張群市長との会談についても「張群氏は必ず取締るとの言明を繰返したが実際は市当局が反日会に対し取締命令を発した事実は一度もなく寧ろこれをけしかける如き態度を取つてゐる」「反日会某委員の如きは市政府等から命令は一度も受けぬ、張群等が取締を命令する権利も資格もないなどと豪語してをり今後はわが当局としては自衛手段を以て積極的に対抗策を講じなければならぬ」と報じていた。[25]

実態の排日運動は前述のように全体として漢口の水害等もあり、上海、南京以外では盛り上がりに欠けていた。中国内部でも反日会と華商側との対立が生じ、過激な反日がむしろ日本の介入を促すと考えている国民政府首脳は、反日会の活動を抑制し、華商側の主張する国貨提倡運動の方向に誘導していた。北京（当時北平）でも、「総商会側ニ於テハ前反日会員ノ不正行為ニ鑑ミ今次モ亦同様ノ被害ヲ蒙ルヲ恐レ容易ニ反日会ノ行動ニ合流スルコトヲ欲セス」、市政府参事周龍光も「問題ヲ惹起シ易キ検査所及検査員ノ設置ニ付テハ当地ニ来ル日貨ハ全部天津反日会ノ検査ヲ経居ルヘキ筈ナルコト等ノ理由ヲ挙ケテ此等機関ノ活動停止乃至廃止ヲ勧説スルト共ニ従来反日会ノ評判悪シカリシ等ノ理由ヲ以テ反日運動ヲ可成総商会側ニ移ス様仕向ケ居レリ若シ右ニ依リ反日運動カ商会側ニ移ル場合ニハ商会側ハ其利害関係上積極的排貨ヲ行フコト困難ナルヘキヲ以テ結局有耶無耶ニ終ルヘク要スルニ市政府トシテハ反日会カ何等面倒ナル事件ヲ惹起セサル様此上トモ大ニ努力スル積リナリ云々」との情報が外務省本省にも伝えられていたのである。[26]

このため八月末の段階で上海の反日会抑留日貨も全て返還され、[27]九月上旬の段階では萬寶山事件と中村大尉事件に対する一般輿論の鎮静化にともない「反日会員ハ従来各活動写真館ニ現ハレ排日演説ヲナシ居タルカ萬寶山及朝鮮事件ニ対スル一般輿論殆ト鎮静ニ帰シタル今日是以上活動ノ余地ナカルヘシト思料セラル」と終息へ向かうものと予想されていた。[28]

しかし、九月四日、『東京朝日新聞』は、「対日経済絶交を徹底的に断行せよ　立法院提出の対日方法建議案　国民政府で採用す」と報じ、「各地における排日運動は少しも緩和されぬのみならず、益々陰性的方法によつて拡大され永久化されんとしつつあるは注目に値する」とし、これを進めるものとして、国民政府が大々的に対日ボイコットを組織化しつつあると報じたのであった。[29]さらに、社説「対支国策の発動」のなかで「いろいろの問題発生の裏面に、支那側当局の感情的悪意が多分に強度に作用してゐる」。また、「対日経済断交」が「一種の対日宣戦布告を発したといふも過言でなく」、萬寳山事件、中村大尉事件等、「満蒙問題の解決の如き、遺憾ながらこれが解決は平和裡には期待されぬかもしれない」とまで述べるに至るのである。[30]

このように反日会の活動は、日本国内ではとかく大げさに報道されていた。九月七日におこなわれた国民政府記念週での蔣介石演説を、八日、『東京朝日新聞』は「天災人憂、内憂外患一時に至る朝鮮事件、萬寳山事件尚解決せぬ時に当り広東軍が内乱を引起せるは正に人民の公敵であるからあくまで討伐せざるを得ない」と、当初、伝えていた。[31]しかし、同日付の『東京日日新聞』が「広東問題、朝鮮問題及び萬寳山事件に言及しこれらの発生は日本人の陰謀によるものなりとし全国的反日感情を煽動するが如き演説をなした」と報じ、「国際信義を無視した暴言　我陸軍大いに憤慨」との記事に影響されてか、[32]『東京朝日新聞』も、九月十一日、「広東問題の裏面には日本の陰謀がある、日本は陳友仁の渡日際し、多量の武器弾薬を供給した日本は支那内乱を助長を敢えてするものである」「という意味の演説」に解釈を変えている。[33]さらに、十四日の中央党部の記念週における同内容の蔣介石演説を「広東政府外交部長陳友仁氏の赴日に際し日本政府は多量の武器弾薬を供給し更に朝鮮においては華けう《僑》百数十名を惨殺し満州では萬寳山を占領する等支那の内乱を助長する行為をなした」と拡大解釈しているのである。[34]

このような日本側の誇大な新聞記事は、中国側を刺激し、現地の重光公使を苛立たせていた。上記のような新聞報道の度に、外務省中央から現地に問い合せの訓令が届いていたからである。重光は、このような日本の新聞記事について論調の指導を求めるとともに、[35]「蔣主席演説ナルモノハ外部ニ出テタルモノニ非ス而シテ民国側ニ於テモ右ヲ正式ニ否定セル有様」であり、「蔣主席ノ演説等日本新聞報道ヲ基トシテ国民政府ニ注意スルノ論拠ナク且右報道ニ付逆捩ヲ受ク可キニ付其儘トスヘシ」と不快感を隠せないでいた。(36) そして、宋子文が重光に対して日本側新聞の報道に不平を語った同じ日の九月十八日、(37) 柳条湖事件が起こったのであった。

しかし、満州事変勃発直後、一旦終息に向かっていた反日会の反応は鈍かった。反対に在留邦人保護を求める日本側の対応は迅速であった。関内各地の外務省出先は、在留邦人保護を地方官憲に申し入れるとともに、在留邦人の自重を注意していた。中国地方官憲も日本側介入の口実を設けないため治安維持を約束、揚子江中流域および天津、青島、済南等ではその後も排日運動は抑止された。しかし上海では反日会活動が再燃、激しさを加えていった。

このような状況下で重光は、満州事変直後、宋子文との間で早期直接交渉による解決を試みていた。重光は政府の軍部コントロールによる事変拡大の防止を強く要請し満州事変前の状態への復帰をめざした。そして、もし政府の不拡大が決定しなければ、中国があらゆる非軍事的行動によって日本に対抗するであろうと予見した。重光のいう中国の非軍事的行動とは、学生運動も加わり党部政府一致して広範におこなわれる排日運動であった。その際、国民政府は、国内輿論統一のため広東側と妥協し、また、国際輿論の動員を図るものと考えられていた。そして排日運動の結果、日中間は永く国交断絶の状態となると予想したのであった。(38) 重光の具申に政府は不拡大方針をもって答えた。重光は、九月二十五日、排日全市民大会が上海で挙行されても、「本日ヲ無事通過セハ満洲方面ノ事件事態拡大セサル限リ恐ラク此儘ダラダラ火ノ手ハ鎮マル」と見込んだ。(39) しかし重光の見込は、関東軍によって打ち砕かれ、国民政府との直接交渉の道も閉ざされた。重光が予想したように学生による反日運動が激成され、蔣介石と広東派の汪兆銘(汪精衛)との合体が促進される一方、排日運動も激化していった。結果として、重光自身も「南京政府カ事態ヲ内政的ニ収拾スルニ相當ノ困難」と、交渉対象を見失っていったのである。(40) そして排日運動は、対日経済断交運動へと進化していった。中国の経済断交運動に上海商工会議所等は猛反発、国内でも関西方面の実業者団体の意見は「今回ノ支那問題ニ対スル当業者ノ態度ハ極メテ強硬ニシテ之カ解決ニ相當ノ時日ヲ要シ又経済上相當ノ犠牲ヲ払フコトハ覚悟シ居ルモノ、如ク従来当業者ノ悩ミ居ルハ反復極ナキ排日排貨運動ニシテ今回ノ支那問題ニ於テモ満洲事変ニ原因シ全支ニ勃発セル排日排貨運動コソ真ニ彼等ノ苦シム所ナレハ之ト切離シテ満洲事変ノミヲ単独ニ処理セル、コトヲ欲セス寧ロ此機ニ於テ将来排日排貨運動ノ根絶ヲ条件トシテ本問題ノ解決セラレンコトヲ熱望シテ已マサルモノ、如シ」といったものであった。[41]現地では特に排日の影響により経営不振に陥っていた日清汽船および現地の中小資本が対中国強硬論をとっていったのである。

その際、在上海外務省出先（重光公使、村井総領事）の対応は、①上海市政府および国民政府への排日運動抑圧要求、②軍部の策動抑止、③排日運動により被害を受けた居留民の救済の三点であった。しかし、①は効果なく、現地では排日運動への対抗手段として預金取付、所有公債の利用等による中国側銀行の圧迫策が検討されていった。[42]また③の点も外務省中央に救護費を求めたものの、外務省中央は「貴地ニ於ケル要救護者中ニハ所謂共喰トモ称スヘキ生活ヲ為シ居リタル者ニシテ一般的不況等経済的理由ニ依リ事件前ヨリ生活困難ニ陥リ事変カ無クトモ全ク立チ行カサルニ至リシ者多数アルヤニ想像」されるとして救護費支出に否定的であった。[43]このため居留民の期待は、軍による介入を期待し、上海事変へと繋がっていったのである。浸透する経済断交運動に対して外務省出先も「排外貨運動ハ實ニ戦争ニ代ハルヘキ抗敵ノ手段ニシテ殊ニ政府ノ指導ニ依リ前述ノ如キ方法ニ依リテ之ヲ行フニ於テハ其ノ惨害激甚ナルモノアルコト重ネテ之ヲ述フルノ要ナシ。而シテ元来排外貨運動ハ前述ノ如ク国民政府カ條約ノ否認及外国権益ノ回収ノ国策遂行ノ手段トシテ実行シ居ルモノナルヲ以テ同一ノ立場ニ在ル一切ノ條約國ヲ対手トシテ挑戦シ居ルモノナリ」との対抗姿勢を強めていった。[44]そして日中貿易が昭和六年度下半期において日本の対中国輸出七六〇〇万円（三八%）、輸入一八〇〇万円（一九%）の減少が見込まれるなか、「満洲及北支ヲ極力保護ス可シ」「サスレバ輸出三割六

分輸入五割七分位ヲ保存スル所以」とする方向へと向かっていったのである。(45)

さらに、蔣介石の下野、南京・広東両政府の合体は、中央政府の弱体化を意味するものとして、排日運動を「大体ハ有耶無耶ノ間ニ推移」「今絶頂ニシテ日ヲ経ルニ従ヒ種々ノ作用ヲ生シ複雑化シテ漸次下リ坂ニ向フモノト観テ可ナルカ如シ」と予想させるものであったが、排日運動・経済断交運動の偏在（済南、青島等では殆ど影響がない）とあいまって「此ノ際我國ハアマリ中央政府ニ期待セス寧ロ各地方々々ニ於テ適当ニ官憲ヲ誘導シテ取締ヲナサシムルニ努ムヘシ」とする認識を外務省に与えていった。(46)そして、②の「軍の策動」としての上海事変により、新たな展開を迎えることとなるのである。

二　情報の歪曲

昭和六年（一九三一）の対日ボイコットは、上海日本人居留民の特殊性によりイメージが新聞を通じて国内に報じられていった。この過程は、先行研究が明らかにするように、上海日本人居留民の閉塞感を「外交交渉」から軍事力による「打開」へと、期待を外務省から軍部へと移動させるものであり、この傾向・イメージを満州事変前に新聞が増幅しつつ報道したのである。

そこで本節では、中国現地での情報がいかに日本にもたらされたのかを、三つの事例を挙げて紹介し、報道のあり方の変化について考察することとしたい。

1　昭和五年段階の対外情報流通

昭和六年の報道を分析するまえに、昭和五年段階の在留日本人拉致事件に関する報道について紹介する。

昭和五年十月二十三日、在福州田村貞治郎総領事より、工具商大福洋行および雑貨綿布商泰茂公司を経営する日本人・荒谷喜代治（当時五十八歳）が、土匪に拉致され、身代金を要求されるという事件の第一報が外務省本省にもたらされた(47)。

荒谷は、中原大戦にあって反蔣側にたった盧興邦に大戦直前の昭和五年六月、多量の鉱山用爆発薬を売った代金が未払であったため、盧との交渉のため奥地に入った。中原大戦のさなかの十月十九日、この荒谷が拉致された場所は、「盧興邦軍ト討盧軍対峙ノ中間ニ在ル緩衝地帯ニシテ土匪跳梁ノ恰モ『エアポケット』ノ如キ地点」であった(48)。在福州日本総領事館は、荒谷に対して危険地帯であり、近寄らないよう事前に注意したものの（中国側も注意をしていた）、荒谷は中国側執照（通行証）も不携帯のまま、奥地に入ったのである。拉致情報をえた在福州総領事館では、二十二日には、省政府に救出を依頼するとともに、館員を派遣。そして、中川警部（領事館警察）以下六名をさらに現地に増派するとともに、中国省政府および第五十六師と交渉を開始した。拉致した土匪は、黄玉生（別名陳國華）とされ、盧軍から寝返って戦局を南京国民政府側の有利に導いた、省防軍暫編第一旅旅長銭玉光の配下との情報が日本側にもたらされていた。この過程で日本側は、荒谷の行動が国民政府側に敵対する行為であり、また、注意を無視して奥地にはいったという点で「デリケート」な事件であると認識していた。とはいえ、イギリス女性宣教者が福州で惨殺された事件があったため、救出を第一に身代金を支払うこととした(49)。そして、身代金交渉が成立し、事件発生から約一ヵ月後の十一月十七日に荒谷は救出されたものの、衰弱著しく二十一日に病院で死亡したのであった。

この情報は、新聞にも小さく事実関係のみが次のように報じられたのであった。

人質邦人救出

［福州十九日発連合］既報奥地旅行中土匪に捕はれた当地機械商荒谷喜代治は我総領事館及び支那側の斡旋により十七日黄田に救ひ出された旨同地出張中の中山警部から報告があつた同人は永い間の拘禁生活で疲労困憊の態であったと[50]

また、二十二日には、荒谷の病状報告とともに、次のような記事がこれも小さく報じられた。

邦人抑留に厳重抗議我総領事館から

［福州二十二日発連合］土賊のためにさらはれ漸く救ひたされた邦人荒谷喜代治氏は、二十日ひん死の状態で当地に帰つた、約一ヶ月山さいにいう閉されしかも腸の疾患昂進し、マラリヤにも罹り、心臓、腎臓共極度に侵されて居たもので直に博愛病院に担ぎ込み治療中であるが生命危篤である

出張員の報告及ひ各種情報を総合すれば荒谷ら致事件は福建省政府所属の旅長が土賊の頭目と結託し、軍資金かせぎをなさんとしたもので、領事館省政府の救出交渉に対しても言を左右にして応ぜず、七千五百元を提供する事によつてやつと日本側に引渡される事になつた訳で、今一両日おそくば死体を引取る事になつたらうといはれ

右について我が総領事は省政府に対し厳重なる抗議を提出して損害賠償、責任者処罰を要求した。[51]

この「厳重抗議」との記事中の「今一両日おそくば死体を引取る事になつたらうといはれ」は、昭和五年十一月二十日発在福州田村総領事より幣原外務大臣宛電報第一一三号中の「今一両日遅カリセハ恐ラク屍体ヲ引取リタルヘシトノコトナリ」とほぼ同文であり、内容も近似している。[52]このことから、総領事館からの情報が統制のもと、日本に

伝達されたと推測される。これに対して、現地の『福州時報』は、「身代金を着服　咄！旅長銭玉光　部下土匪を使嗾し終に荒谷氏を害殺　所謂土匪軍隊の素性を暴露す」として大々的に宣伝し、荒谷が奥地に入った理由には一切触れずに一方的に非難していた[53]。

この事件で日本側は、省政府および中央の国民政府に対して賠償を請求したが、幣原外相からは「本件陰謀ニ付省政府側ヲ充分納得セシムルニ足ル材料ヲ蒐集セラレタル上省政府当局ニ対シ此際省政府ノ名誉保持ノ為誠意ヲ以テ解決セラレ度」との訓令が出されていた[54]。さらに、地方交渉から中央交渉へと移して解決を図るにしても、重光臨時代理公使より、①省政府が執照に危険地域に入らないよう、また、②右地域で事故があっても責任をもたない旨付記したこと、③荒谷の目的が「秘密ニ供給シタル軍需品ノ代償」としての売掛金の回収であり、拉致した土匪が正規軍の一部であるとの立証も困難ではないか、との疑問が出されていた[55]。この三点について田村総領事は、①に対しては、福建省内で土匪が出没しない場所はなく、②についても盧興邦が国民政府隷下にあった時期の正規な商取引であるとしている。しかし、③は伝聞であり、結果として、「物的証拠ヲ突止ムルコト唯今ノ処不可能」な状態であった[56]。結局、中央での交渉は不可能であり、日本側の要求を拒否する省政府側との交渉も並行線のまま満州事変を迎えたのであった[57]。

2　宥和の障害――連合通信問題――

連合通信問題は、昭和六年三月二日、ハルビン連合通信（日本新聞連合社）佐々木健児特派員が国民政府による胡漢民監禁問題の記事を大連に電送しようとして中国無線局から拒否されたことに始まる。

国民政府外交部では外交問題化させず解決しようしたが、上海日本記者団が「国民政府ト戦端ヲ開クヨリ外ナシトノ意見ニ一致」と態度を硬化させ(58)、下記のように国内に報じられたのであった。

国民政府―日本記者団圧迫　わが新聞は不配達

［南京特電］［五日発］国民会議を前にして国民政府の日本記者団に対する言論圧迫はいよいよ厳重を極め胡漢民氏事件以来在南京日本特派員は数日に亘り電話、電報の使用を禁止された中でも連合通信社は今に至るまで電話、電報の使用禁止されてゐるのみならず今回更に全支那における電報の使用を禁止された　また日本の新聞は一昨年十二月より殆ど連続的に配達されず上村南京領事、重光臨時代理公使は度々交渉するも国民政府は却つて逆ねぢ的に逆襲を食はせ全く効果なく重光公使も泣き寝入りの形である今後如何なる圧迫を蒙むるやも知れぬので在南京日本記者団は一致してこれに対抗し国民政府の反省を促すこととなつて次の決議をした。

吾等は国民政府の不法なる言論圧迫に対して正当なる権利の擁護と共同の利益のためこゝに奮起し輿論の後援とわが外務当局の強硬なる交渉を期待し断乎として国民政府の反省を促さんとす(59)

そして、四月七日に国民政府の不法な言論弾圧として外交的解決を幣原外務大臣へ申し入れるに至った(60)。一方、穏便かつ地方的解決をめざす現地の重光臨時代理公使、在南京上村伸一領事は、国民政府情報司長提案をうけ、連合通信佐々木特派員の更迭を受入れることで解決をめざした。この間、国民政府および中国側世論も胡世澤亜州司長の斡旋等により鎮静しつつあったが、佐々木自身が更迭に反対・激昂し、連合通信側の攻撃的宣伝も加わり、事態は紛糾してゆくこととなった(61)。当該事件に対して国内でも報道の自由を盾に四月十六日には新聞連合社の母体である報知・中外・国民・時事・東京日日、東京朝日、大阪毎日、大阪朝日の各紙代表者が帝国ホテルに集まり、「公正なる言論報道の自由の立場から見逃し難い」として「一致協力して大に輿論の喚起に努め、かつ当局をべんたつ《（鞭撻）》してあらゆる手段を尽して速かに本問題の徹底的解決を期すべきことを決議」したのであった(62)。重光は、このような事態が中国の対日感情悪化に繋がると憂慮するとともに、「新聞記者扇動ノ裏面ニハ反外務省又ハ反政府ノ相当入込ミタル計画モアル模様」として警戒していた(63)。そして連合通信側の対応は国民政府外交部を刺激し、地方的解決を困難にしていった。六月、国民政府側は、連合の遺憾表明、佐々木の自発的転勤で事態解決の意向を有していたが、解決は九月に入ってのこととなった。九月九日、王正廷外交部長に来寧中の古野伊之助（連合通信、総支配人兼外国通信部長）が「中国側カ問題トセル或種報道ノ為困難ナル事態ヲ発生セルコトヲ遺憾トシ聯合ト国民政府トノ円満ナル協調関係ヲ回復スル為ニ必要ナル措置ヲ執ラルルニ至ルヘシ」と述べたことで解決している(64)。

3　青島国粋会暴行事件

第一節でみたように、昭和五年段階では、現地情報は、外務省の管轄下にあったと推測できる(65)。このような情報が昭和六年に入ると一変する。以下では、例として青島国粋会暴行事件をとりあげることとしたい。

同事件は、昭和六年八月十八日、青島神社北側の青島国粋会本部における国粋会員と中国人労働者との喧嘩を発端とする傷害事件である(66)。事件は、当事者双方に負傷者を生むとともに興奮した中国群衆により関係のない日本商店等も被害を受けたのであった。

そもそも、事件の原因は、右翼団体である国粋会が青島で「一種私立警備団」として「中國工人ニ対シテハ威圧的態度ニ出テ暴力ヲ振フコトモ少カラサルニ付（紡績、燐寸会社ニテ工人ヲ負傷セシメタル先例アリ）中国人ハ一般ニ同會ヲ喧嘩會ト称シ日頃少カラス反感ヲ抱」いていたためであった。それゆえ国粋会氷販売部の入り口を邪魔していた孟吉瑞なるものと国粋会員との間で喧嘩が生じ、野次馬により乱闘化したのである。さらに、双方の負傷者をみれば、日本側が混棒・石による打撲傷等の軽傷であるのに対して、中国側は「鋭利ナル刃物ニ依ル切傷」であり「負傷程度ハ中國側遥ニ激甚」であった。(67) そして、中国一地方の傷害事件にすぎない当該問題が日中間の問題となったのは、八月十八日、「青島国粋会襲撃」との見出しで『東京日日新聞』が号外に出したことで日本の国内輿論を刺激したためであった。

事件に対し、青島日本総領事館では「日頃國粋會ノ行動ニ不満ヲ抱ケル神社附近居住ノ労働階級中国人カ鬱憤ヲ晴ラサンカ為ニ相當計画的ニ本部襲撃ヲ目論ミ遂ニ八ツ当リ的行動ニ出テタルモノト認メラル（一般的排日行動ノ現ハレトハ推サレス）」と見ており、交渉も当事者外の日本人被害に限定しつつ、①市政府の遺憾の意表明、②犯罪者の検挙、③将来の保障の三点を要求したのであった。(68) その際、在青島堀公一総領事代理が「不快ナル事件頻発シ本邦輿論モ強硬化シ居ル今日青島事件ノ解決ヲ遷延スルハ極メテ好マシカラサルニ付些細ナル面子論ニ捉ハルルコトナク至急解決ノ要アル旨懇談」したものの、青島市長胡若愚は国粋会側に責任ありとして日本側の要求を拒否したため懸案化していった。(69)

青島の日本人居留民団では直に居留民会を開催して中国側の陳謝賠償等を決議、日本国内の国粋会も「幣原外交」への批難の道具とすべく策動し始めていった。さらに、八月二十日の『東京日日新聞』で「近来支那において、わが国家および国民に対して、幾多の凌辱事件の頻発しつゝあることは、やがて青島における今回のごとき事件を惹起せしめたものと見て差支ない。即ち支那国民のいだくわが國に対する軽侮の念こそ、これ等凌辱的行為の根底をなすものといはねばならならぬ」「一國に対する重大なる侮辱、しかも悪意を以てその行為を継続することが重大なる国際事件を将来する動因となることはいふまでもない」等との社説が掲載され、国内の対中国強硬輿論の喚起がおこなわれていった。他方、中国側でも事件を日本の計画的犯行とし「中村大尉失踪事件ト共ニ日本ノ事端ヲ構ヘントスル苦肉ノ策ナリトカ又日本ハ満洲ニ示威演習ヲ実施シ衝突ヲ激成シテ日軍ノ増派ニ便シ一方各地在留日本人ヲシテ本件ノ如キ事件ヲ起サシメ居ルモノ」と報道して排日色を強めていった(70)。

このため、幣原は、「地方的ニ迅速解決」するよう青島に命ずるとともに(71)、「本邦輿論ニ與フル衝動實ニ想像ニ餘アリト思考セラル」ため、張学良(北平)、張学銘(天津)、奉天藏式毅主席等に日本側が憂慮していることを伝達するよう在北平矢野参事官等にも訓令したのであった(72)。張学良も至急事件を解決するよう青島市政府に希望をよせ、二十三日、現地青島でも堀総領事代理と青島市政府との間で、治安維持上の問題として中国側が遺憾の意を表明し、日本側も負傷者を気の毒と回答することで遺憾の意を表示することでこの件を打切りとし、将来の治安維持の保障についても中国側が了承。中国側当事者の処罰についても中国側が約束したことで事件解決については現地で合意が形成されたのであった(73)。しかし、(イ)負傷者の直接損害、(ロ)負傷者に対する慰藉料、(ハ)被害家屋の損害の三点からなる日本側の賠償請求については、中国側負傷入院者も十名におよぶため達成困難と想像された。このため、賠償請求交渉については、①負傷者の損害賠償相殺、見舞金支出、家屋の損害を請求する妥協的方針、②中国側要求を拒絶して中国側責任を問う建前を通す方法(居留民の意見)の二つが想定され、外務省中央に対して請訓がなされた(74)。この二つの損害賠償請求の方法で、幣原は後者を採用(75)。このため損害賠償問題は、排日運動のなかで反日会の解散を要求する日本と国粋会の解散を求める青島市政府側とで対立が続き、懸案として残ることとなった。

なお、本件のため満州事変により青島の治安悪化が憂慮されたものの、日中間で取締のため密接に連絡したため、青島で基本的に治安は悪化せずに推移している。

以上述べてきたように、対日ボイコットは、満州事変前の昭和六年九月段階で一応の終息を見せていた。しかし、現地の在留日本人は、期待の対象を外務省から陸・海軍に移すことで強硬論を唱えていき、現地の強硬論は、日本側報道機関をつうじて日本国内に還流し、世論を形成していったのである。このような報道のあり方は、昭和五年段階で外務省出先機関の統制下におかれていたものが、「言論・報道の自由」という立場から国民政府と対立した連合通信問題をへて、自立化していく過程で確立されていったのではなかろうか。さらに、青島国粋会事件では、「号外」という手段を通じて、外務省より早く国内へ情報を伝達し、センセーショナルに「世論」を「喚起」してもいったのである。

結果、青島国粋会事件では問題を拡大して行き、他の懸案問題と切り離して個別解決可能な地方的案件としての処理を不可能としていった。また、蔣介石の演説を反日的に拡大解釈をして伝えたことは、両国間の信頼関係を損なうものであった。このため、日中関税協定交渉以来、霞ヶ関外交・秘密外交をもって展開し、国民政府内部での提携関係（重光・宋子文）により、対中国「宥和」政策を展開していた現地の重光臨時代理公使に、二重の意味で打撃を与えることとなった。

その一つが、霞ヶ関外交・秘密外交に対する非難である。これにより、「世論」の支持を得ていない外交の成立可能性が低くなったということができる。また、「世論」により誘導され、また、「世論」を誘導する外交が必要となったことである。満州事変後、事変処理の前線にたった若手外交官であった川村茂久が関東軍による錦州攻撃により、外務省の国際協調路線が崩壊するなか「錦州攻撃カ大成功裡ニ終リ英、米、佛等モ其手際ニ唖然タル有様、サテモコレカラ愈々満蒙経略ノ時期トナツタ。早クモ満州統治機関ノ統一カ唱ヘラレル。其際イツモ毛嫌サレルノカ外務省。奉天総領事廃止説サヘアル仕末。外務省ハ何ントカセネバナラヌ。国民ノ声ヲ聴ケ、国民ト共ニ生キヨ」とのべ(76)、反対に陸軍が世論を誘導し、「国民とともにある陸軍」を強調するとき、事変開始直後に「満州事変ニ関シ新聞聯合通信利用ノ件」により新聞等による世論指導・統制の方針を決定した外務省ではあるが、対策が後手にまわったといっ

てよいだろう。(77)

さらに、日本側報道により重光臨代理公使・公使による対中国「宥和」政策が国民政府内の支持を失っていった。国内報道に振り回され、確認の電報が外務省中央から発電され、それを国民政府との間で交渉しなければならなかったことは、より重光の立場を弱めることとなった。

日中関税協定の実施・執行過程において現地外務省出先は、当初、中小資本の切り捨て＝産業の高度化をもって対応しようとしており、(78)この方向性は、綿糸統一税の成立に見られるように日中間での合意形成が可能であった。(79)しかし、それは、上海在留日本人の多数を占め、不況に喘ぐ中小商工業者を含めた現地世論とならず、歪曲された情報により対中国「宥和」政策の障害となっていったのである。

そして、満洲事変以降の排日運動の展開は、日中間の妥協、なかんずく、国民政府との妥協をより困難にしていった。「治安維持」に地域的ばらつきが存在し、南京・広東両国民政府の合体により中央政府が弱体化したため、紛争にともなう地方的解決が中国各地で展開されたこと等により、日本に中国は分裂した国家であるとの認識を再び蘇らせた（それは、これまで国民政府との直接交渉による打開をめざしながら、制度的に桎梏のもとにあった重光が関内の各総領事・領事への指揮権を満洲事変直後にえていただけに皮肉な結果となった）。このため満洲事変前にあった国家間としての日中提携への模索は、蒋介石が政界に復帰し排日運動が鎮静化する昭和八年を待たねばならなかったのである。

註

（1）「第五十九回帝国議会ニ於ケル幣原外務大臣ノ演説」『帝国議会関係雑件　議会ニ於ケル総理、外務大臣ノ演説関係』〈A.5.2.0.1-2〉外交史料館所蔵。

（2）大公報「幣原外相ノ議会演説評」同前注。また、上海の各新聞も幣原の演説を好意的に報じていた（昭和六年一月二十四日発在上海村井総領事より幣原外務大臣宛電報第二九号『帝国議会関係雑件　議会ニ於ケル総理、外務大臣ノ演説関係』〈A.5.2.0.1-2〉外交史料館所蔵）。
（3）当該期の政治・経済状況については、本書第四章参照。
（4）一方、当該期の新聞は、昭和六年一月二十三日第五十九議会衆議院本会議における政友会松岡洋右の満蒙問題を日本の「生命線」とする質問に対しても、「幣原外相立往生」としながらも、紙面で大きな扱いまではしていない（『東京朝日新聞』昭和六年一月二十四日）。
（5）代表的な著作としては、江口圭一著『日本帝国主義史論　満州事変前後』（青木書店、一九七五年）がある。また、『大阪朝日新聞』社説を通じて抵抗した高原操に関する研究として、後藤孝夫著『辛亥革命から満州事変へ　大阪毎日新聞と近代中国』（みすず書房、一九八七年）がある。
（6）前掲註（5）江口圭一著『日本帝国主義史論』および波多野澄雄・蒲島郁夫「満州事変収拾の政治過程」（『レヴァイアサン』第八巻、一九九一年）参照。また、関東軍は、現地で新聞統制をおこなっている（李相哲著「第四章　関東軍統制下の新聞」『満州における日本人経営新聞の歴史』凱風社、二〇〇〇年）。
（7）当該期の対日ボイコットに関する研究としては、下記のものがある。村井幸恵「上海事変と日本人商工業者」（『年報　近代日本研究6　政党内閣の成立と崩壊』山川出版社、一九八四年）、山村睦夫「満州事変期における上海在留日本資本と排日運動（上）（下）」（『和光経済』第二〇巻第二・三号、一九八八年）、堀本尚彦「上海の抗日運動と日本人居留民」（『信大史学』第一四号、一九八九年）、高綱博文「上海事変と日本人居留民」（中央大学人文科学研究所編『日中戦争』中央大学出版部、一九九三年）、幸野保典・木村健二「一九二〇年代天津日本人商業会議所の分析」（『千葉史学』第十一号、一九八七年）、桂川光正「租界在住日本人の中国認識」（古屋哲夫編『近代日本のアジア認識』京都大学人文科学研究所、一九九四年）、小林元裕「一九二〇年代天津における日本人居留民」（『史苑』第五五巻第二号、一九九五年）、後藤春美「上海排日貨と日本海軍陸戦隊の出動」（『歴史学研究』第七〇〇号、一九九七年八月）。
（8）本書第一章、第六章、第七章、第八章参照。
（9）昭和六年七月七日着在上海村井総領事より幣原外務大臣宛電報第二九九号『日本外交文書』昭和期一第一部第五巻（昭和六年、対中国関係）、六七〇文書（以下『外文』五と略記）。
（10）昭和六年七月九日発在ハルビン大橋忠一総領事より幣原外務大臣宛電報第一二七号『外文』五、六七八文書。

(11) 昭和六年七月十三日発在北平矢野参事官より幣原外務大臣宛第二六八号『外文』五、六七八文書。
(12) 昭和六年七月十三日着在上海村井総領事より幣原外務大臣第三一七号『外文』五、六七六文書。
(13) 『東京朝日新聞』昭和六年七月十五日。
(14) 『東京朝日新聞』昭和六年七月二十三日。
(15) 昭和六年七月二十五日付在上海横竹商務参事官より幣原外務大臣宛公信商第四六号『外文』五、六八七文書。
(16) 昭和六年七月二十三日発在上海重光臨時代理公使より幣原外務大臣宛電報第六七七号『外文』五、六八五文書。
(17) 昭和六年七月二十七日発在上海重光臨時代理公使より幣原外務大臣宛電報第六九六号『外文』五、六八八文書。
(18) 同前註（7）村井論文および後藤論文参照。
(19) 『東京朝日新聞』昭和六年八月八日夕刊。
(20) この第一遣外艦隊の対応を日英比較でおこなった研究として前掲註（7）後藤論文に詳しい。そこで本章では、本件に対する報道と外務省側の対応に絞って叙述する。
(21) 昭和六年八月五日発在上海村井総領事より幣原外務大臣宛公信機密第九四九号『外文』五、六九二文書。
(22) 昭和六年八月十日発在上海村井総領事より幣原外務大臣宛公信機密第九六六号『外文』五、六九五文書。
(23) 昭和六年八月十三日発幣原外務大臣より在中国重光公使宛電報第二九五号『外文』五、六九七文書。
(24) 昭和六年八月二十四日発幣原外務大臣より在上海村井総領事宛電報第一三〇号『外文』五、七〇一文書。
(25) 「反日会を取締るなど　真ッ赤なウソ　自衛上日本は積極対抗策」『東京朝日新聞』昭和五年八月十三日。
(26) 昭和六年九月二日付在北平矢野参事官より幣原外務大臣宛公信機密第七六二号「反日会ノ活動ニ関スル件」『万寳山農場事件　排日関係』第五巻（A.1.1.0.20-2）。
(27) 昭和六年八月三十一日発在上海村井総領事より幣原外務大臣宛電報第五〇九号『万寳山農場事件　排日関係』第四巻（A.1.1.0.20-2）。
(28) 昭和六年九月九日発在南京上村領事より幣原外務大臣宛電報第五二七号『万寳山農場事件　排日関係』第五巻（A.1.1.0.20-2）。
(29) 『東京朝日新聞』昭和六年九月四日。
(30) 『東京朝日新聞』昭和六年九月八日。同様に、東京日日新聞でも九月五日の王正廷と蔣介石の会談について「中村大尉事件ますます紛糾　「満州で衝突せば列国日本を牽制せん」これを頼りに強がる蔣氏　盛んに王氏を激励」と題して「仄聞するに蔣氏は飽くまで強硬な態度で臨み東四省で日本と衝突するも世界は支那に同情し日本を牽制するであろうから日本は武力に訴へては来まい、随つて中村事件は従来通り事実無根と突張り通すべしと王氏を激励した」と伝えていた（『東京日日新聞』昭和六年九月七日）。

(31)『東京朝日新聞』昭和六年九月八日。
(32)『東京日日新聞』昭和六年九月八日。
(33)『東京朝日新聞』昭和六年九月十一日。
(34)『東京朝日新聞』昭和六年九月十五日。
(35)昭和六年九月十五日発在南京重光公使より幣原外務大臣宛電報第九四一号『支那内乱関係　昭和六年反蔣運動関係　帝国ノ援石説並排日関係』（A.6.1.5.1-16-4）。
(36)昭和六年九月十八日発在中国重光公使より幣原外務大臣宛電報第九六〇号『外文』五、八八四文書。
(37)九月十八日発在中国重光公使より幣原外務大臣宛電報第九七一号『支那内乱関係　昭和六年反蔣運動関係　帝国ノ援石説並排日関係』（A.6.1.5.1-16-4）。
(38)昭和六年九月二十三日発在中国重光公使より幣原外務大臣宛電報第一〇二二号『日本外交文書　満州事変』第一巻第二冊、事項六、三九文書。
(39)昭和六年九月二十六日着在中国重光公使より幣原外務大臣宛電報第一〇四六号『満洲事変　在留邦人保護、引揚、避難及被害関係　保護、引揚及避難関係』（中支ノ三）第六巻（A.1.1.0.21-1-1）。
(40)昭和六年九月二十八日発在中国重光公使より幣原外務大臣宛電報第一〇六四号『外文』五、七二〇文書。
(41)昭和六年十月七日付外務省通商局大阪出張所商務書記官若松虎雄より武富敏彦通商局長宛公信第大出機密二〇号「対支問題ニ対スル関西方面実業団体ノ態度ニ関スル件」『満洲事変　排日、排貨関係（一般）』第一巻（A.1.1.0.21-5）。
(42)昭和六年十月二十三日発在中国重光公使より幣原外務大臣宛電報第一一八〇号『外文』五、七三七文書。
(43)昭和六年十一月二十四日発幣原外務大臣より在上海村井総領事宛電報第二〇一号『外文』五、七五五文書。
(44)昭和六年十一月二日付在中国重光公使より幣原外務大臣宛公信機密公第四四八号『満洲事変　排日、排貨関係（中支ノ部）上海二』第十二巻（A.1.1.0.21-5）。
(45)昭和六年十月三十一日付上海駐在横竹商務参事官より幣原外務大臣宛公信商機密第三三六号「満州事件ト経済断交ノ現状」『満

洲事変　排日、排貨関係（中支ノ部）一般、上海二』第十一巻（A.1.1.0.21-5）。なお、済南事件の際、対中輸出額は、九三〇〇万円（二四％）の減額。また、昭和六年度上半期は、時局に銀安の影響も加わり、対中輸出額は六七〇〇万円（三二％）であった。この点、経済断交運動の経済的影響は、特記するほど大きいものではない。

（46）昭和六年十二月十七日付清水稿「支那ニ於ケル排日運動ノ将来」『満洲事変　排日、排貨関係（一般）』第一巻（A.1.1.0.21-5）。

（47）昭和五年十月二十三日発在福州田村総領事より幣原外務大臣宛電報第九四号『支那匪賊ニ依ル外国人被害関係雑件』（D.2.6.0.3）外務省外交史料館所蔵。

（48）昭和五年十月三十一日発在福州田村総領事より幣原外務大臣宛電報第一〇一号『支那匪賊ニ依ル外国人被害関係雑件』（D.2.6.0.3）外務省外交史料館所蔵。

（49）昭和五年十月二十三日発在福州田村総領事より幣原外務大臣宛電報第九五号『支那匪賊ニ依ル外国人被害関係雑件』（D.2.6.0.3）外務省外交史料館所蔵。なお、代金は、谷アジア局長が台湾銀行より一時的に貸借し、送金している。また、イギリス側事件については、中央交渉に移ったものの、協会本部が弔慰金を要求しないこととしたため、そのままとなっている。

（50）『国民新聞』昭和五年十一月二十日。

（51）『東京朝日新聞』昭和五年十一月二十二日。

（52）『支那匪賊ニ依ル外国人被害関係雑件』（D.2.6.0.3）外務省外交史料館所蔵。

（53）この『福州時報』は、被害者荒谷の嗣子から、谷亜細亜局長に郵送されている。

（54）昭和五年十月二十二日発幣原外務大臣より在福州田村総領事宛電報第三一号『支那匪賊ニ依ル外国人被害関係雑件』（D.2.6.0.3）外務省外交史料館所蔵。

（55）昭和五年十一月二十七日発在上海重光臨時代理公使より幣原外務大臣宛電報公第一一三二号『支那匪賊ニ依ル外国人被害関係雑件』（D.2.6.0.3）外務省外交史料館所蔵。

（56）昭和五年十一月二十八日発在福州田村総領事より幣原外務大臣宛電報第一二一号『支那匪賊ニ依ル外国人被害関係雑件』（D.2.6.0.3）外務省外交史料館所蔵。

（57）しかし、この過程で荒谷の遺族からは賠償請求が出されており、未解決に終わったことは、不満を蓄積させたものと推測できる。

（58）昭和六年四月三日発在南京上村領事より幣原外務大臣宛電報第一八二号『外文』五、七八四文書。

(59)『東京日日新聞』昭和六年四月六日。
(60) 昭和六年四月七日発上海日本記者団より幣原外務大臣宛電報『外文』五、七八五文書。
(61) 昭和六年四月十日発在上海村井総領事より幣原外務大臣宛電報第一四七号『外文』五、七九〇号。
(62)『東京朝日新聞』昭和五年四月十七日。
(63) 昭和六年四月十八日発在中国重光臨時代理公使より幣原外務大臣宛電報第四〇五号『外文』五、七九三文書。
(64) 昭和六年九月十日発在中国重光公使より幣原外務大臣宛電報第八九一号『外文』五、七九九文書。
(65) 福州が日本の植民地・台湾の対岸にあったことは、台湾総督府等もあり、よりこの推測が高いものと考えられる。
(66) なお、本事件の第一報は、警視庁外事課からの電話であった（『外文』五、七六四文書付記）。
(67) 昭和六年八月二十日発在青島堀総領事代理より幣原外務大臣宛電報第一九七号『外文』五、七七一文書。
(68) 昭和六年八月十九日発在青島堀総領事代理より幣原外務大臣宛電報第一九四号『外文』五、七六四文書。
(69) 昭和六年八月二十日発在青島堀総領事代理より幣原外務大臣宛電報第一九四号『外文』五、七六四文書。
(70) 昭和六年八月二十日発在北平矢野公使館参事官より幣原外務大臣宛電報第三六七号『外文』五、七六九文書。
(71) 昭和六年八月二十日発幣原外務大臣より在青島堀総領事代理宛電報第八一号『外文』五、七六八文書。
(72) 昭和六年八月二十日発幣原外務大臣より在北平矢野公使館参事官、在天津田尻総領事代理、在奉天林総領事宛電報合第四七九号『外文』五、七七〇文書。
(73) 昭和六年八月二十三日発在青島堀総領事代理より幣原外務大臣宛電報第二〇〇号『外文』五、七七四文書。
(74) 昭和六年八月二十四日発在青島堀総領事代理より幣原外務大臣宛電報第二〇二号『外文』五、七七五文書。
(75) 昭和六年八月二十八日発幣原外務大臣より在青島堀総領事代理宛電報第八四号『外文』五、七七八文書。
(76)『川村茂久日記』昭和七年、昭和七年一月七日の条、外務省外交史料館所蔵。
(77) 昭和六年九月二十一日付起案・決定高裁案案「満州事変ニ関シ新聞聯合通信利用ノ件」『満洲事変　輿論並新聞論調　輿論啓発関係』第一巻（A.1.1.0.21-4-2）。
(78) 本書第六章参照。
(79) 富澤芳亜「綿紗統税の導入をめぐる日中紡績資本」（『史学研究』第一九三号、一九九一年六月）。

終章　「宥和」の変容

——満州事変時の外務省——

終章では、これまでの実証結果を踏まえ、満州事変の与えた衝撃を重光葵駐中国公使による対中国「宥和」政策と外務省亜細亜局に焦点をあてて分析する。それは、提携を前提とする「宥和」政策の可能性を改めて検討しつつも、満州事変により、外務省とその対外認識がいかに変容したのか、そして満州事変の意義を明らかにするものである。

一　「宥和」の限界

まず、満州事変前の対中国「宥和」政策の可能性を前提として「提携」関係が成立していたことに求め、その問題点および障害について分析する。

1　「提携」の行方（第五章）

満州事変前、外務省の対中国交渉ルートは、外務省（主管・亜細亜局）—在北京（上海）中国公使と外務省（主管・亜細亜局）—在奉天総領事という二元的な体制から、基本的に駐中国公使に比重が置かれつつあった。それは、北伐の結果として東三省の易幟によって、形式的ではあるが国民政府による統一が成立していたことに対応するものであった。

このようなか、昭和五年（一九三〇）三月十二日、重光臨時代理公使と宋子文財政部長との「提携」により、日中関税協定が成立した（仮調印、批准〈成立〉は五月六日）。

日中関税協定の成立により、関税収入の安定化に成功し、一定の財政基盤を獲得した国民政府は、国内統一・対軍閥戦（中原大戦）のためにも釐金等の内地税撤廃を次なる目標とした。一方、日本は、恐慌下にある程度、安定的な市場を確保し、その維持を図ったのであった（第五章）。

重光臨時代理公使は、交渉後の三月十九日外務省着の電報公第三二二号で「王正廷ヲ頭トスル外交部ニ於テハ常ニ輿論ノ潮流ニ副ヒ最急進的政策ニ出ツル」と「蔣介石ヲ中心トスル宋家一派ノ勢力ハ胡漢民等ノ党部理論派ノ勢力ヲ断然圧迫シ居ル」との二つの認識から「蔣介石ハ勿論各方面ノ裏面ノ実勢力ニ対シテ聯絡交歓シ外交部ヲ牽制シツツ交渉ヲ理論的ヨリ幾分ニテモ実際的ニ導キ我方ノ有利ノ地歩ヲ造ルニ努ムルノ必要アリ」としていた(1)。重光は、外交部が主導する「革命外交」を回避し、蔣介石・宋子文ライン、特に、宋子文財政部長との「提携」により、「宥和」を図っていたのである。

しかし、このような日中間の提携には、以下の問題が存在していた。それは、

①日中関税協定の施行にあたっての諸問題
②重光と宋子文財政部長による経済「提携」の維持
③不平等条約を象徴する治外法権撤廃問題の解決
④対日ボイコット問題

の四点であった。満州事変前、これらの問題点がいかなる状況下にあったかを概述する。

①日中関税協定の施行にあたっての諸問題（第六章）

国民政府は、関税自主権回復後、自主関税たる国定税率の導入に邁進することとなった。この国定税率の導入に対する日本側の関心は、第一に税率（特に輸入税）がどの程度に設定されるか、であった。(2) 第二に、国定税率が「いつ」導入されるかであった。そして、第三の関心は、国定税率の導入が、日本側が希望していた釐金および釐金類似の内地通過税の廃止（裁釐）と同時におこなわれるかどうか、であった。

このうち、税率については、日本側要求と中国側が設定した国定税率との間に大きな差異はなかった。それゆえ、導入時期は、第三の裁釐との関連で問題となった。国民政府の裁釐に対して、外務省中央は、統一中央政府としての国民政府に対する不信感から中国の地方政府・省政府にとって有力な財源である釐金および釐金類似の内地通過税の廃止（裁釐）の実行を疑問視していた。しかし、この裁釐も、最終的に蔣介石の強い意志を表明した通電等により、昭和六年一月一日、国定税率の導入とともに公布されたのであった。

国定税率の導入は、国貨提倡運動（中国の国産品購入運動）、銀価の暴落とそれにともなう中国側購買力の減少と海関金単位制導入とともに、東北の日本商の経営を厳しいものにした。なかでも、資本の小さいものは、売掛金の回収も不可能な状況に追い込まれていった。(3) 釐金および釐金類似の内地通過税に代わる新たな課税（営業税・統税）も、租界内での徴収が問題となったが、関内では日本側も租界内中国商に対する営業税の課税を黙認していった。裁釐課税として新たに導入された営業税・統税等は、中国本土・関内で治外法権の漸進的撤廃の範囲内で、「満州」でも統税は地方的交渉によって、営業税についても部分的かつ地方的に、妥協が成立していたのである。

また、中国側が国定税率の導入にあたり、大連港を中国港として課税対象としたことは、「大連海関設置ニ関スル協定」（明治四十年〈一九〇七〉）に依拠してきた日本側特権を否定し、新たな問題（大連二重課税問題）を惹起した。大連港の二重の性格に依拠してきた日本側は、明確に中国港として扱おうとする中国側の対応により、大連港を「外国港」（＝日本港）とするならば経済的に中国各地との連係を断たれて孤立を余儀なくされ、内国港（＝中国港）と規定するならば、租借地としての関東州の意義を根本から失うというジレンマに陥ることとなったのである。

当初、日本側、現地および外務省中央では、強制通関により、大連海関協定の維持を図ったが、本問題も重光・宋子文間に交渉がもたれ、九月十日、日中両国間で覚書が交換され、一応の解決がなされたのであった。(4)

②重光と宋子文財政部長による経済「提携」の維持（第七章）

日中関税協定成立から満州事変勃発前後における重光―宋子文関係＝日中間の「提携」を具体化するものの一つとして、債務整理問題にともなう経済提携案があげられる。

この債務整理は、日中関税協定成立にあたって枢密院が義務づけたため、日中間の交渉となった。しかし、国民政府にとって対日債務の多くは、西原借款に代表される無担保不確実債であり、一部は北京政府の兵器借款であった。(5)それゆえ、国民政府は、西原借款を存在すら公に認めるわけにいかなかった。

このため債務整理交渉は困難が予想されたが、重光は、西原借款を表面に出させず、中国側債務を一括して整理する債務整理一括整理方針を提案。これを受けて宋子文財政部長も西原借款問題を浮上させずに債務整理資金の分配をおこない、一九六〇年償還を目途とする案をたてつつあった。出先・現地における債務一括整理方針での一致は、日中関税協定の締結ともあいまって日中間の宥和を促進させ、宋子文をして国民政府財政顧問の派遣を要請するまでになっていた。宋子文案は中国に金本位制を導入することを意図したものであり、日本にとっては銀価に連動した不安定な為替相場に翻弄されることの多かった中国市場の安定に繫がるものであった。重光は、日中「経済」提携を促進させる格好の機会と考えていた。(6)さらに、重光は、国民政府の国際的信用を高めるため債権の中国再投資を提唱したのであった[7]。

しかし、重光が日中関係好転の鍵として推進した債務整理資金の中国再投資案は、昭和六年に入っても大蔵省側の承認をえられなかった。この間、イギリスの対中国借款計画、国際聯盟による対中国経済援助が浮上。さらに、外務省中央・幣原は、日本の旧債整理↓中国の国際信用の回復↓日本の仲介による（英米からの）外債の導入というシナリオを四国借款団の利用を通じて実現しようと考えたのである[8]。

このような外務省中央の「列国協調」政策への傾斜は、重光と同じ中国認識に立っていた亜細亜局内部にも変化を与え、重光の経済提携策は外務省内で孤立していった。

③不平等条約を象徴する治外法権撤廃問題の解決（第八章）

治外法権の撤廃は、中国にとって最後に残った不平等条約を象徴する問題であり、王正廷外交部長が主導する「革命外交」の中心的課題であった[9]。中国側は、治外法権の即時全面撤廃を要求していた。

これに対し日本は、昭和五年一月二十日に「治外法権根本方針」を閣議決定していた[10]。日本の治外法権根本方針は、民事・刑事とも段階的撤廃による漸進主義を採っていた。そして、治外法権実施の対象から共同租界と鉄道附属地を除き、民事については治外法権撤廃の代償として内地の居住営業権を、刑事については土地利用権を代償に求めている所に特徴があった。日本側方針は、同時期出された英米両国の治外法権撤廃案と比べて最も中国側要求とかけ離れていた。それは、日本が経済・在中国居留民の面で、治外法権に依拠する部分を多く有していたためであった。このため、国民政府との交渉は平行線をたどることが予想され、重光臨時代理公使は、前記の債務整理問題に期待をかけ、治外法権問題について交渉を先延ばしにする遅延策をとった。しかし、昭和五年十二月一日、王正廷外交部長は、即時全廃を主義とする対案を提示。同月十七日には、英・米・仏・蘭・ノルウェー・ブラジルの六ヵ国に対して覚書を提出して、一九三一年（昭和六）二月末という期限を付けて治外法権の撤廃を迫った。列国は、王覚書を脅迫的なものと認識したが、対応は不揃いなものであった。仏は強硬な姿勢をとりつつあったが、蘭は事実上屈伏、英米両国は宥和の方向に進んでいった。状況は、日本を孤立させつつあった。

一方で実態としての治外法権の撤廃は、現地の日本人・日本法人に受けいれられていった。民事訴訟で中国人を相手とする場合、中国法廷に提訴していたのである[11]。このような動きは、領事裁判権の一部を機能させなくするものであった。そして、外務省中央でも、通商条約の有効性に依拠し原則的な対応をおこなう条約局（第二課）と現地動向に順応する亜細亜局との間で差異を生んでいた。また、中国国内の在外公館でも地域差があり、台湾対岸の厦門等では、在留邦人が殆ど台湾籍であることから中国の領事裁判権撤廃に宥和的姿勢をしめしていた[12]。日本権益の強いとされている「満州」等の地域でも、当初の対応は条約局に近い認識を持っていたものの、徐々に宥和的になりつつ（ならざるをえない）あった。

このように治外法権撤廃問題は、当初から行き詰まる問題としてではなく、困難な問題を多く含みながらも実態としては「漸進的」に解決しうる素地も有し、事実上の治外法権の撤廃がおこなわれつつあったのである。

④対日ボイコット問題（第九章）

国民党部の指導下、組織的におこなわれた昭和四年段階での対日ボイコット以後、対日ボイコット運動は国民政府により政治的側面においては廃約促進会等の治外法権撤廃運動へ、経済的側面では国貨提倡等による国産奨励運動へと転化していった。昭和六年に入ると、中国東北で外交協会等による反日ボイコットが顕在化して行き、中国関内でも国貨提倡運動が起きていった。

昭和六年七月七日の朝鮮事件（萬寶山事件に刺激された朝鮮民衆により平壌で華僑が撲殺された事件）に連動して、上海を中心とする関内では、国貨提倡運動とともに日貨排斥の動きが顕在化しつつあった。現地、外務省出先はこの動きを警戒して、朝鮮事件に遺憾の意をしめして事態の鎮静化を図りつつ、報復的な排日貨運動が発生しないよう中国側に取締を申し入れたのであった[13]。結果、七月十三日、反日大会が開催され、日貨排斥が決議されたものの、有力団体の参加も少なく、十四日の市場にも影響はでなかった。だが、八月に入り、上海商工会議所内で強硬論が強くなり、反日会による日貨の抑留等が顕在化すると、これに現地海軍・第一遣外艦隊が過敏に反応した[14]。しかし、現地交渉の結果、八月末の段階で上海の反日会抑留日貨も全て返還され、九月上旬には萬寳山事件と中村大尉事件に対する一般輿論の鎮静化にともない「反日会員ハ従来各活動写真館ニ現ハレ排日演説ヲナシ居タルカ萬寳山及朝鮮事件ニ対スル一般輿論殆ト鎮静ニ帰シタル今日是以上活動ノ余地ナカルヘシト思料セラル」と終息へ向かうものと予想されていた[15]。実態の排日運動は漢口の水害等もあり、上海、南京以外では盛り上がりに欠けていた。中国内部でも反日会と華商側との対立が生じ、過激な反日がむしろ日本の介入を促すと考えている国民政府首脳は、反日会による活動を抑制し、華商側の主張する国貨提倡運動の方向に誘導していたのである。

2　「宥和」の障害

前節で概観した「提携」を前提とし、重光によって主導された対中国「宥和」政策には、内なるところに障害が存在していた。それは、①外務省中央の対応、②現地居留民、③日本の新聞報道、の三点に整理できる。以下では、これらの「障害」について述べることとしたい。

①外務省中央の対応——幣原外交の実態——

関税協定が成立しえた理由は、外務省本省がロンドン海軍軍縮会議に忙殺されていたため、外務省中央で亜細亜局が主導権を持ちつつ、相対的に現地・出先（重光）の裁量権が大きくなったためであった。また、その後の債務整理問題で中国再投資案が現地で成立しえたのも、浜口雄幸首相の遭難により、幣原喜重郎外務大臣が首相を兼摂したことが、亜細亜局同意のもと重光の行動を自由にした結果であった。

日中関税協定交渉にあたって、幣原が、上海の重光と、南京の上村伸一領事を二元的に交渉にあたらせたことに対する不信感を持っていた重光は、中国側の「機敏」な意思決定に対抗するためにも「交渉開始後ハ大綱以外ハ努メテ之ヲ出先官憲ニ委スルコト然ルヘク特ニ中央ハ勿論関係官憲ニ於テハ対外的ニハ統一的態度ヲ以テ終始一貫スルヲ要スル」と、主張していた[16]。しかし、外務省中央は、債務整理問題で重光が期待していた大蔵省の説得（債権の減額と再投資）等について力を発揮できなかった。そればかりか、宋子文に対する不信感を露にし、日本側に有利に展開しつつあった債務整理問題を、失われて久しい中国における列国「協調」政策の象徴でもあった四国借款団を持ち出し、重光を抑制したのであった[17]。英国が鉄道借款等の確実債権の回収・再投資を交渉しつつあるなか、西原借款に代表される日本の不確実債権が整理の対象となるのか、さらに、四国借款団に英国が参加するかも疑問であった。そして、国際聯盟による対中国経済援助を裏面においてイギリスが主導していることが判明したとき、幣原の「協調」政策は、行き詰まったのである。

若槻内閣の成立により、対中国政策に幣原外相が乗り出したことは、現地で展開していた重光―宋ラインによる「提携」関係と、これによる「宥和」政策の障害であったということができよう[18]。そして、皮肉なことに重光の関内各総領事館に対する指導権が確立されたのは、満州事変後の九月二十七日のことであった[19]。

②在中国日本人居留民

国家建設途上にあって安定した関税収入確保を図る国民政府と長江流域市場を重視する日本との利害が一致して成

立した日中関税協定は、反面、国民政府が「革命外交」にみられるナショナリズムを抑制し、日本側も関東庁・満鉄や在「満州」日本商等の不満を押さえた結果でもあった。

このように成立した日中関税協定は、その施行にあたって関内の外務省出先では、昭和六年年四月四日から八日まで青島で開催された山東領事会議で、経済的発展を遂げる方法として大資本の誘致を提案する反面「官憲ニ対スル依頼心強ク」「実力ナク而モ射倖心旺盛ナル」在留邦人を切り捨てる答申を決定していた。[20] つまり、日中関税協定の実施・執行過程において現地外務省出先は、当初、中小資本の切り捨て＝産業の高度化をもって対応しようとしており、この方向性は、綿糸統一税の成立に見られるように日中間での合意形成が可能であった。[21] しかし、そのことを中小商工業者が多数を占める在留日本人に受けいれられるはずもなかった。

同様に東北地方でも、外務省側は、不満を蓄積しつつある在「満州」勢力のうち、撫順炭の二重課税問題に見られるように満鉄の利益保護について解決に努力していたものの、営業税・統税の導入にあたって外務省側は、最後に至るまで零細な現地日本商の利益を守るような交渉をしなかった。それゆえ、外務省側に見捨てられたかたちの現地日本商は、満州事変後の関東軍による治安維持行動を積極的に支持し「満州国」建国への過程を実質的に下支えしていったのである（第八章）。

③日本の新聞報道

従来、満州事変により日本の新聞報道は「転向」し、軍部に追従する存在となったとされるが、実態は「国家」としての中国を否定し、「言論・報道の自由」の名のもとに国民政府・蔣介石批判を繰り返す存在であった。

そして、現地の在留日本人が期待の対象を外務省から陸・海軍に移すなか、日本側報道機関は、在留日本人の強硬論を日本国内に還流させ、中国への対外硬的な世論を形成していったのである。このような報道のあり方は、「言論・

報道の自由」という立場から国民政府と対立した連合通信問題をへて、自立化していく過程で形成されていった。さらに、一地方問題（日本側に原因がある傷害事件）に過ぎない青島国粋会事件を「号外」という手段を通じて、外務省より早く国内へ情報を伝達し、センセーショナリズムに世論を「喚起」してもいったのである。

結果、青島国粋会事件では、個別解決可能な地方的解決が不可能となっていった。また、蔣介石の演説を反日的に拡大解釈して伝えたことは、両国間の信頼関係を損うものであった。彼らの「言論・報道の自由」は、霞ヶ関外交・秘密外交に対する非難となり、宋子文との「秘密外交」に依拠していた重光の基盤を揺るがすこととなった。また、外交が「世論」に依拠する必要が生じたことも、外務省中央から孤立しつつある出先の重光には荷が重い「障害」となったのである。

この三つの「障害」は、満州事変を契機に噴出することとなったのである。

二　満州事変下の外務省亜細亜局

満州事変の勃発は、重光公使が主導していた対中国「宥和」政策を破綻させ、それを支えていた「亜細亜局の仕事を一切停止せしめてしまった」[22]。

対中国政策の中心は、関内から「満州」へ移動し、それを司る者も外務省から関東軍・陸軍へと移っていった。

そこで本節では、関東軍により同時代の閉塞感とともに突破された外務省亜細亜局に焦点を当てて「宥和」の変容について分析することとしたい。

1 亜細亜局一事務官の認識

満州事変勃発時の亜細亜局は、同局第一課員であった川村茂久事務官の目からは、次のように写っていた。「谷（正之・亜細亜）局長ウロウロと大臣室と局長室を行ききする。兎に角奉天の現状をたしかめねばと云ふのでこの日に守島（伍郎・亜細亜局第一）課長を奉天に派遣することとなった。守島課長は悲壮な決心（？）のもとにその日の夜九時の特急で西下。所が事件はグングン進展する。（中略）遥かかなたの寿府ではえらいさわぎが持ち上がった。腹のない芳沢（謙吉）全権、松田（道一）全権、佐藤（尚武）全権それに小学校の訓導みたいな沢田（節蔵）局長我国際聯盟事務局のあわて様。くる電報くる電報の泣きごと。すべての電報が『憂慮』にたへずで結ばれる」といった状況であった。(23)

上記のように記した川村茂久は、明治三十四年（一九〇一）生まれ。外務省には、大正十三年（一九二四）に高等試験外交科試験に合格、東京帝国大学法学部政治学科を卒業後任官している。川村が任官した頃の外務省は、機構が拡大し、これにともなうキャリア外交官を大量に採用した時期にあった。川村は、昭和四年（一九二九）二月から同七年十月まで、亜細亜局第一課に勤務し、満州事変を体験したのであった。

この川村の中国認識とは、彼が担当官として著した「支那政況概観（民国十八年）」で明らかとなる。このなかで、川村は「支那最近ノ状況ハ国民党ノ統一政府ノ下ニ在リト称スルモ其ノ実群雄各地ニ割拠シテ中央政府ノ威力ハ僅カニ武漢、南京、上海等ノ長江一帯ニ及フニ過キス各派合縦連衡互ニ勢力拡張ノ機ヲ窺フノ状ハ多ク従前ト異ラス只支那カ既ニ国民党主義（三民主義）ニヨリ風靡セラレツツアルハ否ム可ラサル所ニシテ自己勢力ノ保全乃至拡張ニ余念ナキ各地大小軍閥ト雖均シク国民党主義ヲ標榜シテ国内ノ和平統一、対外硬ヲ口号シツツアル実情ナリ従ツテ現在中央政府ハ偏ニ対外硬ヲ唱ヘ国内一般ノ信望ヲ博スルニ努ムル一面左傾派（改組派乃至共産党）弾圧ヲ標榜シテ右傾派タル張学良、閻錫山等北方諸軍閥ノ同情ヲ繫キ以テ其地位ヲ維持するに腐心シ居ルノ観アリ」としていた。[24]川村は、昭和五年（一九三〇）九月七日付の谷正之亜細亜局第一課長宛の報告でも、中原大戦について、大橋忠一書記官等や鈴木貞一中佐（支那公使館附武官補佐官）等の見解に基づき、戦線が膠着し、「支那は南北両政府二分の形」になるとしていた。[25]そして、同九月十一日の報告では、当該期の対中国外交を次のように論難していた。

（一）一般論として日本目下の対支外交の馬鹿正直なるを非難する向多く日本人側は外務省殊に上海方面責任者が南京政府のブラフ外交に引っ掛り管只王正廷宋子文輩の鼻息をうかがふに汲々として此時局変転の好機に際しながら何等施すに策なき無能振りを慨嘆し一方支那人側は此際日本よりの援助を望むこと切なるものあるも其希望実現の望みなきを察知し却って日本の官僚外交を嘲笑し内心憤懣を抱きをるものの如くに之有候。

（二）目下北方に於ける最大問題は武器輸入問題なるが如く北方政府側の日本に対する要求には一種せいそう（盛壮カ）なるものあり流石の大橋氏といへいささか手こづりをる模様に候処一方陸海軍並一般民間に於ては何故に日本が武器の輸出を禁止しをるや其理由を了解し得ざるものの如く口を極めて外務省現在の方針を痛論しをり要するに外務省現在の対支外交の不評（北方に関する限り）は主として武器輸出禁止問題に起因するものなるやに察せられ候。

尤も在北平公使館幹部は夙に能く上局の意の在る所を察し専念本省の方針を実現するに腐心しをる模様に候へとも只外務省が此際武器問題を利用して南京政府の不誠実を制して一挙に諸種懸案（アグレマン問題、債務整理問題、其他南京事件、済南事件、長沙事件等）を解決せむことを切望しをるが如くに候。

（三）海関問題に関し南北妥協は全く不可能事に属し之を促進せむとするが如きは北方の実情に通せざる者なりと評するもの多く一部皮肉なる論者は上海方面にをいて南北妥協を焦慮するは之に依りて債務整理問題解決に

資し以って関税自主権協定の「尻り拭ひ」をなさむとするものなりと称する有様にして要するに現在南京政府の実力と時局の紛乱に鑑み債務整理の如き到底解決の望みなかるべく如斯実現不可能の問題の為に徒らに北方と事を構へ新たなる日支実利外交（北方政府は目下の処日本に対して互譲妥協の態度あり、大体にをいて南京政府の如く神経質の処なく其主張並方策比較的「リーゾナブル」の様観測せられ候）の発生を犠牲にするの不得策を主張するものの如くに之有候。

因に債務整理問題に関し極端論者は南京政府が関税協定の義務を履行し得す又之を履行するの誠意なきに於ては関税自主協定そのものを廃棄するか又は其の実施を無期延期すべしと主張する者あり。

とするものであった。(26) そして、外務省の系統的な対満蒙政策が不十分であるとして、外務省に「満蒙局」乃至「満蒙課」の設置を意見具申している。(27)

つまり、川村にとって、中国とは分裂した「場」であり、交渉の対象は「国家」でなく「軍閥」であった。それゆえ、前述のような中国を「国家」として認識し、国民国家として歩み始めた国民政府との経済提携を背景とする重光の対中国政策とは、正反対に位置するものであった。

2　満州事変下の亜細亜局

満州事変・柳条湖事件は、亜細亜局にとって「全く寝耳に水の大事件であった」。(28) 中村大尉事件等により、「満州」で緊張が高まり、「何故か陸軍側は没常識的に強硬なる態度を執った」ものの、「守島の鼻いきはとても荒」く、軍務局員であった「鈴木（貞一）中佐をどなりつけてゐた」。(29) そして、事件に対する外交交渉は着々と進み、解決の方向性にあったのである。そのようななかでの事件であった。

事変の勃発にあたって川村は、亜細亜局に二つの問題があったと指摘している。その一つが、「守島が事件第一報の取扱ひを誤ったことである。事件発生当時外務省の無能として世人の批難を浴びたことだった。と云ふのは事件の第一報は十八日夜半奉天総領事かんより電信課にのった。電信課長佐久間（信）はすくこれを守島氏に電話した。守島はそれをキキとどめて翌朝九時頃のこのこやってきた。局長（谷正之）は烈火の如くおこったそうだ。と云ふのは何故に夜半でも自分に知らせてくれなかったと云うのだ。御尤なことだ。処が外務省の無能はそれに止まらぬ、これほどの重大事件の評価がつかなかったのだ」[30]。第二に、川村は、「折柄ジュネーヴでは聯盟総（会欠カ）が開催されてゐた。事件がおこるや否や電光のようにジュネーヴの総会を棘りつせしめた。支那側はこれに乗じてある事ない事矢つき早に電報を送る。すべての努力をジュネーヴに集めたかの観があった。もっともそれは上海あたりのロイテルのやった仕事ではあるらしいが　しかるに我外務省では支那の仕事と聯めいの仕事は全く分業である。亜細亜局と条約局との関係は外務省と陸軍省との関係以上に隔してゐる。（中略）亜細亜局の谷、守島両大先生には事件と聯めい総会との相関関係に気がつかなかった」としている[31]。このように初期段階でのミスとともに、川村は、根本的な問題点として、中村大尉事件にあたって「新聞紙に向って『陸軍は只国民の要求によって動くのだ。国民の声をきこうとするのだ』」と「豪語」した南次郎陸軍大臣に比べ、外務省が「世論」に対応できないことを挙げている[32]。このような組織的問題を具現するものが幣原外交であり、川村は、幣原外交を「属吏外交」と称し、「幣原は嘗て『自分は政党政治には縁はない』と放言したと聞く。腐敗せる政党には組（与）しないと解すれば納得も行くが内政は解らぬといふ意味であったとすれば恐るべき失言である。そして事実は寧ろ後者であることを証明する。幣原の声は霞ヶ関の声である。外交無能、国民の外交無視、外務省の隠遁、この三者は相伴っていよいよ外交を国政から乖離した」としている[33]。また、川村から見た幣原外相は、満州事変にあって「その墨守してた退嬰外交をかなぐりすてて時代の急潮を泳ぎ切ると云ふことは生理的にも出来ない」存在であった[34]。そして、当時の外務省首脳部も「幣原イデオロギーの最も忠実な使徒であり又不思議なほど揃って高潔な人格者である。しかし温良や高潔は非常時用のものではない」としていた[35]。「この外相の生理的欠陥に乗じて雄々しくも先陣の名乗りを上げた花武者」として谷亜細亜局長と白鳥敏夫情報部長を挙げるのである[36]。この二人が「満州事変勃発直後の外交事務」を切り盛りし、「二人共親分幣原のイデオロギーを如何にかして軍部の主張に適合させようと腐心した」とする[37]。結果として、外務省当局が「『言ひ訳』外交、『虚言』外交の譏りを招いた」ものの、この二人の存在が、「幣原外交清算が茲に端なくも外務省内新旧思潮対立の端緒を開いた」として評価するのである[38]。この谷、白鳥の「叛逆が尤も深刻にひびいたのは」「聯盟一座に踊る在欧州大公使団と在米大使」であったとする[39]。

川村は、石原莞爾関東軍作戦参謀による「錦州爆撃カ大成功裡ニ終リ英、米、佛等モ其手際ニ唖然タル有様。サテモコレカラ愈々満蒙経略ノ時期トナッタ。早クモ満州統治機関ノ統一ガ唱ヘラレル。其際イツモ毛嫌サレルノカ外務省。奉天総領事廃止説サヘアル仕末。外務省ハ何ントカセネバナラヌ。国民ノ声ヲ聴ケ、国民ト共ニ生キヨ。要ハ只夫レダケダ」とし[40]、上海事変についても、「俺は終始『上海事件はへのようなものだ』といてゐた。問題は満蒙承認問題だ」としていた[41]。上海事変によるアメリカの対日世論が悪化し、経済封鎖まで考慮されるなか、川村は「さわぐことはない驚くことはない。尤も如何にしてこれを打開する考へればよいのだ。決心はきまっている。国民的決心がすでに出来上がってるような気がする」としている[42]。

一方、出淵勝次駐米大使から見れば、対米協調から「幣原男ノ態度曖昧、殊ニ錦州事件ヲ小事件ト見做サル、ニハ驚キタリ、愈々平和論者モ武断派ト合流シタルニアラスヤ」との不信感を露にし[43]、上海事変が一段落した昭和七年四月二十九日の爆弾テロも「被害者ニハ万々同情ヲ表スルモ、天ハ遂ニ不都合モノヲ所罰スル也。重光ハ出兵ノ元兇ナルニ於テ殊ニ然リ。情ハ情トシテ、我ハ理ニ於テ、冷ナル理ニ於テ、今尚ホ内閣諸公ヲ始メ重光等出兵論者ヲ責メサルヲ得ス」とするものであったのである。(44)

満州事変直後まで、重光と宋子文との提携関係は維持された。中国中央の交渉で債務整理問題と治外法権問題が停滞していたものの、大連二重課税問題、対日ボイコット問題等は事実上終息しており、治外法権問題についても、実態として漸進的に受け入れられていった（地方的解決）。王正廷外交部長の主導する「革命外交」という「障害」があるものの、重光の対中国「宥和」政策にとっては折込み済みのものであった。全体的な状況は、満州事変を必然とするものではなかった。(45)重光主導の対中国「宥和」政策を断絶させ、幣原外交・英米協調による対中国政策を葬り去らせたのは、満州事変が「必然」でなく、「謀略」であったためである。

とはいえ、対中国「宥和」政策は、満州事変後も対象を宋子文から汪兆銘に代えて、次官となった重光のもと、有吉明駐中国公使により模索された。しかし、宋子文との提携関係を失い、「満州事変勃発と共に最も早く幣原外交の清算を唱導し爾来本省の谷、白鳥と呼応して在欧米大公使の認識不足を是正するに努めた」重光は、華北侵略が進むなか、陸軍との「宥和」も顧慮しなければならなかった。(46)国民政府内に確固とした基盤をもたない汪兆銘との提携ということもあり、対中国「宥和」政策が成立する可能性は著しく低いものであった。結果として、継承された対中国「宥和」政策は、中国にとっては「時間稼ぎ」に、日本にとっては、その実効性が低いがゆえに、結果として国内における外務省の立場を弱める方向に作用したのであった。

また、現地における交渉の方向性（＝地方的解決）も満州事変や「満州国」の成立によって断たれた訳ではない。関内における債務整理は進み、租借地および鉄道付属地内中小日本商も「切られ」た。(47)「満州国」による海関の回収や、治外法権の撤廃等も、形式制度上「交渉」を必要とし、満州事変前の「交渉」の延長線上に存在していた。そして、現地解決の方向性が満州事変の画期性を越えて「連続」して存在したことが、この後の日本が戦線を拡大していく過程で、傀儡政権下にあっても治外法権の撤廃等・不平等条約の改正を希求していかざるをえない状況をつくっていったのである。

そして、満州事変は、外務省・外交官の認識に、いくつかの選択を強要し、その認識を分化させることとなった。大橋忠一在ハルビン総領事のように自らすすんで満州国に入る者もいたが、[48] 重光や谷、白鳥のように、多くは「世論」との折り合いをつけつつ、外務省外交を維持する方向に向かうこととなった。一方、幣原外交における対英米協調路線（国際協調）も、英米との関係において経済制裁等を回避しえたことで、維持されることとなった。[49] そして、川村が指摘した二つの潮流の一つ、後の「皇道外交」および「枢軸外交」に連なる「外務省革新派」が国内との連関性を重視する外務省考査部問題等をへて生成されていくのである。[50]

註

（1）『日本外交文書』昭和期I第一部第四巻（以下『外文』四と略記）、三一二文書。
（2）なぜならば日中関税協定で互恵税率が設定されたのは、対中国輸出総額の約四四％であり、残りの約五六％が国定税率の対象となったからである。
（3）当該期における在中国日本人居留民の動向については、柳沢遊「『満州』商工移民の具体像」（『歴史評論』第五一三号、一九九三年一月）参照。
（4）なお、満州事変後、海関内に対日強硬論が台頭し、現地交渉は、九月二十八日の段階で一時延期、十一月十七日に中断され、以後、二重課税を払うことなく強制通関がおこなわれた。そして、日本の「満州国」樹立の動きのなかで根本的解決としての海関回収が日程にのぼっていく。

(5) 西原借款については、能地清・大森とく子「第二章　第一次大戦期の日本の対中国借款」（国家資本輸出研究会編『日本の資本輸出—対中国借款の研究—』多賀出版、一九八六年）を参照。なお、日本の対中国政府不確実債務は、当該期、日本政府歳入額の約三四％に相当する巨額なものであった。

(6) 昭和五年六月三日着在上海重光臨時代理公使より幣原外務大臣宛電報公第五六〇号『不確実及無担保債権整理方交渉関係雑件』(E.1.6.0.J5)。

(7) 昭和五年六月五日付在上海重光臨時代理公使より幣原外務大臣宛機密公第一〇九号公信、『外文』四、四〇〇文書。

(8) 昭和六年二月四日発幣原外務大臣発在英国松平・在米国出淵大使宛電報合第八四号および同合第八五号『日本外交文書』昭和期Ⅰ第一部第五巻（以下『外文』五と略記）、六一八文書および同文書別電。

(9) 最近の先行研究としては、副島昭一「第四章　不平等条約撤廃と対外ナショナリズム」（西村茂雄編『現代中国の構造変動3　ナショナリズム—歴史からの接近』東京大学出版会、二〇〇〇年）がある。

(10) 昭和五年十二月『（極秘）条約局調書（第五十九回帝国議会参考資料）』条約局第二課、一九〜二〇頁、外交史料館所蔵。しかし、この根本方針は、大正十四年（一九二五）十一月に閣議決定された「治外法権委員会ニ対スル一般方針」に比べ、内容面で後退したものであった（大正十四年十二月十五日発幣原外務大臣より在北京日置治外法権委員宛第七三六号電報『日本外交文書』大正十五年第二冊下巻七九五文書付記五）。

(11) ただし、日本人が民事被告となることについては穏便に処理された。刑事事件について日本側は、明確に条約違反であると抗議している。

(12) 昭和五年九月二十五日付在厦門寺嶋領事より幣原外務大臣宛機密第四四四号公信『在支帝国領事裁判関係雑件（在満洲国ヲ含ム）』第一巻（D.1.2.0.2）外交史料館所蔵。

(13) 昭和六年七月十三日着在上海村井総領事より幣原外務大臣第三一七号『外文』五、六七六文書。

(14) 後藤春美「上海排日貨と日本海軍陸戦隊の出動」（『歴史学研究』第七〇〇号、一九九七年八月）参照。

(15) 昭和六年九月九日発在南京上村領事より幣原外務大臣宛電報第五二七号『万寶山農場事件　排日関係』第五巻（A.1.1.0.20-2）。

(16) 『外文』四、三二一文書。

(17) 昭和六年二月四日発幣原外務大臣発在英国松平・在米国出淵大使宛電報合第八四号および同合第八五号『外文』五、六一八文書

および同文書別電。なお、この時点で「協調」が失われていたことは、北岡伸一「『ワシントン体制』と『国際協調』の精神―マクマリ・メモランダム（一九三五年）によせて」（『立教法学』第二三号、一九八四年十二月）、および、ジョン・アントワープ・マクマリー原著、アーサー・ウォルドロン編著／衣川宏訳『平和はいかに失われたか』（原書房、一九九七年）参照。

（18）その後、昭和八年にはいり、日本側で再度「宥和」的政策が採られた時、民間を中心とする中小の債務整理は進捗していることからでも予測できるように、債務整理問題が、他方的解決を積み重ねた場合、解決する方向性があったことを示している（疋田康行「一九三〇年代前半の日本の対中国経済政策の一側面―債務整理問題を中心に―」〈野沢豊編『中国の幣制改革と国際関係』東京大学出版会、一九八一年〉）。

（19）昭和六年九月二十七日発幣原外務大臣より在中国重光公使宛電報第三八八号『日本外交文書』満州事変、第一巻第二冊、事項七、六九文書。

（20）昭和六年四月二十三日付在青島川越総領事より幣原外務大臣宛機密第二〇一号公信「在山東領事会議ニ関スル件」『外文』五、八三六文書。

（21）富澤芳亜「綿紗統税の導入をめぐる日中紡績資本」（『史学研究』第一九三号、一九九一年六月）。

（22）川村茂久「満州事変勃発ト亜細亜局ノ動向」『満州事変　事変ニ対スル川村茂久事務官ノ意見集』外交史料館所蔵。

（23）同前註（22）。例外的に川村が高く評価したのは、小幡酉吉駐独大使と吉田茂駐伊大使からの電報であった（「大使連の作文競争」『満州事変　事変ニ対スル川村茂久事務官ノ意見集』外交史料館所蔵）。

（24）「支那政況概観（民国十八年）」（昭和四年十二月末調）三三一～三四頁、『満州事変　事変ニ対スル川村茂久事務官ノ意見集』外交史料館所蔵。

（25）昭和五年九月七日付川村事務官より谷亜細亜局第一課長宛半公信『満州事変　事変ニ対スル川村茂久事務官ノ意見集』外交史料館所蔵。

（26）（27）昭和五年九月十一日付川村事務官より谷亜細亜局第一課長宛半公信『満州事変　事変ニ対スル川村茂久事務官ノ意見集』外交史料館所蔵。

（28）（29）（31）川村茂久「満州事件うらおもて」『満州事変　事変ニ対スル川村茂久事務官ノ意見集』外交史料館所蔵。

（30）同前註（28）。この点、事実ならば、十九日午前一時七分に事件勃発の第一報に接し、南陸軍大臣へ午前三時に連絡し、事態の把握に努めた陸軍側とは認識に大きな差があったといわざるをえないだろう。また、奉天総領事館において午後十時四十分に特務機関からの第一報をもって館員の非常招集をかけて特務機関に駆けつけた森島守人領事との認識の差も歴然としている（森島守人著『陰謀・暗殺・軍刀』岩波新書、一九五〇年、五二頁）。また、森島は関東軍の計画に関する極秘書類を入手しており、特派された森島に「右極秘書類の内容を詳細に伝えた上、私個人の考えとして、宣統帝出馬の可能性のあることをもつけ加えて説明した。守島はこれをいちいちメモにとっていたが、帰京の上外務省の情局に対して、私の説明をどのように伝達し、また、中央の政府当局が、どれほど私の報告に信頼をおいていたかは、今日まで疑問である」とし、結果として「事件処理上にもいたずらに後手のみを打たず、先んじて軍をある程度制肘、指導し得たのではないかと、遺憾の感なきを得ない」とも記している（同、六二頁）。

(32)　瀬川杢四郎（川村茂久）「霞ヶ関太平記―陣営以上ありやなきや―」（昭和七年十一月十一日稿）『満州事変　事変ニ対スル川村茂久事務官ノ意見集』外交史料館所蔵。川村同様に森島守人も幣原を「あまりにも内政に無関心で、また、性格上あまりにも形式的論理にとらわれ過ぎていた」としている（森島守人著『陰謀・暗殺・軍刀』岩波新書、一九五〇年、七一頁）。

(33)（34）（35）　同前註（32）。

(36)（37）（38）（39）　同前註（32）。しかし、川村は谷に対して「自分は谷局長に対する『ブルータス』である。彼は到底衆を率ひて行く人物ではない。大げさすぎる考へが軽い」と酷評している（前掲『川村茂久日記』昭和七年二月二十一日）。

(40)　『川村茂久日記　昭和七年』昭和七年一月七日、外交史料館所蔵。

(41)　同前註（40）昭和七年二月十七日。

(42)　同前註（40）昭和七年二月二十一日。

(43)　昭和六年十月十日、高橋勝浩編著「出淵勝次日記（三）―昭和六年〜八年―」（『國学院大学日本文化研究所紀要』第八十六輯、二〇〇〇年九月）一〇九頁。

(44)　昭和七年五月一日、同前「出淵勝次日記（三）」一三九頁。

(45)　同様のことを金子文夫氏は、満鉄の経営分析等を通じて、「満鉄の危機」が満鉄の国家資本性に基づくものであり、実態と乖離していることを明らかにしている（『対満州投資の研究』近藤出版社、一九九一年）。

(46)　同前註（32）。それゆえ、重光は、「革命外交」を記して自らの営為を否定したのである（『支那ノ対外政策関係雑纂「革命外交」（重光駐支公使報告書）』（松 A.2.1.0.C1-1）外交史料館所蔵）。なお、その史料的意義については、拙稿「（史料紹介）外務省記録と

『重光葵関係文書』について」(『外交史料館報』第七号、一九九四年三月)を参照。

(47) キメラの尻尾は、「満州国」誕生以前から切られる存在であったといえよう(山室信一『キメラ—満州国の肖像』中公新書、一九九三年)。

(48) 大橋は、満州事変にあたって居留民保護を口実とする関東軍の「北満」進出を演出し、満州国外交部の設立に参画、外交部次長となった。大橋を関東軍参謀片倉衷は「外交官ヲ抛棄シ決意シ国際聯盟調査員ヲ探リテ心境ノ変化ヲ示シ日満共存共栄説クコト最モ熱心トナル、気骨アリ時ニ脱線スルモ雅気愛スヘキモノアリ保護スヘキ人物」と評している(昭和七年八月、片倉参謀「申送事項」『片倉衷文書』国立国会図書館憲政資料室所蔵)。

(49) しかし、英米協調=「国際協調」それ自体の意味も、対英米協調による日本の大陸進出(「侵略」)の抑制を目指す方向性と、日本の大陸進出を英米等に理解させ、あるいは満州国整備の時間稼ぎ的な手段としての協調に分化する(本書第三章補論参照)。

(50) 塩崎弘明「第二章　外務省革新派の現状打破認識と政策」(『国内新体制を求めて—両大戦後にわたる革新運動・思想の軌跡—』九州大学出版会、一九九八年)を参照。外務省考査部問題については、馬場明「満州事変と外務省考査部問題」(『日本外交史の諸問題Ⅲ』、国際政治学会編、一九六八年)参照。

あとがき

対中国経済政策面で重光葵が在上海総領事として、また、臨時代理公使・公使として活躍できたのは、「幣原外交」・幣原喜重郎が希求した「英米協調」が、その価値観を受容しつつ、同時に対象を特化させていたことが重要な要因であった。それゆえ、幣原が対中国外交に介入したとき、国民国家形成期にある中国・南京国民政府に英米両国に対するような過剰なスタンダードを強要し、日中両国関係の有する相互依存関係を崩壊させたのではないだろうか。この幣原同様に単一の価値観に基づく外交を、その後の日本外交は、英米を中心とする「西洋」から「日本」を中心に追求したものの、国民国家形成期特有の中国ナショナリズムと対立するだけに終わった。

以上のことは、現在でも当てはまるのではないだろうか。「国益」と価値観を混同し、理想主義的な目標を設定して、現実的な「国益」をともすれば失う。同様に、歴史研究者は、非現実的な理想やイデオロギーを先行させ、それからの偏差で「事実」を裁断し、結果として実態への理路を失ってしまったのではないだろうか。

本書で私は、同時代史的な分析にこだわり、満州事変前、日本の対中国政策に関する実証を試みた。本書は、私なりの同時代史的な実証による実態と現実への理路をえる試みである。

本書は、平成十四年度中央大学大学院文学研究科に提出した博士学位論文(「満州事変期、日本の対中国経済政策」)に若干の修正を加えたものである。各章の初出は、以下のようなものである。

序　章　本書の課題と分析視角(書き下ろし)

第一章　「国家」としての中国、「場」としての中国（『国際政治』第一〇八号、一九九五年三月）
第二章　満州事変期、「親英米派」の国際関係観（『外交時報』第一三三七号、一九九七年四月）
第三章　「ワシントン体制」理解の変遷（『中央史学』第二一号、一九九八年三月）
補　論　「ワシントン体制」論再考（『中央史学』第二五号、二〇〇二年三月）
第四章　満州事変期、日本外交を規定する国内政治・経済要因（『社会文化研究』第二二号、一九九七年十二月）
第五章　「提携」の成立―日中関税協定成立の条件―（曾田三郎編『近代中国と日本―提携と敵対の半世紀』御茶の水書房、二〇〇一年三月）
第六章　「交渉」と「蓄積」―日中関税協定施行過程における日本側対応―（近代日本研究会編『年報　近代日本研究十七　政府と民間』山川出版社、一九九五年十一月）
第七章　経済提携の蹉跌―満州事変前の債務整理問題をめぐって―（『史学研究』第二一六号、一九九七年七月）
第八章　「治外法権の撤廃」と「治安維持」（『広島平和科学』第一八号、一九九六年三月）
第九章　情報の歪曲・宥和の障害（三上昭美先生古希記念論文集刊行会編『近代日本の政治と社会』岩田書院、二〇〇一年五月）
終　章　「宥和」の変容―満州事変時の外務省―（『軍事史学』第三七巻第二・三号、二〇〇一年九月）

以上であるが、脱稿するにあたり、その後閲覧可能となった多くの史料と研究論文を、十分反映させることができなかった。読者のご批判をいただき、今後の課題とさせていただければ幸いである。

研究者としての道を歩み始めてから、本書の刊行に至るまで沢山の方々にお世話になった。

博士論文主査の鳥海靖先生には、博士論文を読んでいただき、多くのご示唆・ご助言をいただいた。感謝の言葉も見つからない。また、副査となっていただいた、松尾正人先生、佐藤元英先生にも、多くのご助言をいただいた。それを十分に咀嚼しえたか心配でならない。

本書の内容は、外務省外交史料館において日本外交文書編纂担当官として勤務した五年間に蓄積した成果をもとに著したものである。生来の怠惰と移り気のため、刊行までに九年もの月日を重ねてしまった。

日本外交文書の編纂では、三十歳代前半の若輩でありながら、昭和四年から六年までの対中国政策の巻を担当できたことは誇り高く幸せなことであった。編纂にあたり、中国班として臼井勝美先生、林正和先生、松重充浩氏および佐藤元英先生とご一緒でき、また、月に一度の研究会を通じて学んだことは多い。編纂に対する臼井先生の情熱と林先生の真摯さは、私の目標となっている。臼井先生には、中央大学大学院時代にもお教えをいただき、外交文書から導かれる歴史像の多様さを学べ幸せであった。いわゆる釜の飯を共にした松重氏には、編纂・研究面のみならず、研究者としての精神面でも本当にお世話になった。心より感謝を申し上げる。また、外交史料館では、日本外交文書編纂委員会委員長の細谷千博先生、小林龍夫先生、栗原健先生をはじめ故長岡新治郎先生、吉村道男先生にご教示いただいた。細谷先生には、日本外交史研究の深遠さを学び、日本外交文書編纂委員会での報告のたびに厳しくも的確なご指摘をいただいた。私が最後に臨んだ日本外交文書編纂委員会で栗原先生からいただいたお言葉は一生の宝物となっている。その他、神山晃令室長以下編纂室の方々、閲覧室の内藤和寿氏、吉田茂記念館に居られた柴田紳一先生等にもお世話になった。ただ、「不朽」の日本外交文書編纂で戦前期の刊行が休止となったと聞き、残念でならない。アメリカのような編纂方式を導入されるならばお手伝いしたいと思っている。

本書は、そもそも多くの恩師と友人の存在なくしてはありえなかった。私が中央大学において日本近代史を専攻したのは、三上昭美先生との出会いとお導きがあったためである。先生には、日本近代史の面白さ、奥深さを教えていただいた。三上先生の演習等を通じて、松尾、佐藤両先生をはじめ、多仁昭廣先生、堀口修氏、松崎彰氏等多くの方々、友人と知り合えたことは幸せである。研究者としての私の目標でもある松尾先生には、激務のなか副査として博士論文審査に加わっていただき恐縮している。佐藤先生は、外交文書編纂の先輩でもあり、副査に加わっていただけたのは光栄であった。博士前期課程に進み、稲生典太郎先生に指導教官になっていただき、その博識と謙虚なお人柄に触れることができた。また、中田易直先生には、指導教官として暖かく見守っていただいただけではなく、研究者として多くの機会を与えていただいた。前述の臼井先生および後述の伊藤隆先生から学ぶことができたのは先生のお陰である。先生のあくなき研究心にいまも学んでいる。文書学について佐藤進一先生に学ぶことができたのは、その後の研究人生に大きなことであった。専攻は違うが励ましあう友人として塚瀬進氏をえたのも幸せであった。

中央大学大学院時代には、交換単位制度を利用して立教大学でも学ぶことができ、粟屋憲太郎、故藤原彰両先生にお教えをいただいた。粟屋先生の演習で最初に報告したときの緊張感が忘れられない。先生には、広島大学奉職後も気にかけていただき、広島まで来られ励ましていただいた。粟屋ゼミにおいて、荒敬先生、日暮吉延氏と知り合え、今に続く交誼をえたことを感謝している。

そして、本書を出版するに際し、労をとっていただき、研究者として外に開くことの重要性を教えていただいたのが、伊藤隆先生である。先生の史料と研究に対する該博な知識と知的好奇心を中央大学大学院での演習で、楽しく大いに学ぶことができたのは無上の幸せであった。その後、多くの仕事をご一緒させていただき、今も学び続けられることは、何物にも替えがたい。また、参加させていただいた東京大学大学院のゼミ等を通じて、有馬学先生、佐々木隆先生をはじめ、多くの方々を知ることができた。芸予地震の際、公衆電話から心配して電話をくださった佐々木先生のご厚情は、忘れることができない。

広島大学奉職後は、総合科学部において浜渦哲雄先生、故森利一先生、岩田賢司先生、市橋勝先生、古島幹雄先生と知己をえた。典型的土佐人の浜渦先生には、本書の校正までしていただき、感謝に絶えない。松重氏の紹介で中国近代史研究会に参加させていただき、横山英先生、曾田三郎先生をはじめとする方々から知的な刺激を受け続けているお陰で、本書を曲がりなりにも形にすることができた。

上記以外でも、外交史料館時代から励ましをいただいている中見立夫先生、憲政記念館の伊藤光一氏や多くの研究会等の諸先生等からの知的刺激に感謝している。

本書は、平成二年度鈴渓学術財団研究費助成、平成八年度文部省科学研究費補助金奨励研究（A）「日本の国際体制受容と史的連続に関する研究―満州事変前後の対中国経済政策を中心に―」等の交付を受けた研究成果の一部であり、直接出版費の一部として日本学術振興会平成十五年度科学研究費補助金（研究成果公開促進費）の交付を受けて刊行することができた。厳しい出版事情のなか、刊行をお引き受けいただいた吉川弘文館および製作担当の飯田建氏に感謝する次第である。

最後に私事ではあるが、これまで研究生活を継続できたのは、両親小池孜郎、春美と姉渡邊奈美子のお陰である。また、ともすれば研究を優先してしまう私を支えてくれた妻ウルスラ、長女まりあ、長男允、次男彬に本書を捧げたい。

二〇〇三年八月

小池聖一

参考文献

1　刊行史料

外務省編『日本外交文書』昭和期Ⅰ第一部第二巻・第三巻・第四巻・第五巻、一九九〇—九五年。

外務省編『日本外交文書』満州事変、第一巻・第二巻・別巻、一九七七—八二年。

外務省編『日本外交年表並主要文書 上』原書房、一九六五年。

小林龍夫、島田俊彦編『現代史資料 第7 満州事変』みすず書房、一九六四年。

稲葉正夫、小林龍夫、島田俊彦編・解説『現代史資料 第11 続・満州事変』みすず書房、一九六五年。

池井優他編『浜口雄幸日記』みすず書房、一九九一年。

伊藤隆編『大正初期山県有朋談話筆記 政変思出草』近代日本史料選書2、山川出版社、一九八一年。

伊藤隆、渡辺行男編『重光葵手記』中央公論社、一九八六年。

伊藤隆、広瀬順晧編『牧野伸顕日記』中央公論社、一九九〇年。

河井弥八著／粟屋憲太郎他編『昭和初期の天皇と宮中』第五巻・第六巻、岩波書店、一九九四年。

ポール・クローデル著／奈良道子訳『孤独な帝国　日本の一九二〇年代』草思社、一九九九年。

後藤靖他編『昭和初期　商工・産業政策資料集』第一巻、柏書房、一九八九年。

尚友倶楽部編『岡部長景日記』柏書房、一九九三年。

角田順校訂『宇垣一成日記』第一、みすず書房、一九六八年。

奈良武次著『侍従武官長　奈良武次日記・回顧録』柏書房、二〇〇〇年。

原田熊雄著『西園寺公と政局』第一巻・第二巻、岩波書店、一九五〇年。

外務省『部内参考用　緊張緩和外交』一九七〇年。

2　未刊行史料

(1)外務省記録（外務省外交史料館所蔵）

『外務大臣其他本省員会談要領集』第一巻（松.A.1.0.0.5）。

『満蒙問題ニ関スル交渉一件　蔣介石全国統一後ニ於ケル満蒙鉄道ニ関スル日支交渉関係』（A.1.1.0.1-13）。

『済南事件　排日及び排貨関係（中支ノ部）』第九巻（A.1.1.0.2-4）。

『済南事件　排日及排貨関係　順天時報排斥関係』（A.1.1.0.2-4-5）。

『済南事件　排日及排貨関係　中支ノ部　上海（二）』第七巻（A.1.1.0.2-5）。

『支那国慶及記念日ニ於ケル排日状況関係雑件』（A.1.1.0.5）。

『帝国ノ対支外交関係一件』第三巻（A.1.1.0.10）。

『万寶山農場事件　排日関係』第四巻、第五巻（A.1.1.0.20-2）。

『満洲事変』第一巻（昭和六年九月十七日～同七年四月）（A.1.1.0.21）。

『満洲事変　在留邦人保護、引揚避難及被害関係保護、引揚及避難関係（一般関係）』第一巻（A.1.1.0.21-1-1）。

『満洲事変　在留邦人保護、引揚、避難及被害関係　保護、引揚及避難関係』（中支ノ三）第六巻（A.1.1.0.21-1-1）。

『満洲事変　在留邦人保護、引揚、避難及被害関係　保護、引揚及避難関係　避難鮮人原地帰還関係』（A.1.1.0.21-1-1-2）。

『満洲事変　各国ノ態度　支那ノ部』第一巻（A.1.1.0.21-3-1）。

『満洲事変　各国ノ態度　支那ノ部　国民政府ノ態度』（A.1.1.0.21-3-1-1）。

『満洲事変　輿論並新聞論調　外国ノ部　支那学生運動関係』（A.1.1.0.21-4-1-2）。

『満洲事変　輿論並新聞論調　輿論啓発関係』第一巻（A.1.1.0.21-4-2）。

『満洲事変　排日、排貨関係（中支ノ部）上海一』第十一巻（A.1.1.0.21-5）。

『満洲事変　排日、排貨関係（中支ノ部）上海二』第十二巻（A.1.1.0.21-5）。

『満洲事変　排日、排貨関係（一般）』第一巻（A.1.1.0.21-5）。

『満洲事変　排日、排貨関係（南支ノ部）一般、廣東一』第四巻（A.1.1.0.21-5）。

『満洲事変　排日、排貨関係　排日暴行関係（香港事件、上海事件）』第二巻（A.1.1.0.21-5-4）。

『満洲事変　事変ニ対スル川村事務官ノ意見集』（A.1.1.0.21-36）。

『済南事件解決交渉』（松 A.1.1.0.29）。

『支那ノ対外政策関係雑纂』（A.2.1.0.C1）。

『支那ニオケル排外関係雑件』（A.2.1.0.C2）。

『国民政府ノ交渉員制度撤廃問題一件』（A.2.1.0.C3）。

『英国、支那外交関係雑纂』（A.2.2.0.B/C1）。

『支、仏外交関係雑纂（仏領印度支那国境地方ニ於ケル事件ヲ含ム）』（A.2.2.0.C/F1）。

『支那、米国外交関係雑纂』（A.2.2.0.C/U1）。

『支那ノ対外政策関係雑纂』（「革命外交」重光駐支公使報告）（松 A.2.3.0.C1-1）。

『威海衛還付問題関係一件』（A.4.2.1.1）。

『南満洲鉄道附属地行政権並司法権ニ関スル件』（A.4.4.0.1）。

『在支外国居留地関係雑件』（A.4.5.0.1）。

『在支外国居留地関係雑件　英国ノ部』（A.4.5.0.1-1）。

『本邦内政関係雑纂』第一巻（A.5.0.0.1）。

『行政制度審議会関係一件』(A.5.0.0.2)。

『帝国内閣関係雑件』第一巻(A.5.1.0.2)。

『帝国議会関係雑件　議会ニ於ケル総理、外務大臣ノ演説関係』(A.5.2.0.1-2)。

『帝国議会関係雑件　質問、答弁関係』第一巻(A.5.2.0.1-4)。

『台湾人関係雑件　保護及取締関係』(A.5.3.0.3-3)。

『各國々名及地名呼称関係雑件』第一巻(A.6.0.0.2)。

『支那中央政況関係雑纂　外交部長ノ演説関係』(A.6.1.1.2-9)。

『支那地方政況関係雑纂』(A.6.1.3.1)。

『支那地方政況関係雑纂　南支政況』第一巻(A.6.1.3.1-1)。

『支那地方関係雑纂』第二巻(A.6.1.3.1-3)。

『支那内乱関係一件　張宗昌山東省ニ挙兵関係　帝国ノ態度(支那浪人策動取締関係ヲ含ム)』(A.6.1.5.1-9-2)。

『支那内乱関係一件　張宗昌山東省ニ挙兵関係　新聞論調』(A.6.1.5.1-9-3)。

『支那内乱関係一件　張宗昌山東省ニ挙兵関係　支那官憲ノ邦船臨検関係』(A.6.1.5.1-9-5)。

『支那内乱関係一件　蔣介石ニ対スル反感騒擾関係　各国ノ態度』(A.6.1.5.1-10-4)。

『支那内乱関係一件　蔣介石ニ対スル反感騒擾関係　本邦武官従軍問題　帝国ノ態度』(A.6.1.5.1-10-8-1)。

『支那内乱関係　昭和6年反蔣運動関係　帝国ノ援石説並排日関係』(A.6.1.5.1-16-4)。

『間島ニ於ケル共匪暴動事件及事後ノ情勢並対策関係雑纂　被害鮮人救済関係　附、間島五民会長陳情関係』(A.6.1.5.6-2)。

『間島ニ於ケル共匪暴動事件及事後ノ情勢並対策関係雑纂　輿論並新聞論調』(A.6.1.5.6-3)。

『英支海軍協定関係一件』(B.1.0.0.B/C1)。

『英支関税条約関係一件』(B.2.0.0.B/C2)。

『佛、支通商條約改訂関係一件（佛領印度支那隣接三州間條約関係ヲ含ム）』（B.2.0.0.C/F1）。

『日支通商条約改訂関係一件』第三巻（松 B.2.0.0.J/C1）。

『日支通商条約改訂関係一件　排日運動及廃約関係』（松 B.2.0.0.J/C1-5）。

『日支関税条約関係一件　差等税及債務整理問題』第二巻（松 B.2.0.0.J/C2-7）。

『支那治外法権撤廃問題一件』（B.4.0.0.C/X1）。

『支那治外法権撤廃問題一件　排日関係』（B.4.0.0.C/X1-2）。

『支那治外法権撤廃問題一件　輿論及新聞論調　附、東北法学研究会関係』（B.4.0.0.C/X1-3）。

『支那治外法権撤廃問題一件　在支警察機関撤退問題』（B.4.0.0.C/X1-4）。

『支那治外法権撤廃問題一件　在支外国法人登記問題　三井対支那人買弁間訴訟事件ヲ含ム』（B.4.0.0.C/X1-5）。

『支那治外法権撤廃問題一件　在支外国裁判所回収問題』（B.4.0.0.C/X1-6）。

『支那治外法権撤廃問題一件　無領事裁判権国民ノ地位ニ関スル現況関係』（B.4.0.0.C/X1-7）。

『支那治外法権撤廃問題一件　支那側ノ準備関係』（B.4.0.0.C/X1-8）。

『支那治外法権撤廃問題一件　支那沿岸及内河航行権回収問題』（B.4.0.0.C/X1-9）。

『支那治外法権撤廃問題一件　支那対各国条約締結関係』（B.4.0.0.C/X1-10）。

『支那治外法権撤廃問題一件　人事関係』（B.4.0.0.C/X1-11）。

『支那治外法権撤廃問題一件　在支外人訴訟実施条例制定関係』（B.4.0.0.C/X1-12）。

『支那治外法権撤廃問題一件　在支外人訴訟実施条例制定関係同条例適用問題』（B.4.0.0.C/X1-11）。

『支那治外法権撤廃問題一件　満洲並間島ニ関スル特殊関係』（B.4.0.0.C/X1-13）。

『国際聯盟対支技術的援助問題一件』第一巻（B.9.7.0.8）。

『国際商業会議所会議関係一件』（B.10.6.0.36）。

『支那軍事関係雑件』（C.1.0.0.C1）。

『支那郡司関係雑件　裁兵問題　国軍編遣会議関係（編遣費調達関係ヲ含ム）』（C.1.1.0.C1-2-1）。

『支那国内法関係雑件』（D.1.1.1.3）。

『支那司法制度関係雑件』（D.1.1.2.1）。

『支那司法制度関係雑件　華洋訴訟取扱変更関係』第一巻（D.1.1.2.1-1）。

『支那ニ於ケル裁判機関々係雑件　上海臨時法院関係』第四巻（D.1.1.2.2-2）。

『支那ニ於ケル裁判機関関係雑件　上海特別区法院関係』（D.1.1.2.2-4）。

『支那ノ裁判所、監獄及警察現状調査関係一件』第一巻（D.1.1.2.6）。

『上海共同租界臨時法院ニ於ケル裁判事件雑件』（D.1.1.3.1）。

『支那裁判所ニ於ケル外国人関係裁判事件雑件　東拓対済南電話公司訴訟事件』（D.1.1.3.2-1）。

『支那裁判所ニ於ケル各国人関係裁判事件雑件　東拓ヲ被告トスル抵当権抹消申請訴訟事件』（D.1.1.3.2-3）。

『支那裁判所ニ於ケル訴訟費徴収関係一件』（D.1.1.3.3）。

『間島商埠地内法権行使問題一件』（D.1.2.0.5）。

『帝国顕官遭難関係雑件　浜口首相遭難関係　葬去関係』（D.2.6.0.24-1-1）。

『支那匪賊ニ依ル外国人被害関係雑件』（D.2.6.0.3）。

『中村大尉遭難事件』第二巻（D.2.6.0.32）。

『青島ニ於ケル支那人ノ國粋會襲撃事件』（D.2.6.0.33）。

『各國ノ対支経済発展策関係雑件』（E.1.1.0.1）。

『各国財政及経済政策関係雑件　中国ノ部』第一巻（E.1.1.0.2-1）。

『対支経済発展策関係雑件』（E.1.1.0.6）。

『帝国財政及経済政策関係雑件』（S8.12迄）（E.1.1.0.7）。

『帝国対外経済発展策関係雑件』第一巻（E.1.1.0.8）。

『帝国ノ対外経済発展策関係雑件　邦商ノ外国間貿易ニ関スル調査関係』（E.1.1.0.8-1）。

『銀相場暴落及対策一件（銀問題）』〜昭和五年十二月（E.1.1.0.17）。

『帝国財政、経済及金融関係雑纂』第一巻（E.1.2.0.J1）。

『帝国財政経済及金融関係雑件　内経済状況通報ノ利用状況並反響関係』（E.1.2.0.J1-1）。

『帝国財政経済及金融関係雑纂　内地経済状況通報商電関係』（E.1.2.0.J1-2）。

『本邦ノ対外発展状況雑纂』（E.1.2.0.J4）。

『各国財政経済及金融関係雑纂　中国之部』（E.1.2.0.X1-C1）。

『各国財政経済及金融関係雑纂　仏領印度支那之部』（E.1.2.0.X1-F2）。

『中国ニ於ケル租税及負担金関係雑件』第三巻（E.1.3.2.1）。

『中国ニ於ケル租税及負担金関係雑件　不当課税関係』（E.1.3.2.1-2）。

『中国ニ於ケル租税及負担金関係雑件　印花税関係』（E.1.3.2.1-5）。

『中国ニ於ケル租税及負担金関係雑件　不当課税関係』（E.1.3.2.1-6）。

『中国ニ於ケル租税及負担金関係雑件　船税及噸税関係』（E.1.3.2.1-7）。

『中国ニ於ケル租税及負担金関係雑件　塩税関係』（E.1.3.2.1-8）。

『中国ニ於ケル租税及負担金関係雑件　統税関係』第四巻（E.1.3.2.1-9）。

『中国ニ於ケル租税及負担金関係雑件　営業税関係』第二巻（E.1.3.2.1-10）。

『中国ニ於ケル租税及負担金関係雑件　消費税関係』（E.1.3.2.1-11）。

『中国ニ於ケル租税及負担金関係雑件　特税関係』（E.1.3.2.1-13）。

『中国ニ於ケル租税及負担金関係雑件　産銷税関係』（E.1.3.2.1-14）。

『中国ニ於ケル租税及負担金関係雑件　貨物税及貨捐関係』（E.1.3.2.1-15）。

『中国ニ於ケル租税及負担金関係雑件　出廠税関係』（E.1.3.2.1-17）。

『租界内及附属地内中国人ニ対スル中国法規適用問題雑件』（E.1.3.2.2）。

『在支那人紡績業ニ対スル課税一件』第一巻（E.1.3.2.3）。

『中国ニ於ケル貨幣及幣制関係雑件』（E.1.4.0.2）。

『各国内外債関係雑件　中国ノ部』第二巻（E.1.5.0.X1-C1）。

『本邦ノ中央政府ニ対スル借款売掛代金其他ノ債権関係雑件』（E.1.6.0.J1）。

『本邦ノ中央政府ニ対スル借款売掛代金其他ノ債権関係雑件　郵伝部借款関係』（E.1.6.0.J1-1）。

『本邦ノ中央政府ニ対スル借款売掛代金ノ債権関係雑件　参戦借款（三銀行）関係』（E.1.6.0.J1-4）。

『本邦ト中央政府ニ対スル借款売掛代金其他ノ債権関係雑件　大倉組財政部借款関係』（E.1.6.0.J1-9）。

『九六公債（償還内外短債八厘債券）関係雑件』（E.1.6.0.J2）。

『西原借款関係雑件』（E.1.6.0.J3）。

『交通銀行借款関係雑件』第一巻（E.1.6.0.J4）。

『不確実及無担保債権正方交渉関係雑件』（E.1.6.0.J5）。

『不確実及無担保債権整理方交渉関係雑件』第一巻（松 E.1.6.0.J5）。

『本邦ノ地方政府及個人ニ隊スル借款関係雑件　福建省ノ部　台湾銀行及び林熊桿関係ノ対省政府借款関係』（E.1.6.0.J6-8-1）。

『本邦ノ地方政府及個人ニ対スル借款関係雑件　廣東省ノ部』（E.1.6.0.J6-9）。

『本邦ノ地政府及個人ニ対スル借款関係雑件　山東省ノ部　中日実業及山東実業借款関係』（E.1.6.0.J6-13-1）。

『外国ノ対中国借款及投資関係雑件　英国ノ部』（E.1.6.0.X1-B1）。

『外国ノ対中国借款及投資関係雑件　米国ノ部　銀借款関係』（E.1.6.0.X1-U1-2）。

『対中国四國借款団関係雑件』（E.1.6.0.X3）。

『関税担保確実外債関係雑件』（E.1.6.0.X5）。

『塩税収入担保外債関係雑件』（E.1.6.0.X6）。

『外国ノ対中国借款及投資関係雑件』（E.1.6.0.X7）。

『本邦君相関係雑件』第一巻（E.2.2.2.2）。

『本邦金輸出禁止並解禁関係雑件』（E.2.3.1.1）。

『在外本邦人中小商工業者金融状況調査一件』（E.2.3.1.5.）。

『低利資金関係雑件』（E.2.3.1.8）。

『本邦銀行関係雑件　正金銀行』（E.2.3.2.4-6）。

『貿易通信員関係雑件　商工省貿易通信員関係』（E.2.11.0.1-1）。

『在外邦人商業（商工）会議所関係雑件　上海商工会議所』（E.2.6.0.1-3）。

『外国商業会議所並経済団体関係雑件』（E.2.6.0.2）。

『本邦商工会議所並経済団体関係雑件』第一巻（E.2.6.0.3）。

『各国商況報告雑纂　中国ノ部』（E.2.10.0.1-1）。

『貿易通信員関係雑件　商工省貿易通信員関係』（E.2.11.0.1-1）。

『本邦ニ於ケル輸出入補償制度関係雑件』（E.3.1.1.1）。

『本邦ニ於ケル輸出補償制度関係雑件　輸出補償制度ニ関聯シ取引事情調査関係』（E.3.1.1.1-1）。

『各国貿易政策関係雑件　独國ノ部』（E.3.1.1.2-4）。

『各國貿易政策関係雑件　中国ノ部』（E.3.1.1.2-5）。

『帝国貿易政策関係雑件　綿糸布貿易関係』(E.3.1.1.4-2)。

『帝国貿易政策　支那事変ノ際ニ於ケル同国輸出入関係』(E.3.1.1.4-19)。

『外務省通商局出張所設置一件』(E.3.1.1.5)。

『帝国関税並法規関係雑件』第四巻(E.3.1.2.J1)。

『帝国関税並法規関係雑件　関税審議会関係』第一巻(E.3.1.2.J1-1)。

『帝国関税並法規関係雑件　関東州特恵関税法関係』(E.3.1.2.J1-4)。

『各国関税並法規関係雑件　中国ノ部』第四巻(E.3.1.2.X1-C1)。

『各国関税並法規関係雑件　中国ノ部　陸境関税関係』(E.3.1.2.X1-C1-1)。

『各国関税並法規関係雑件　中国ノ部』第四巻(E.3.1.2.X1-C1-2)。

『各国関税並法規関係雑件　仏領印度支那ノ部』(E.3.1.2.X1-F2)。

『外国品ノ中華民国市場進出状況調査一件』(E.3.2.0.C/X1)。

『本邦各国間貿易状況関係雑纂』第五巻(E.3.2.0.J/X1)。

『各国貿易状況関係雑纂　中国ノ部』(E.3.2.0.X1-C1)。

『各国ノ於ケル排日排貨関係雑纂　中国ノ部』第六巻(E.3.3.0.J/X-C1)。

『中国税関関係雑件』第一巻(E.3.4.0.3)

『中国税関関係雑件　関税収入関係』第二巻　昭和五〜六年(E.3.4.0.3-1)。

『中国税関関係雑件　吏員関係』(E.3.4.0.3-2)。

『中国税関関係雑件　吏員問題　岸本問題』(E.3.4.0.3-2-1)。

『中国税関関係雑件　輸入護照関係』(E.3.4.0.3-3)。

『中国税関関係雑件　海関干渉問題』(E.3.4.0.3-4)。

『中国税関関係雑件　法規関係』(E.3.4.0.3-5)。

『中国税関関係雑件　金単位問題』第一巻 (E.3.4.0.3-7)。

『中国税関関係雑件　海関手数料関係』(E.3.4.0.3-8)。

『外国ニ於ケル密輸出入関係雑件　中国ノ部』第一巻 (E.3.6.0.3-3)。

『各国ニ於ケル密輸出入関係雑件　中国ノ部　小型船舶ノ貿易及漁業禁止問題』第一巻 (E.3.6.0.3-3-2)。

『外国ニ於ケル密輸出入関係雑件　中国ノ部』第二巻 (E.3.6.0.3-3)。

『外国ニ於ケル中国人ノ企業並発展状況雑件』(E.4.0.0.5)。

『資源調査関係雑件　調査関係』(E.4.0.0.6-1)。

『「タンピング」関係雑件』(E.4.0.0.9)。

『中国産業政策関係雑件　中国ノ部』(E.4.1.0.1-3)。

『各国ニ於ケル国貨奨励関係雑件　中国ノ部』(E.4.1.0.2-1)。

『本邦産業政策関係雑件』第一巻 (E.4.1.0.4-1)。

『各国ニ於ケル外国人投資状況関係雑件』(E.4.2.0.1)。

『外国燐寸工業並取引関係雑件』第一巻 (E.4.5.0.13)。

『本邦綿工業関係雑件』(E.4.5.0.21)。

『本邦綿工業状況関係雑件　在外邦人綿業関係』(E.4.5.0.21-1)。

『各国ニ於ケル本邦輸出綿布取引関係雑件』第一巻 (E.4.5.0.24)。

『本邦工業関係雑纂』(E.4.5.0.30)。

『外国工業状況関係雑纂』第三巻 (E.4.5.0.31)。

『外国鉱山及鉱業関係雑件　中国ノ部　湖北省ノ部　漢冶萍煤鐵公司関係』第一巻 (E.4.8.0.X4-C1-3-1)。

『各國漁業関係雑件　中國ノ部』（E.4.9.0.6-1）。

『本邦漁業関係雑件　中国沿岸漁業関係』第二巻（E.4.9.0.7-3）。

『諸外国ニ於ケル海運政策関係雑件　支那之部』（F.1.1.0.3-3）。

『支那ノ外国船舶検査権回収問題一件（支那航政局設置関係ヲ含ム）』（F.1.1.0.8）。

『支那船舶乗組外国海員免除発給問題一件』（F.1.2.0.9）。

『支那ニ於ケル外国船舶臨検其他不法行為関係雑件』（F.1.3.0.1）。

『支那沿岸及内水航行邦船ニ関スル事件関係雑件　附支那官憲船内職務執行容認ノ件』（F.1.3.0.2）。

『支那軍憲ノ本邦船舶ニ対スル不法行為関係雑件』（F.1.3.0.3）。

『支那ニ於ケル碼頭及躉船（「ハルク」）関係雑件　大阪商船株式会社廣東碼頭問題』（F.1.4.0.1-2）。

『支那ニ於ケル碼頭及躉船（「ハルク」）関係雑件　青島碼頭問題』（F.1.4.0.1-4）。

『支那ニ於ケル碼頭及躉船（「ハルク」）関係雑件　上海招商局碼頭問題』（F.1.4.0.1-5）。

『支那沿岸及内水ニ於ケル航運関係雑件』（F.1.5.0.2）。

『海運並船舶ニ関スル紛議雑件』第一巻（F.1.5.0.3）。

『各國港湾出入船舶状況報告書雑纂』（F.1.5.0.4）。

『外国汽船会社関係雑件』第一巻（F.1.5.0.7）。

『本邦汽船会社外国航路関係雑件　本邦満支沿岸並支那内水航路関係』（F.1.6.0.7-1）。

『本邦汽船会社関係雑件』第一巻（F.1.5.0.13）。

『黒龍江松花江航行権問題一件』（F.1.6.0.8）。

『本邦船舶遭難関係雑件　本邦船、外国船ト衝突関係』第二巻（F.1.8.0.2-1）。

『支那国有鉄道関係雑件』第二巻（F.1.9.2.8）。

『山東鉄道関係一件』第四巻（F.1.9.2.10）。

『山東鉄道関係一件　運賃問題』（F.1.9.2.10-4）。

『南潯鉄道関係一件』第十七巻（F.1.9.2.16）。

『支那鉄道運賃差別問題一件』第二巻（F.1.9.2.19）。

『日支共同委員会関係一件　団匪賠償金返還、汪―出淵協定廃止日支委員会非公式会見』（H.2.2.0.1-2）。

『各国の団匪賠償金処分関係雑件』（H.2.2.0.2）。

『各国の団匪賠償金処分関係雑件　支那の態度』第三巻（H.2.2.0.2-1）。

『各国の団匪賠償金処分関係雑件　米国の態度』第二巻（H.2.2.0.2-2）。

『各国の団匪賠償金処分関係雑件　英国の態度』第二巻（H.2.2.0.2-3）。

『各国の団匪賠償金処分関係雑件　日本の態度』（H.2.2.0.2-4）。

『中国ニ於ケル労働争議関係雑纂（罷業怠業ヲ含ム）』第二巻（I.4.4.0.3）。

『中国ニ於ケル労働争議関係雑纂（罷業、怠業ヲ含ム）青島ノ部』第二巻（I.4.4.0.3-1）。

『中國ニ於ケル労働争議関係雑纂（罷業、怠業ヲ含ム）上海ノ部』第三巻（I.4.4.0.3-2）。

『日本共産党関係雑件　佐野學逮捕関係』（I.4.5.2.3-13）。

『中国ニ於ケル水害関係雑件　漢口地方水害関係』第一巻（I.6.0.0.4-1）。

『中国ニ於ケル水害関係雑件　漢口地方水害関係　救済ノ部』（I.6.0.0.4-1-1）。

『外国人渡来関係雑件　視察団ノ部　英国経済使節団関係』昭和五年九月（K.2.1.0.5-1-11）。

『中国ニ於テ本邦人雇用関係雑件』（K.4.1.0.2）。

『帝国官制関係雑件』第一巻（M.1.1.0.1）。

『外務省官制及内規関係雑件』第一巻（M.1.2.0.2）。

『在支帝国公館関係雑件』第一巻（M.1.3.0.2）。

『在支帝国公館関係雑件　移転関係　在北京公使館関係（遷都ニ依リ各国公使ノ南遷問題ヲ含ム）』第一巻（M.1.3.0.2-2-1）。

『在支帝国公館関係雑件　格式変更関係　昇格関係　公使館ノ部』（M.1.3.0.2-3-1-1）。

『在支帝国公館関係雑件　敷地及建物関係　在北京大使館関係』（M.1.3.0.2-5-1）。

『在本邦各國公館関係雑件　中華民国ノ部』第一巻（M.1.5.0.3-8）。

『各国駐剳帝国大公使任免関係雑集　中華民国ノ部』第一巻（M.2.1.0.13-5）。

『本省並在外公館員出張関係雑件　本省並在外公館員海外出張ノ部』第一巻（M.2.2.0.1-3）。

『出張報告関係雑件』第一巻（M.2.2.0.3）。

『在支各國外交官領事官動静関係雑件』（M.2.5.0.2）。

『在本邦各國外交官領事官及館員動静関係雑件　支那ノ部』（M.2.5.0.3-4）。

『重要交渉案件ニ対スル訓令及解決先例』（Z.1.3.0.3）。

『個人履歴　杉村陽太郎』。

『（極秘）条約局調書（第五十八回帝国議会参考資料）』。

『川村茂久日記』昭和七年。

(2)国立国会図書館憲政資料室所蔵

『石原莞爾文書』。

『片倉衷文書』。

『阪谷芳郎文書』。

『高橋是清文書』。

『田中義一文書』。

『林出賢次郎関係文書』。
『牧野伸顕文書』。
(3)憲政記念館所蔵
『重光葵文書』。

3 新聞・雑誌

『外交時報』。
『金曜会パンフレット』。
『国際法外交雑誌』。
『国民新聞』。
『中外新聞』。
『東京朝日新聞』。
『東京日日新聞』。
『東洋貿易研究』。

4 書籍

(1)伝 記
石射猪太郎著『外交官の一生』中公文庫、一九八六年。
井上馨侯伝記編纂会『世外井上公伝』第五巻、内外書籍、一九三四年。
上村伸一著『外交五十年』時事通信社、一九六〇年。

外務省百年史編纂委員会編『外務省の百年』上巻。

北岡伸一著『清澤洌』中公新書、一九八七年。

佐藤尚武著『回顧八十年』時事通信社、一九六三年。

重光葵著『重光葵外交回想録』毎日新聞社、一九七八年。

幣原平和財団編『幣原喜重郎』一九五五年。

杉村陽太郎著『国際外交録』中央公論社、一九三三年。

森島守人著『陰謀・暗殺・軍刀』岩波新書、一九五〇年。

芳澤謙吉著『外交六十年』中公文庫、一九九〇年。

立命館大学編『西園寺公望伝』第四巻、岩波書店、一九九六年。

『阪谷芳郎伝』故阪谷子爵記念事業会刊、一九五一年。

(2)研　究　書

麻田貞雄著『両大戦間の日米関係―海軍と政策決定過程』東京大学出版会、一九九三年。

安倍博純著『日本ファシズム研究序説』未来社、一九七五年。

グレアム・T・アリソン著／宮里政玄訳『決定の本質』中央公論社、一九七七年。

有馬学著〈日本の近代4〉「国際化」の中の帝国日本』中央公論新社、一九九九年。

石井修著『世界恐慌と日本の「経済外交」―一九三〇～一九三六』勁草書房、一九九五年。

板野正高著『現代外交の分析』東京大学出版会、一九七一年。

伊藤隆著『昭和初期政治史研究』東京大学出版会、一九六九年。

伊藤之雄著『大正デモクラシーと政党政治』山川出版社、一九八七年。

井上寿一著『危機のなかの協調外交―日中戦争に至る対外政策の形成と展開』山川出版社、一九九四年。

入江昭著『極東新秩序の模索』原書房、一九六八年。

上山和雄、阪田安雄共編『対立と妥協―一九三〇年代の日米通商関係―』第一法規出版株式会社、一九九四年。

臼井勝美著『日本と中国―大正時代』原書房、一九七二年。

臼井勝美著『満州事変』中公新書、一九七九年。

臼井勝美著『中国をめぐる近代日本外交』筑摩書房、一九八三年。

臼井勝美著『満洲国と国際連盟』吉川弘文館、一九九五年。

江口圭一著『日本帝国主義史論』青木書店、一九七五年。

江口朴郎他監訳『ソビエト科学アカデミー版　世界史　現代2』東京図書株式会社、一九六四年。

NHK取材班・阿南東也著『十月の悪夢―一九六二年 キューバ危機　戦慄の記録―』日本放送出版協会、一九九二年。

岡崎久彦著『緊張緩和外交』日本国際問題研究所、一九七一年。

E・H・カー著／衛藤瀋吉、斎藤孝訳『両大戦間における国際関係史』清水弘文堂、一九六八年。

鹿錫俊著『中国国民政府の対日政策　一九三一―一九三三』東京大学出版会、二〇〇一年。

金子文夫著『対満州投資の研究』近藤出版社、一九九二年。

刈田徹著『昭和初期政治・外交史研究』人間の科学社、一九七八年。

北岡伸一著『日本陸軍と大陸政策　一九〇六―一九一八』東京大学出版会、一九七八年。

北岡伸一著『国際化時代の政治指導〈中公叢書〉』中央公論社、一九九〇年。

清澤洌著『日本外交史』上巻、東洋経済新報社、一九四二年。

草野厚著『政策過程分析』東京大学出版会、一九九七年。

久保亨著『戦間期中国〈自立への模索〉―関税通貨政策と経済発展―』東京大学出版会、一九九九年。

栗原健編著『対満蒙政策史の一面』原書房、一九六六年。

黒沢文貴著『大戦間期の日本陸軍』みすず書房、二〇〇〇年。

国家資本輸出研究会編『日本の資本輸出―対中国借款の研究―』多賀出版、一九八六年。

後藤孝夫著『辛亥革命から満州事変へ　大阪毎日新聞と近代中国』みすず書房、一九八七年
小林道彦著『日本の大陸政策』南窓社、一九九六年。

小林龍夫編『翠雨荘日記』原書房、一九六六年。

小山弘健・浅田光輝著『日本帝国主義史（3）』青木書店、一九六〇年。

呉翎君著『美國與中國政治（一九一七―一九二八）―以南北分裂政局為中心的探討』東大図書公司、一九九六年。

斎藤鎮男著『外交―私の体験と教訓―』サイマル出版会、一九九一年。

酒井哲哉著『大正デモクラシー体制の崩壊―内政と外交』東京大学出版会、一九九二年。

坂野潤治著『近代日本の外交と政治』研文出版、一九八五年。

佐藤元英著『昭和初期対中国政策の研究』原書房、一九九二年。

佐藤元英著『近代日本の外交と軍事』吉川弘文館、二〇〇〇年。

塩崎弘明著『国内新体制を求めて―両大戦後にわたる革新運動・思想の軌跡―』九州大学出版会、一九九八年。

信夫清三郎著『戦後日本政治史（I）』勁草書房、一九七〇年。

季武嘉也著『大正期の政治構造』吉川弘文館、一九九八年。

杉原薫著『アジア間貿易の形成と構造』ミネルヴァ書房、一九九六年。

クリストファー・ソーン著／市川洋一訳『満州事変とは何だったのか』上下巻、草思社、一九九四年。

高村直助著『近代日本綿業と中国』東京大学出版会、一九八二年。

塚瀬進編『近代日中関係史研究論文目録』龍渓書舎、一九九〇年。

塚瀬進著『中国近代東北経済史研究』東方書店、一九九三年。

戸部良一著『ピース・フィーラー―支那事変和平工作の群像―』論創社、一九九一年。

中村隆英他編『日本経済史6　二重構造』岩波書店、一九八九年。

名和統一著『日本紡績業と原棉問題研究』大同書院、一九三七年。

名和統一著『日本紡績業の史的分析』潮流社、一九四八年。

西村茂雄著『中国ナショナリズムと民主主義』研文出版、一九九一年。

橋本寿朗著『大恐慌期の日本資本主義』東京大学出版会、一九八四年。

秦郁彦著『軍ファシズム運動史』原書房、一九六二年。

波多野澄雄著『太平洋戦争とアジア外交』東京大学出版会、一九九六年。

判澤純太著『近代日中関係の基本構造』論創社、一九九七年。

細谷千博他編『太平洋戦争への道』第一巻、朝日新聞社、一九六三年。

細谷千博編『日英関係史一九一九～一九四九』東京大学出版会、一九八二年。

細谷千博著『両大戦間の日本外交』岩波書店、一九八八年。

細谷千博編『日米関係通史』東京大学出版会、一九九五年。

松浦正孝著『日中戦争期における経済と政治―近衛文麿と池田成彬―』東京大学出版会、一九九五年。

宮川公男著『政策科学の基礎』東洋経済新報社、一九九四年。

宮川公男著『政策科学入門』東洋経済新報社、一九九五年。

森山優著『日米開戦の政治過程』吉川弘文館、一九九八年。

山崎隆三編『両大戦間期の日本資本主義（上）（下）』大月書店、一九七八年。

山根幸夫他編『近代日中関係史研究入門』研文出版、一九九二年。

山室信一著『キメラ―満洲国の肖像』中公新書、一九九三年。

山本義彦著『戦間期日本資本主義と経済政策』柏書房、一九八七年。

山本義彦著『清沢洌の政治経済思想―近代日本の自由主義と国際平和―』御茶の水書房、一九九六年。

劉傑著『日中戦争下の外交』吉川弘文館、一九九五年。

歴史学研究会編『太平洋戦争史Ⅰ』東洋経済新報社、一九五三年。

索　　　引

I 人　　名

＊外国人の場合は一般的な日本語の読みに従った.

あ

か

さ

た

な

は

ま

や

ら・わ

II　事　項

＊取り上げた事項は主要なものに限っている.

あ

か

さ

た

な

は

ま

や

ら・わ

著者略歴

一九六〇年　大阪に生まれる
一九八五年　中央大学文学部史学科卒業
一九九〇年　中央大学大学院文学研究科博士
　　　　　後期課程単位取得退学
　同年　外務省日本外交文書編纂担当官
現在　広島大学総合科学部助教授
　　　博士（史学）

〔主要著書〕
「南方共栄圏」（共著）　日本海軍史　第二巻
（共著）

満州事変と対中国政策

二〇〇三年（平成十五）十二月一日　第一刷発行

著　者　小《こ》池《いけ》聖《せい》一《いち》

発行者　林　英　男

発行所　株式会社　吉川弘文館
郵便番号一一三―〇〇三三
東京都文京区本郷七丁目二番八号
電話〇三―三八一三―九一五一〈代〉
振替口座〇〇一〇〇―五―二四四番
http://www.yoshikawa-k.co.jp/

印刷＝株式会社 ディグ
製本＝株式会社 石毛製本所
装幀＝山崎　登

満州事変と対中国政策（オンデマンド版）

Digital Publishing

2017年10月1日　発行

著　者　小池聖一《こいけせいいち》

発行者　吉川道郎

発行所　株式会社 吉川弘文館

〒113-0033　東京都文京区本郷7丁目2番8号

TEL　03(3813)9151(代表)

URL　http://www.yoshikawa-k.co.jp/

印刷・製本　株式会社　デジタルパブリッシングサービス

URL　http://www.d-pub.co.jp/

小池聖一（1960～）

ISBN978-4-642-73760-9